BATEAUX
DE TOUJOURS

des témoins de l'Histoire

BATEAUX DE TOUJOURS

des témoins de l'Histoire

BERNARD CROCHET

Larousse

17, rue du Montparnasse - 75298 Paris Cedex 06

Thérèse de Cherisey
a assuré la coordination rédactionnelle de cet ouvrage

CORRECTION-RÉVISION
Bernard Dauphin, Françoise Moulard
Françoise Mousnier, Madeleine Soize

ICONOGRAPHIE
Bernard Crochet

DESSINS
Marc Mosnier

MAQUETTE,
CONCEPTION-RÉALISATION
Daniel Leprince

JAQUETTE ET RELIURE
Gérard Fritsch

FABRICATION
Jacques Suhubiette

DIRECTION ARTISTIQUE
Henri Serres-Cousiné

© Librairie Larousse, 1990.

Toute reproduction, par quelque procédé que ce soit, de la nomenclature contenue dans le présent ouvrage et qui est la propriété de l'Éditeur, est strictement interdite.

Librairie Larousse (Canada) limitée, propriétaire pour le Canada des droits d'auteur et des marques de commerce Larousse — Distributeur exclusif au Canada : les Éditions Françaises Inc., licencié quant aux droits d'auteur et usager inscrit des marques pour le Canada.

ISBN 2-03-506-219-5

AVANT-PROPOS

Le 1er septembre 1985, au sud-est de Terre-Neuve, une mission franco-américaine découvre, par 4 000 m de fond, l'épave du *Titanic,* le prestigieux paquebot de la compagnie anglaise White Star Line, coulé dans la nuit du 14 avril 1912, après avoir touché un iceberg.

Quatre ans plus tard, le 8 juin 1989, une autre expédition, également américaine, retrouve par près de 5 000 m de fond, à 400 milles de Brest, l'épave du cuirassé *Bismarck,* orgueil de la Kriegsmarine allemande, coulé le 27 mai 1941 par les torpilles britanniques.

De nombreuses photographies sous-marines sont prises des deux navires. Pour le *Titanic,* quelque 800 objets sont récupérés lors d'une campagne de 54 jours du submersible *Nautile.* Qui plus est, ces reliques sont dispersées au cours d'une vente aux enchères. Choquée, l'Amérique fait alors voter une loi faisant du *Titanic* un mémorial international.

Ce livre est l'histoire des navires qui, tels le *Titanic* et le *Bismarck,* font aujourd'hui partie du patrimoine de l'humanité, notion toute récente puisqu'elle date des années 80. L'ouvrage raconte cet effort de centaines d'hommes depuis plusieurs décennies pour sauver des navires d'autrefois qu'on considérait comme à jamais perdus : des navires arrachés aux sables, à la boue, à la vase et que la patience des chercheurs a mis au jour, des navires qui, aujourd'hui remis en valeur, honorent les musées maritimes. Mais aussi des navires plus récents qui ont eu la chance de ne pas être condamnés à la démolition et qui sont devenus des bateaux-musées, où se pressent les visiteurs.

Histoire des navires, mais aussi histoire de la mer et de la navigation à travers ces bateaux qui, des origines à nos jours, nous ont tous livré de précieux témoignages de la vie quotidienne des marins, indiqué les voies parcourues, parlé des techniques de construction navale. Cet ouvrage a pour but la résurrection d'un passé parfois proche de nous : c'est la mer qui l'a inspiré.

DES BARQUES SOLAIRES
DE KHEOPS
AUX NAVIRES ROMAINS

Liens indissolubles entre l'Égypte ancienne et celle d'aujourd'hui encore figée dans ses traditions, mais aussi férue de modernisme, de gracieuses felouques glissent sur les eaux limoneuses du Nil. La voile latine est peut-être la plus ancienne de toutes les voiles auriques du monde.

Cette fresque de la tombe de Sennefer dans la Vallée des Nobles représente, de la façon conventionnelle habituelle aux artistes égyptiens, l'une des innombrables embarcations qui sillonnaient le Nil.

L'Antiquité fut une des périodes les plus brillantes de l'histoire de la marine. Cnossos, Tyr, Carthage, Athènes, Alexandrie... tirèrent leur puissance de la mer. Si les Égyptiens privilégient la navigation fluviale, les Crétois imposent, plus de 1 500 ans av. J.-C., leur suprématie maritime jusqu'à la Grèce achéenne et à Chypre. Mais un terrible séisme et l'envahissement des Peuples de la Mer (v. – 1200) mettent une fin brutale à leur domination. Profitant de ce déclin et de celui de l'Empire égyptien, les Phéniciens accaparent pendant plusieurs siècles le commerce maritime entre l'est et l'ouest de la Méditerranée. Marins audacieux, ils sont les premiers à oser franchir le détroit de Gibraltar pour aller chercher en Espagne l'argent, le fer, le plomb extraits dans la Péninsule et l'étain importé de Cornouailles. Sur les côtes d'Afrique et de la mer Égée, ils recueillent le murex, ce coquillage dont ils tirent la pourpre. Exportant des verreries, des cèdres du Liban, ils fondent partout des colonies, dont la plus importante est Carthage..., mais ne laissent guère de traces de leurs expéditions dont ils préservent le secret.

À partir du VIIe siècle commence la concurrence des cités grecques. Corinthe, Chalcis, Érétrie établissent de nombreux comptoirs sur les routes maritimes du blé et des métaux ; Milet, Phocée, Mégare, Athènes fondent

Modèle réduit de bateau égyptien trouvé dans une tombe. Maquette en bois stuqué et peint, XIe ou XIIe dynastie. Musée du Louvre.

d'innombrables colonies, dont Massilia (Marseille) et Byzance. La Méditerranée est alors mer grecque. Elle le restera jusqu'au IIe siècle pour devenir ensuite, sous l'expansion de Rome, cette « Mare Nostrum » qui assure l'unification économique et politique des pays limitrophes. Fermée d'octobre ou novembre à mars ou avril (on respectera à Venise, jusqu'en 1290, le *mare clausum* qui interdit la navigation l'hiver), elle permet, à la belle saison, tout un trafic de navires qui transportent parfums, soieries et épices d'Orient, marbres de Grèce, animaux d'Afrique pour les jeux du cirque, métaux, tissus, vins et des dizaines de milliers d'amphores remplies de vin, d'huile ou surtout de blé.

Depuis une trentaine d'années, des centaines d'épaves antiques ont été découvertes sous les mers qui bordent les côtes d'Europe, d'Afrique du Nord et de Turquie. Paradoxalement, les mieux conservées sont les plus anciennes : les deux barques « solaires » de Khéops, enterrées au pied de la grande pyramide 2 800 ans avant Jésus-Christ.

La marine égyptienne limitée par le manque de bois

De toutes les marines antiques, la marine égyptienne nous est la mieux connue. En effet, les bas-reliefs et peintures des tombes et des temples représentent souvent des embarcations aux lignes basses et allongées ou, au contraire, par convention, plus hautes sur l'eau qu'elles ne l'étaient en réalité. L'avant et l'arrière sont très élancés et très relevés. Rames et rameurs, voiles et agrès, pont, cabine et coque figurent avec un luxe de détails.

Le manque de bois, auquel on remédia par l'utilisation intensive du papyrus, limitait la taille des bateaux. Les bois les plus courants, acacia et sycomore, étaient trop tendres pour des constructions importantes. Le papyrus, fragile, ne permettait guère l'assemblage d'embarcations de dimensions supérieures à celles d'une barque. Mais, dans ce pays, où toutes les activités convergeaient vers le fleuve, la navigation était essentiellement fluviale.

On sait cependant que les Égyptiens se sont aventurés loin de leur pays : ils avaient notamment établi un commerce maritime actif avec le pays de Pount (la Somalie ou Zanzibar actuels). Les bas-reliefs des temples funéraires du pharaon Sahourê (vers 2 500 ans av. J.-C.) et de la reine Hatshepsout, à Deir el-Bahari (vers 1 500 av. J.-C.), nous montrent des navires qui participaient à cette expédition.

Les nombreuses « maquettes » de barques funéraires retrouvées dans les tombes nous donnent également une image de ces embarcations qui voguaient sur le Nil. Les coques sont en général à fond plat, sans quille, à bouchains vifs (partie arrondie de la carène entre les fonds et le bordé). Les planches de bordés, assez courtes, sont assemblées entre elles d'une manière irrégulière. Ces bateaux portent fréquemment des cabines très hautes, courtes ou allongées, au milieu ou à l'arrière du pont.

Peintures, bas-reliefs et objets funéraires représentent surtout des navires marchands. Mais les bateaux de guerre ne s'en différenciaient guère, comme on le voit sur les bas-reliefs du temple de Médinet Habou (environ 1176 av. J.-C.) qui illustrent une bataille navale contre les Peuples de la Mer.

Les barques du pharaon : les plus anciens bateaux du monde

En 1951, le Département égyptien des Antiquités commence à déblayer les tonnes de sable accumulées au pied du flanc méridional de la grande pyramide de Kheops, à Gizeh. Ce sable, qui s'élève à plus de 20 m de hauteur, empêche la construction d'une route autour du monument.

Trois ans plus tard, le déblaiement touche à sa fin quand, soudain, les ouvriers découvrent deux grandes fosses de direction est-ouest sous la surface du plateau rocheux. 41 dalles de calcaire, pesant chacune 15 à 21 tonnes, recouvrent les deux cavités. Une surprise attend les fouilleurs dans la fosse orientale : les vestiges disloqués d'une barque funéraire dans un état de conservation exceptionnel. La coque, le pont et la cabine démontés sont encadrés par dix avirons intacts. En tout 1 224 morceaux de bois – surtout du cèdre mais aussi du sycomore. Grâce aux énormes blocs de pierre et au sable qui la recouvraient, la fosse est restée parfaitement étanche, protégeant l'embarcation de tout contact avec l'air et l'humidité extérieurs. Le bois est étonnamment bien conservé, sans aucune atteinte parasitaire.

Gigantesque puzzle, la reconstitution, minitieuse, difficile, va durer des années. Effectuée par Hag Ahmed Youssef Mustapha, elle ne s'achèvera qu'en octobre 1970.

Cette barque a-t-elle réellement navigué sur le Nil pour transporter le corps du pharaon défunt de sa résidence de Memphis à sa dernière demeure à Gizeh ? Les avis divergent. Certains archéologues pensent qu'elle n'a jamais évolué sur l'eau, d'autres affirment le contraire.

En tout cas, sa fonction était bien funéraire. Probablement aussi « solaire ». En effet, d'après le culte solaire égyptien, le pharaon traverse le ciel vers l'ouest,

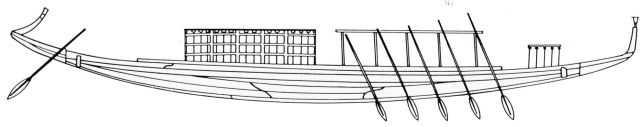

La barque solaire de Kheops exposée au musée du Caire (IIIe millénaire), possède un bordé constitué d'une quarantaine de planches coupées d'une façon irrégulière.

Le bateau en papyrus *Ra II*. Le papyrus de cet esquif a résisté pendant 57 jours aux assauts de l'Atlantique. Des embarcations de ce type, plus accoutumées aux flots généralement calmes des lacs Tchad et Titicaca, du Nil, du Tigre ou de l'Euphrate et de leur delta, pouvaient affronter les flots tumultueux des océans.

Des navires en papyrus pour traverser l'Atlantique

57 jours après son départ de Safi (Maroc), le *Ra II* fait une entrée triomphale dans le port de Bridgetown, capitale de la Barbade. Il a traversé l'Atlantique. Ce frêle esquif de papyrus, construit par les Indiens Aymara du lac Titicaca (Pérou), est une reconstitution aussi fidèle que possible d'un bateau égyptien : coque en faisceaux de scirpes, liés avec du chanvre, espars en cèdre. Même les bouées sont en papyrus, comme celles qui figurent sur les bateaux qui décorent la tombe de Nefer à Saqqarah (Iʳᵉ dynastie) en Basse-Égypte et dont la forme est symbole de vie pour les Égyptiens.

Déjà, l'année précédente (en 1969), le Norvégien Thor Heyerdahl, célèbre pour son voyage sur un radeau de balsa le *Kon Tiki*, en 1947, a tenté l'expédition à bord du *Ra I*. Mais, une semaine avant l'arrivée, il a dû, avec son équipage, abandonner l'embarcation dont le papyrus avait totalement été humidifié et que les coups de mer arrière avaient réussi à faire couler.

Qu'à cela ne tienne, le *Ra II* ne sera pas construit avec une multitude de petites bottes mais avec de gros rouleaux de chaume pour empêcher l'imbibition ; sa poupe sera relevée par un cordage. Avec huit hommes d'équipage, un canard et un singe, animal sacré de l'ancienne Égypte, qui figure sur toutes les représentations de bateaux dans les tombes postérieures à l'expédition du Pount, la traversée sera parfois épique. Mais Heyerdahl a réussi son exploit : prouver que des bateaux égyptiens avaient pu affronter la haute mer pour parvenir en Amérique centrale. Les civilisations égyptienne et précolombienne n'ont-elles pas quelques points communs, les pyramides en particulier ? Et les embarcations du lac Titicaca ne ressemblaient-elles pas étrangement aux barques de papyrus de l'ancienne Égypte ?...

Sauvé, le *Ra II* repose aujourd'hui à côté du *Kon Tiki* dans un musée spécialement édifié sur les bords du fjord d'Oslo.

dans une barque de jour appelée « Mandjet », avant d'accéder au monde souterrain – celui des morts – dans une barque de nuit, ou « Mesektet », pour ressusciter enfin à l'est.

Long de 43 m, large de 6 m, le bateau, qui aurait été enterré vers 2 800 av. J.-C., est aujourd'hui exposé au Musée archéologique du Caire dans une salle spéciale. Une galerie de circulation à plusieurs niveaux permet d'en faire le tour.

Des sondages réalisés en 1986 et 1987 par des chercheurs de l'E.D.F., puis par des spécialistes japonais ont abouti à la localisation d'une seconde barque funéraire, à quelques dizaines de mètres seulement de l'emplacement où gisait la première. Par un trou pratiqué dans le toit de dalles, on a pu introduire une caméra-sonde dans la cavité et photographier cette autre barque qui semble, elle aussi, dans un état remarquable de conservation. Son exhumation complète, l'inventaire minutieux des pièces qui la constituent, leur restauration et leur présentation au public exigeront des années de travail.

Sur les fresques de Santorin, une flottille de bateaux crétois

La brillante civilisation minoenne, qui s'épanouit en Crète entre la fin du IVᵉ et la fin du IIᵉ millénaire, reposait essentiellement sur une suprématie maritime. Nous savons malheureusement très peu de choses sur les navires crétois : l'abondante céramique minoenne ne nous en donne que des images très schématiques et les découvertes archéologiques sous-marines sont pour l'instant très rares.

En 1985, une épave, datée du XIVᵉ siècle av. J.-C., a été localisée au large d'Ulumburum, près du cap Gelidonya (côte sud-ouest de la Turquie). Les fouilles, conduites par Donald A. Frey de l'Archeological Nautical Institute anglais, ont dégagé sa cargaison de lingots de cuivre, éparpillée entre 43 et 51 m de profondeur, ainsi que des lingots d'étain, une demi-douzaine de jarres en terre cuite, quelques vases mycéniens et syriens, des bijoux, des coupes en or et en ivoire... Quelques vestiges de charpente appartenant à la coque subsistaient encore, protégés par le sable qui les recouvrait.

Mais nous en apprenons beaucoup plus sur les bateaux crétois par les fresques retrouvées dans les ruines d'une grande maison de Théra, dans l'île de Santorin. Datant environ de l'an 1500 av. J-C., elles montrent avec une profusion de détails, inhabituelle pour l'époque, toute une flottille d'esquifs à voiles et à rames. Exhumées par le professeur S. Marinatos en 1974, ces fresques ont été restaurées au Musée archéologique d'Athènes avant de reprendre leur place à Santorin.

Le Musée maritime du Pirée a reconstitué la maquette d'une des embarcations figurant sur la fresque, un bateau d'une trentaine de mètres avec un équipage de 50 à 60 marins, dont 42 rameurs.

La ville de Santorin (ancienne Akrotiri) sur l'île de Thêra en mer Égée, a été détruite par une éruption volcanique qui l'a enfouie sous plusieurs mètres de cendres. Celles-ci ont assuré la conservation de vestiges inestimables de la civilisation minoenne à son apogée (v. 1500 av. J.-C.). Et notamment cette fresque, dite de l'« expédition navale ». Il s'agit de la scène maritime la plus précise et la plus détaillée léguée par la civilisation crétoise.

Maquette de navire crétois, d'après un bateau figurant sur la fresque de l'« expédition navale ». Musée maritime du Pirée.

Transport sur le Tigre des bois pour le palais du roi d'Assyrie Sargon II. Bas-relief du palais de Sargon II à Khorsabad (VIIIᵉ s. av. J.-C.). Musée du Louvre.

Bas-relief d'un sarcophage provenant de Sidon montrant un navire de commerce phénicien du IIᵉ siècle après J.-C. L'étrave saillante et l'arrière relevé qui se termine en col de cygne sont caractéristiques des grands bateaux marchands romains appelés *corbitae*.

Les galères de Motyé, seuls navires de guerre antiques retrouvés

Malgré toutes les prospections sous-marines entreprises en Méditerranée, aucun vestige de navire de guerre de l'Antiquité n'avait encore été retrouvé lorsque, en 1971, les plongeurs d'une mission archéologique américaine explorent le fond d'algues et de sable de la lagune de Stagnone, qui entoure la petite île de Motyé...

Les restes imposants d'un rempart qui ceinturait l'île ainsi qu'un port et les ruines de plusieurs édifices rappellent que l'endroit était un point d'appui important pour les Carthaginois sur la côte nord-ouest de la Sicile.

Mrs Honor Frost, qui dirige les fouilles, est d'autant plus intriguée qu'elle a déjà vu les objets qu'un pêcheur a remontés dix ans plus tôt, dont une ancre qui ressemble fort à celles en usage sur les navires de guerre antiques, un crochet qui pourrait bien être l'extrémité d'un grappin d'abordage et une pointe de lance. Mais voilà déjà plusieurs jours que les investigations se poursuivent, sans succès. Les algues abondent, l'eau est trouble, il est bien difficile de repérer quoi que ce soit dans ces conditions.

Puis, un jour, le photographe David Singmaster aperçoit une forme insolite : une grande carcasse de bois et un tas de pierres. Cet amoncellement de pierres constituait le lest du navire qui, après plusieurs semaines de fouilles, va s'avérer être un navire de guerre. Des lettres de l'alphabet punique, apposées sur certaines planches du bordé et de la quille, permettent d'identifier ces importants vestiges comme ceux d'un bateau carthaginois ; au moment de la construction, elles servaient à faciliter l'assemblage.

Remontée à la surface, la coque en planches de pin, assez bien conservée, subit un traitement avant d'être reconstituée sur un gabarit métallique. La galère devait mesurer environ 34 m de long pour 4,80 m de large. Sa carène était protégée par des feuilles de plomb. Ses superstructures, sa poupe et sa proue ont complètement disparu.

Une autre galère punique est ensuite dégagée, à une quarantaine de mètres de la première. Son état de conservation est beaucoup moins bon, mais, fait rarissime, elle a encore son éperon recourbé, attaché à la quille et fixé à un bois de charpente vertical. Depuis,

Nouveaux Argonautes

Selon la tradition, Jason aurait armé une galère avec les principaux héros grecs, les Argonautes, pour se lancer à la conquête de la Toison d'or dans la lointaine et mystérieuse Colchide, région d'Asie Mineure au sud du Caucase. Mais quelle est la part de réalité derrière cette épopée plus ancienne encore que l'Odyssée ?

Trente-trois siècles plus tard, Tim Severin, historien et géographe, décide pour le savoir d'entreprendre la même aventure. Ils sont vingt modernes Argonautes, vingt rameurs qui, en 1984, refont le voyage de Jason, avec un exemplaire des *Argonautiques* d'Apollonios de Rhodes pour guide.

Leur galère baptisée l'*Argo,* bien sûr, est inspirée de celle qui figure sur un tesson de poterie, trouvé à Volos, du XVIᵉ siècle av. J.-C. : bec en forme de bélier, poupe relevée et aviron latéral en guise de gouvernail. Les détails techniques, et notamment la façon dont la voile est gréée, ont été fournis par des représentations plus tardives, entre le VIIᵉ et le IVᵉ siècle av. J.-C. Un architecte anglais, Colin Mudie, en a dessiné les plans, un charpentier grec de Spetsai l'a construite.

Et c'est sur cette galère, semblable à celles qui naviguaient à la fin de l'âge du bronze, que les nouveaux Argonautes sont passés par les Dardanelles, la mer de Marmara et le Bosphore avant de longer les côtes turques de la mer Noire, parcourant en trois mois avec la seule force de leurs bras et du vent les quelque 1 500 milles nautiques qui séparent la mer Égée de la Géorgie soviétique. Partout des fêtes hautes en couleur ont marqué leur passage.

Dessin d'un des deux navires de guerre carthaginois découverts sous les eaux de la lagune de Marsala (Sicile). Il pourrait s'agir de bateaux coulés par les Romains pendant la bataille navale des îles Ægates (241 av. J.-C.).

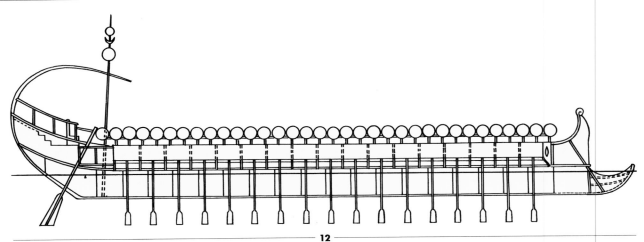

La reconstitution en vraie grandeur d'une trière athénienne navigante butait sur un obstacle très complexe, celui de la disposition des rameurs et de leurs bancs de nage. Les rares documents archéologiques disponibles sont peu précis.

on a repêché un autre éperon, un rostre en bronze massif, pesant plus de 800 kg, en Israël, au large d'Altit ; mais il ne restait rien de la galère hellénique ou romaine dont il devait prolonger la proue.

Datées du IIIe siècle av. J.-C., les deux galères carthaginoises de Motyé ont probablement sombré au cours d'un combat naval contre les Romains. Elles sont aujourd'hui exposées au Baglio Anselmi, à la pointe du cap Lilybée (nord-ouest de la Sicile).

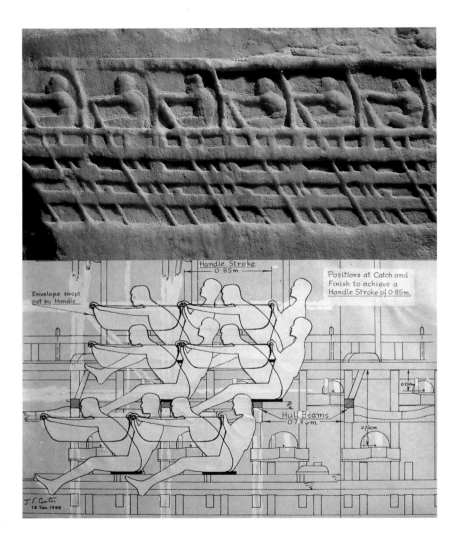

Le bas-relief dit « Lenormant » – du nom de l'archéologue français Charles Lenormant qui l'a découvert en 1852 – a fourni une bonne base aux recherches du professeur Morrison en vue de la conception de la réplique de trière *Olympias*. L'aide de l'ordinateur s'est avérée indispensable.

Malgré les découvertes de Motyé, près de Marsala, nous connaissons encore très mal la construction navale phénicienne. Très rares sont les vestiges sous-marins des navires de Byblos, Tyr, Sidon, Carthage et de leurs colonies. Or, l'imagerie antique ne nous donne qu'une vision schématique, stylisée, assez éloignée de la réalité de ces bateaux qui sillonnèrent la Méditerranée. Il serait difficile de reconstituer avec une véracité suffisante les navires de commerce ou les galères qui figurent sur les bas-reliefs des palais assyriens de Khorsabad, Ninive ou Nimrud. Les monnaies, la céramique de l'époque sont encore plus imprécises. Les textes ne sont pas plus explicites et ils sont souvent contradictoires. Certains auteurs classiques attribuent l'invention de la trirème aux chantiers de Sidon, mais Thucydide en crédite Corinthe, vers le VIIIe siècle. Qui croire ? Peut-on davantage faire confiance aux écrits qui affirment que les quadrirèmes, ou tétrères (bateaux à quatre rangs de rameurs, ou à quatre rameurs par aviron), et quinquérèmes, ou pentères (embarcations à cinq rangs de rames), sont des inventions carthaginoises ?

L'énigme des trières, résolue par ordinateur ?

Dans le détroit de Salamine, Thémistocle, le stratège athénien, lance ses trières à l'attaque des navires perses. Avec ses deux cents vaisseaux de guerre tout neufs, menés par un équipage entraîné et soutenus par les vaisseaux alliés, la flotte athénienne forme un rempart de bois qui soudain se transforme en un essaim d'éperons piquant de tous côtés les Perses affolés. Au soir de la bataille, ce 28 septembre 480 av. J.-C., les Barbares refluent. La victoire écrasante des Grecs les sauve ainsi que tout le bassin méditerranéen du joug asiatique. Un grand mérite en revient aux trières, ces longues embarcations légères manœuvrées par 170 rameurs et dont Thucydide attribue l'invention au charpentier corinthien Aminoklis, vers 700 av. J.-C. Pendant des siècles, elles joueront un rôle capital dans les batailles navales et seront, sous le nom de trirème, l'unité de base de la marine romaine. Avec leur éperon à la proue, elles peuvent torpiller les navires ennemis, avec leurs 170 rameurs, elles sont les plus rapides et les plus puissantes. Mais nos connaissances s'arrêtent là, ou presque. Aucune mer ne nous a livré de galère, aucune représentation n'est assez précise pour nous permettre de dire comment étaient réellement ces bateaux et, en particulier, quelle était la disposition des rameurs. Étaient-ils répartis sur trois rangs superposés ou plusieurs par aviron ? Les hypothèses diffèrent, toutes les solutions sont imaginées, l'énigme ne sera, sans doute, jamais totalement résolue...

Le sujet passionne, en tout cas. Plus d'un savant a pâli sur ce texte d'Arrien qui parle des « rameurs du rang inférieur » du bateau d'Alexandre le Grand ; plus d'un s'est servi du mot d'Aristophane « il a pété dans la bouche du thalamite » pour y voir un argument en faveur des rangs superposés de rameurs, le thalamite étant alors le rameur placé sur le rang inférieur... La vingtaine de pièces à peine, vases, céramiques ou bas-reliefs sur lesquels on croit reconnaître des trières, a été scrutée à la loupe. Mais les dessins sont bien schématiques, censurés, peut-être. Les Grecs ne voulaient sans doute pas divulguer les secrets de leurs bateaux de guerre... c'en était déjà trop que l'ennemi puisse copier les navires capturés.

Voilà plus de quarante ans que le professeur Morrison, éminent historien et archéologue britannique, traque les moindres fragments archéologiques susceptibles de lui fournir des renseignements sur ces mystérieuses trières. Sa tâche est difficile, la plupart des

bateaux représentés ne sont que des navires de commerce. Un bas-relief pourtant retient son intérêt plus que tout autre. En confrontant cette image avec les informations qu'il a glanées tout au long de ses recherches, il pense, avec l'architecte naval Joan Coates, être capable de reconstituer une trière navigante.

Le pari enthousiasme les Grecs qui le soutiennent dans son projet. Et, en mai 1985, commence sur le chantier de Keratsini, au Pirée, la construction d'une trière à l'ancienne.

Déjà, Napoléon III, l'empereur qui se voulait archéologue, avait tenté l'aventure. À sa grande honte. Après avoir lancé tous les savants de l'Empire sur la piste des trières, il avait fait construire à Clichy, sur les bords de la Seine, un modèle grandeur nature de trière grecque, à trois rangs superposés de rameurs. Mais, quand le jour du lancement, en 1860, les 170 rameurs, longuement entraînés, tentent de faire avancer l'embarcation, c'est l'échec total. Ils ont beau y mettre toute leur énergie, le bateau ne bouge pas. Les avirons s'emmêlent, se brisent. L'aventure sombre dans le ridicule : la trière était trop lourde et la disposition des rameurs mauvaise.

En 1985, le professeur Morrison a, outre sa compétence, un nouvel atout. Pour affiner ses conceptions, il s'aide d'un ordinateur et peut ainsi, avec la collaboration de la marine grecque, faire sur écran C.A.O. (conception assistée par ordinateur) une optimisation des formes de coques correspondant aux techniques de l'époque. C'est aussi sur ordinateur qu'il étudie la meilleure disposition des bancs et des rameurs les uns par rapport aux autres.

Tandis que la conception utilise des techniques de pointe, la fabrication s'en tient autant que possible aux techniques anciennes. Les matériaux employés sont les

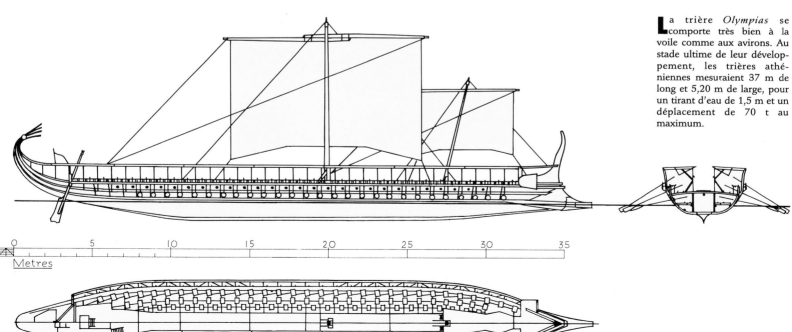

0   5   10   15   20   25   30   35
Metres

La trière *Olympias* se comporte très bien à la voile comme aux avirons. Au stade ultime de leur développement, les trières athéniennes mesuraient 37 m de long et 5,20 m de large, pour un tirant d'eau de 1,5 m et un déplacement de 70 t au maximum.

Dessin de la trière athénienne *Olympias*. Reconstitution.

Chefs-d'œuvre au fond des mers !

La conquête de la Grèce par les Romains s'accompagna d'un pillage effréné de ses trésors artistiques. C'est par bateaux entiers que les chefs-d'œuvre de l'art grec quittaient leur patrie pour Rome. Certains de ces navires ont fait naufrage, entraînant au fond des mers leur précieux chargement.

Parfois on en retrouve... En 1907, dans une épave du Iᵉʳ siècle avant notre ère, coulée au large de Madhia (Tunisie), des pêcheurs d'éponges et des plongeurs de la marine française récupérèrent 27 statues en bronze et en marbre (en particulier un génie ailé de très belle facture), 3 cratères en bronze et 12 autres en marbre, un bassin orné d'incrustations d'argent damasquiné, des lampes et lampadaires, des candélabres, des appliques de meubles... La cargaison était sans doute le produit de pillages ou d'achats à bon compte effectués sur l'ordre de Sylla, lors de la prise et du sac d'Athènes (88 av. J.-C.), mais le chargement pouvait aussi être destiné à un prince numide d'Afrique du Nord.

Toutes ces pièces, qui remontent en général aux IIIᵉ et IIᵉ siècles av. J.-C., sont aujourd'hui exposées au musée du Bardo, près de Tunis.

En Grèce, en 1900, d'autres pêcheurs d'éponges découvrent, près d'Anticythère, plusieurs dizaines de statues grecques dont un grand éphèbe du IVᵉ siècle av. J.-C. et une magnifique tête, sans doute le portrait d'un philosophe.

Toujours en mer Égée, en 1927, près du cap d'Artémision l'épave d'un navire romain livre, entre autres chefs-d'œuvre, deux pièces capitales de l'art hellénique : l'*Enfant jockey* (IIᵉ s. av. J.-C.) et un sublime Zeus (appelé aussi *Statua Bron,* Vᵉ s. av. J.-C.), tous deux en bronze. Ces sculptures, ainsi que les précédentes, comptent aujourd'hui parmi les plus belles pièces du Musée national d'Athènes.

En Italie aussi, on a remonté de la mer de très belles œuvres d'art. Mais un trafic illégal les fait parfois passer à l'étranger avant que les autorités ne puissent intervenir. C'est le cas d'une partie de la cargaison de sculptures grecques trouvées en 1969 à Porticello, dans la partie nord du détroit de Messine, près de la villa San Giovanni, vendue clandestinement en Suisse. La même année, à Porto Baratti, site de l'ancien port étrusque de Populonia, sur la côte toscane, un pêcheur remontait dans ses filets une superbe amphore en argent (fin du IVᵉ s. apr. J.-C.), aujourd'hui déposée au Musée archéologique de Florence.

En 1972, une autre trouvaille fait sensation : celle de deux imposantes statues en bronze, dites « de Riace », repêchées au large de la Calabre. La nature du bronze, composé exclusivement de cuivre et d'étain, sans addition de plomb comme le faisaient les Romains, permet d'affirmer qu'elles sont d'origine grecque. Œuvres de deux artistes différents, les bronzes de Riace dateraient de 460 (statue A) et 430 environ av. J.-C. (statue B). Il faut aller les voir au musée de Reggio de Calabre.

En France, l'*Éphèbe* d'Agde (1964) et le *Satyre* des Saintes-Maries-de-la-Mer (1967), deux œuvres d'une qualité exceptionnelle, sortent également du fond de la mer.

Statue en bronze surnommée le « Poséidon de l'Artémision », trouvée au large du cap Artémision (nord de l'Eubée) entre 1926 et 1928. Original grec du style dit « sévère », vers 460-450 avant J.-C. Musée national d'Athènes.

L'épave du navire marchand grec de Kyrínia (île de Chypre) a été reconstituée à partir de près de 6 000 fragments de bois. Environ 60 % de la coque subsiste encore. Ce bateau déplaçait à peu près 25 tonnes.

plus proches de ceux utilisés dans l'Antiquité : la coque, le pont, les deux mâts et leurs vergues sont en pin d'Oregon, les planches du bordé et de la carène sont fixées aux membrures par 20 000 chevilles en hêtre et 25 000 clous en bronze, fabriqués artisanalement. Les voiles sont en lin. L'éperon en bronze est forgé à la main.

Le 26 août 1987, une longue et fine trière (39 m de long, 5,5 m de large), baptisée *Olympias* par Mélina Mercouri, s'élance sur les eaux de la baie de Phalère. Une jeune Grecque de treize ans en est le timonier, 170 garçons et filles rament ensemble pour la faire avancer, champions d'aviron, marins de la flotte grecque, étudiants de Cambridge et d'Oxford, tous parfaitement synchronisés. Sous le chaud soleil de

l'Attique, la galère sort du port et s'éloigne sans difficultés. Ce qui pour les bateaux est la normalité touche ici à l'exploit. C'est la première trière moderne capable de naviguer !

Dès lors, il ne lui reste plus qu'à battre le record de vitesse de 10 nœuds qu'aurait atteint une embarcation de ce type dans l'Antiquité, puis elle servira pour des croisières à thème historique et comme musée flottant.

---

320 km sans escale pour une reconstitution de bateau grec !

De tout le bassin méditerranéen arrivaient au Pirée de lourds bateaux chargés de grain. À Athènes, comme dans le reste du monde antique, les céréales étaient la base de l'alimentation, mais l'Attique, avec ses terres trop maigres, était incapable de nourrir sa population. Il fallait donc importer chaque année quelque cent mille tonnes de grain...

Curieusement, on n'a pas encore retrouvé beaucoup de ces navires de commerce qui apportaient du grain, mais aussi du bois pour construire les monuments, les maisons et les bateaux, et qui exportaient du vin,

Vase grec montrant Dionysos à bord d'un navire de commerce à doubles avirons de gouverne, environné de dauphins. Étendu dans l'embarcation ornée de deux rameaux de vigne chargés de lourdes grappes, le dieu marin honoré dans les Cyclades tient une corne d'abondance. Les dauphins représentent les brigands métamorphosés en dauphins par le dieu. Cette coupe de la fin du vi^e siècle a été peinte par l'Athénien Exékias (Musée de Munich).

de l'huile, du miel et des produits artisanaux. Mais on n'a pas non plus fouillé systématiquement autour des ports grecs. De toutes les épaves grecques repérées sous l'eau, la mieux conservée fut découverte en 1967 par des plongeurs autochtones au large du port chypriote de Kyrínia : un navire, datant du ive siècle av. J.-C., qui transportait plusieurs centaines d'amphores de vin de Rhodes, des amandes et des meules à grain. Récupérés pièce par pièce par une équipe d'archéologues américains, les éléments de la charpente ont été traités puis reconstitués sur gabarit. La coque est exceptionnellement bien conservée : la plus grande partie du bordé babord et quelques morceaux du flanc tribord, la quille et la carène avec de nombreuses membrures subsistent. Elle était protégée des attaques de tarets, ces mollusques marins qui creusent des galeries dans le bois, par des feuilles de plomb fixées avec des petits clous de cuivre.

Le navire, long de 15 m et large de 4, est de nos jours exposé dans le château de Kyrínia.

Partant des éléments récupérés, les deux archéologues de l'université de Pennsylvanie, R. Stefy et Michael Katzev, ont tenté de restituer par des plans, des dessins en perspective, un écorché, l'image de ce bateau au temps de sa navigation. De là, l'Hellenic Institute for the Preservation of Nautical Tradition a fait réaliser une réplique grandeur nature de ce bateau, qui effectuait en 1986 une première traversée expérimentale d'un mois, du Pirée à Chypre en passant par Rhodes. La voile rectangulaire en lin de 66 m² sur un mât de 11 m de haut montrait d'excellentes qualités de remontée au vent au plus près ainsi que des capacités tout à fait remarquables de louvoiement et de maniabilité. Au cours d'une deuxième traversée, le voilier parcourait 320 km sans escale.

La réplique de l'épave du navire grec de Kyrínia a été construite de 1982 à 1985 par le chantier de Manolis Psaros à Perama, près d'Athènes. *Kyrínia II* s'est très bien comporté par tous les temps, dépassant même 12 nœuds par vent fort entre Chypre et Rhodes.

Au musée d'Histoire de Marseille, à côté des vestiges du navire romain du Lacydon, les visiteurs peuvent voir la reconstitution grandeur nature du chantier et de la coque en construction.

Les bordés d'abord

Les Anciens ne s'y prenaient pas de la même façon que nous pour construire la coque d'un bateau. Nous commençons par mettre en place la vertèbre du bateau (la quille, l'étrave et l'étambot qui forment le fond, les couples sur les côtés) puis nous fixons dessus la coque externe (le bordé). Dans l'Antiquité, c'était souvent l'inverse : on commençait par monter les bordés avec une multitude de petites planches que l'on emboîtait et que l'on chevillait très soigneusement. Une fois la coque formée, on intégrait les éléments qui servaient à renforcer les bordés. Ce type de construction avait pour avantage d'assurer une bonne étanchéité et une bonne résistance. Mais il

requérait beaucoup de main-d'œuvre et fut abandonné à la fin de l'Empire romain. On peut voir, au musée d'Histoire de Marseille, la reconstitution grandeur nature d'un chantier naval antique qui montre bien les différentes phases de la fabrication. L'étude de la coque du navire romain, retrouvé dans le Vieux-Port, a beaucoup servi à l'architecte J.-M. Gassend, du C.N.R.S., pour cette reconstitution.

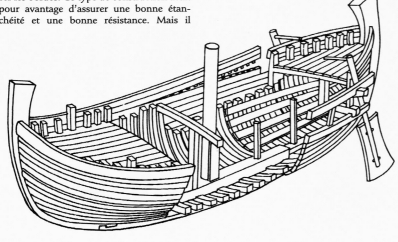

Pendant longtemps, les historiens ont cru qu'avec leur gouvernail fait de deux rames les navires de commerce antiques étaient incapables d'affronter la haute mer. On disait aussi qu'avec leur voile quadrangulaire ils ne pouvaient naviguer que par vent arrière et on en concluait qu'il avait fallu attendre le Moyen Âge, avec l'invention du gouvernail d'étambot et de la voile latine (triangulaire), pour naviguer vent debout. Les découvertes de l'archéologie sous-marine et la navigation sur des répliques de bateaux antiques ont totalement transformé notre vision des choses. Comme l'explique Patrice Pomey, l'un des membres de l'expédition : « Ces navires, extrêmement résistants grâce au mode de construction de leur coque et à la forme de leur proue, sont très maniables : les deux avirons compensés qui servent de gouvernail se manœuvrent à droite et à gauche, sans effort exagéré, par un homme assis ; leur souplesse permet en fait de louvoyer sous le vent. »

La marine étrusque, cette inconnue

Les bateaux étrusques sont encore moins bien connus que ceux de leurs ennemis grecs ou de leurs alliés carthaginois. Les représentations sur les fresques, la sculpture ou la céramique de l'époque sont rares. Une scène de combat naval sur un vase d'argile de Caere (début du vi[e] siècle av. J.-C.), un modèle réduit de navire en bronze exhumé à Velutonia, des maquettes d'embarcations en argile trouvées dans des tombes, une scène

de pêche sur une fresque de la tombe dite « du Pêcheur » à Tarquinia, quelques figurations sur des urnes et des stèles sont les seuls éléments dont nous disposons. C'est bien peu comme matériel...

Quant à l'archéologie sous-marine, elle n'a localisé que quelques gisements supposés étrusques. En France, on connaît ceux de la pointe de Loue à Antibes, de la pointe du Dattier à Cavalaire, d'Esteu-dou-Mieu à Marseille et surtout de la baie du Bon-Porté, près de Saint-Tropez.

En Italie, la trouvaille la plus significative est celle du navire dit « du Giglio », qui gît à quelques mètres de profondeur, au sud de Populonia, sur la côte toscane. Des archéologues anglais ont remonté une partie de la quille et des planches du bordé en 1981...

Bilan bien maigre en regard d'une puissance maritime dont les auteurs anciens parlent avec respect. Les ports étrusques connaissaient un intense trafic. On devrait en retrouver davantage de témoins.

Les galères de Caligula

Depuis longtemps, on savait que des vestiges d'importants navires romains gisaient sous les eaux du lac de Nemi, dans les monts Albains, près de Rome.

À la fin du XIXᵉ siècle, un scaphandrier repêcha clandestinement de nombreux objets qui en provenaient : des morceaux de mosaïques, des tuyaux de plomb, des bandeaux de marbre et surtout des sculptures en bronze d'une très belle facture, qui ornaient les extrémités de poutres. L'embout d'un timon en bronze à têtes d'animaux constituait la pièce la plus impressionnante.

Le pilleur remonta aussi près de 400 m de poutres, qu'il laissa se désagréger à l'air libre jusqu'à ce qu'elles soient brûlées dans les cheminées des autochtones. Au grand désespoir d'Eliseo Borghi, un archéologue qui essayait vainement de préserver les navires et leur contenu.

On peut penser que d'autres pillages et déprédations avaient déjà eu lieu bien des siècles auparavant. En 1446, déjà, le célèbre architecte de la Renaissance, Leon Battista Alberti, avait fait une tentative infructueuse pour sauver l'un des bateaux. En 1535, c'est un certain Francesco De Marchi qui imagine une sorte de scaphandre autonome avec casque en bois et assiette en cristal afin d'examiner de plus près les épaves. Trois siècles plus tard, en 1827, l'ingénieur hydraulicien Annesio Fusconi utilise une cloche de plongée à huit places, inventée par l'astronome Edmund Halley. Il remonte avec son équipe quelques objets qui sont dispersés dans des collections particulières.

Enfin, en 1928, à l'instigation de Mussolini, les autorités culturelles italiennes prennent les choses en main. Pour des raisons de prestige, elles reçoivent des moyens financiers et techniques considérables qui leur permettent d'assécher le lac pendant cinq ans, le temps de renflouer les épaves.

Cette opération de grande ampleur, véritable première de l'archéologie subaquatique donne des résultats spectaculaires. Les coques de bateaux ont des dimensions inhabituelles pour des navires antiques,

La première galère impériale romaine dégagée de la vase du lac de Nemi vers 1929. Sa carène, d'une largeur inhabituelle pour un navire antique, était dotée de trois quilles reliées entre elles par des couples et des poutres longitudinales. Il y avait deux ponts. Détruites par un incendie en 1944, les deux galères de Nemi sont les plus grands navires antiques jusqu'à présent découverts.

Détail d'un bas-relief de la colonne Trajane à Rome (début du IIe s. apr. J.-C.), montrant avec un réalisme saisissant des galères romaines de l'escadre du Danube, engagées dans la difficile campagne militaire contre les Daces. Les figures des rameurs et des officiers sont disproportionnées par rapport aux galères, mais l'ensemble dégage un grand équilibre et une grande noblesse.

surtout compte tenu des connaissances archéologiques de l'époque. La première mesure 71 m de long sur 20 de large, la seconde 73 sur 24. Les archéologues discutent pour savoir s'il s'agit de galères, de barges ou de pontons de plaisance mus aux avirons, mais il est certain que ces deux embarcations d'agrément ont été construites pour l'empereur Caligula et sa cour (Ier siècle), comme l'atteste un tuyau de plomb portant sa titulature.

Le bordé est pratiquement complet par endroits, encore garni de laine goudronnée recouverte de minces feuilles de plomb fixées aux planches par des clous en cuivre. L'embarcation la plus petite a conservé une grande partie de son pont, éventré, mais aisément reconstituable. De luxueux pavillons aux toits de cuivre doré le recouvraient. Des mosaïques polychromes tapissaient les murs de ces sortes de cabines.

Parmi les très nombreuses sculptures recueillies se trouvait une série étonnante de petites statues-colonnes en bronze (Hermès bifrons, nymphes, satyres) qui ornaient les balustrades. Autres œuvres remarquables :

des têtes d'animaux aux extrémités des poutres et des timons. Certaines de ces œuvres sont conservées au Musée national romain à Rome...

Malheureusement, une catastrophe allait anéantir les vestiges de ces deux embarcations. Dans la nuit du 31 mai au 1er juin 1944, un incendie criminel éclatait dans le bâtiment qui abritait le produit des fouilles du lac de Nemi. Il réduisait en cendres les deux bateaux et la plus grande partie de leur riche matériel. Le sinistre a été attribué, sans preuves formelles, aux forces allemandes en retraite.

Les fouilles du lac de Nemi, qui marquent la naissance officielle de l'archéologie subaquatique moderne, n'auront laissé que quelques rares pièces échappées au désastre, des photographies et des dessins des fouilles...

Peu d'innovations dans la marine romaine

Terriens plus que marins, les Romains n'introduisent guère d'innovations en matière de construction navale. Hormis l'invention du « corbeau », cette sorte de pont-levis à grappins qui s'abat sur les navires ennemis pour faciliter l'abordage, ils se contentent le plus souvent de copier les navires de l'époque hellénistique.

Polybe raconte que les Romains s'intéressaient si peu à la mer que, pendant longtemps, ils n'avaient aucune construction navale et se contentaient, en cas de besoin, d'emprunter des trières aux cités grecques les plus proches. Jusqu'au jour où un navire carthaginois vint s'échouer sur leurs côtes. L'étudiant minutieusement, ils auraient alors construit en soixante jours cent quinquérèmes et vingt trirèmes... Le récit paraît invraisemblable, mais reflète bien le caractère des Romains, peuple continental, qui réussit cependant à remporter plusieurs combats navals sur les Carthaginois et à régner sur la Méditerranée après la conquête définitive de Carthage en 146 av. J.-C.

Sa victoire acquise, Rome ne se soucie plus guère de sa puissante flotte, qui comprend plus de 200 navires de guerre. Même contre les pirates qui infestent leur « Mare Nostrum », les Romains préfèrent longtemps faire agir leurs légions. Il faut attendre 67 av. J.-C. pour que Pompée lance cent soixante-dix galères armées par cent vingt mille hommes afin de se débarrasser de ce fléau, temporairement du moins. La seule contribution des Romains à la construction navale est d'ailleurs la liburne, petite galère rapide et très maniable dont les formes étaient inspirées des bateaux de pirates liburniens et qui leur servait justement à donner la chasse à ces forbans. Ce sont des liburnes, aussi, qui contribuèrent à la déroute des flottes d'Antoine et de Cléopâtre à Actium en 31 av. J.-C.

Si les Romains n'exercent guère leur génie dans la marine de guerre, ils développent une flotte imposante de navires de transport. Imposante par le nombre de bateaux et par leur tonnage. Pour nourrir cette gigantesque capitale qu'est Rome avec près d'un million d'habitants, il faut importer des milliers de tonnes de blé d'Égypte et de Sicile, mais aussi du vin d'Espagne et de Gaule, de l'huile d'Afrique du Nord, du miel d'Athènes...

Mosaïque d'Ostie figurant des navires de commerce de part et d'autre du célèbre phare construit à l'extrémité du môle du port de Claude, sous les règnes des empereurs Claude et Néron au Ier siècle de notre ère. Comme la mosaïque de la *statio* des Navicularii Syllectini du forum des Corporations d'Ostie, elle peut être datée de la fin du IIe siècle après J.-C.

Ostie, port international du monde antique

Situé à l'embouchure du Tibre, le site d'Ostie, était peu favorable à l'implantation d'un port : une barre se formait à l'entrée du fleuve et la côte campanienne, basse et sableuse, manquait d'abris et de repères pour les navigateurs. Pourtant, Ostie va supplanter les ports de Terracina et Pouzzoles grâce à sa proximité de Rome. Après plusieurs agrandissements successifs, il devient, sous le Haut-Empire, le plus grand port du monde romain.
Pendant les guerres puniques et la guerre contre les pirates, entre les III° et I° siècles av. J.-C., Ostie abrite une flotte de guerre importante. Mais le port commercial ne prend véritablement son essor qu'au I° siècle apr. J.-C., quand, pour répondre aux besoins en ravitaillement toujours croissants de la capitale, l'empereur Claude fait entreprendre l'aménagement d'un nouveau port gigantesque pour l'époque. Il ne sera achevé qu'en 54, sous le règne de Néron. Creusé dans une anse naturelle, il mesure 700 × 1 000 m pour une superficie de 80 hectares. Un phare en pyramide à quatre étages en signale l'entrée. Il peut alors abriter plus de 200 navires, nous dit Tacite. Très vite insuffisant, il faut, à nouveau, le doubler sous le règne de Trajan (entre 100 et 112) par un complexe hexagonal, le *portus Augusti*, profond de 5 m et large de

357,77 m sur chaque côté. On en voit encore les môles construits en blocages avec des bittes d'amarrage. Tout autour s'élevaient les célèbres greniers (horrea), dont subsistent d'importants vestiges.
Lorsqu'un bateau se présentait à l'entrée du port de Claude, il pénétrait dans le bassin sans assistance lorsque le vent était favorable, sinon une chaloupe *(scapha)* venait le remorquer. L'amarrage à quai se faisait à une place numérotée, marquée par une colonne. Si la place manquait, le navire mouillait dans la rade et de petites embarcations, les *lenunculi,* transbordaient ses marchandises à terre. Elles y étaient déchargées par des dockers, les *saccarii* et les *phalangarii,* qui pouvaient également utiliser ces grues dont parle Vitruve et dont une mosaïque d'Ostie nous montre un exemplaire.
Quand elles n'étaient pas entreposées dans les horrea, les marchandises étaient acheminées vers Rome sur le Tibre par des bateaux fluviaux, conduits par les *candicarii*. Le courant étant fort, les embarcations étaient halées par des animaux ou à la force des bras.
Le dépeuplement de Rome entraîna, à la fin du IV° siècle, le déclin d'Ostie, aujourd'hui séparé du rivage par la masse énorme de sédiments que le fleuve a accumulés à son embouchure.

Un navire de commerce romain lyophilisé

Les travaux de rénovation d'anciennes villes romaines et l'exploration sous-marine ont permis de découvrir un grand nombre d'épaves romaines, beaucoup plus que de bateaux grecs.

À Ostie, à l'emplacement de l'ancien port de Claude, on a exhumé, en 1959, deux gros navires marchands et cinq barques romaines aux carènes bien conservées, vraisemblablement construits entre les II° et IV° siècles de notre ère.

À Commachio, près de Ferrare, les archéologues ont dégagé les vestiges, en très bon état, d'un petit navire de commerce daté par sa cargaison des dernières années du I° siècle av. J.-C. Il était enfoui sous le sable, dans l'ancienne zone marécageuse, et contenait encore certains effets personnels de l'équipage : sandales de cuir, sacs de peau, nattes, étoffes... La coque, longue de 20 m et large de 5 m, associe l'assemblage par encastrement, au niveau supérieur du bordé, avec la technique du bordé cousu, au niveau de la carène.

En 1967, à Marseille, d'importants travaux de terrassement sont entrepris à côté du Vieux-Port afin de construire un parking souterrain et un centre commercial. Mais les engins de travaux publics ont à peine commencé à creuser qu'ils butent sur des ruines antiques : des restes des remparts grecs, des vestiges du port, de la voierie et des égouts de l'époque gallo-romaine. Le chantier s'interrompt pendant plus de quatre ans pour permettre aux archéologues de remettre au jour toute une tranche de l'histoire de la cité phocéenne.

Au moment où les fouilles s'achèvent, une autre découverte interrompt à nouveau l'édification du parking : un amoncellement de bois de charpente qui correspondent, à n'en pas douter, à ceux d'un navire très ancien.

L'épave gît sous trois mètres de vase à une dizaine de mètres du quai antique. Le sédiment compact l'a bien conservée. Du bateau, qui devait mesurer une trentaine de mètres de long sur 9 de large, il reste une longueur de 20 mètres. La carène est encore bien identifiable ainsi qu'une soixantaine de membrures et des planches de bordés, brisés et aplatis par le poids de la vase. Le départ de l'étambot (cette pièce qui forme l'arrière de la carène) se distingue toujours bien tandis que manque l'étrave. Des éléments importants du vaigrage (le bordé intérieur) sont également en place sur toute la longueur de la carène, quoique dissociés les uns des autres. L'emplacement du mât est visible.

Il s'agit d'un navire marchand romain, datant vraisemblablement du II° siècle av. J.-C. car il repose dans la couche de déblais de cette époque. Une quinzaine de bois différents ont été utilisés pour sa construction, dont plusieurs variétés de pin, de l'épicéa, du mélèze, du hêtre, du chêne et du frêne.

Compte tenu des maladies qui les affectent et de la présence de parasites dans certaines pièces, les vestiges

L'épave du navire de commerce romain de l'anse du Lacydon à Marseille a fait l'objet de la plus ambitieuse opération de préservation des vestiges d'un bateau ancien jamais entreprise jusqu'à nos jours en France. On distingue bien les planches du doublage intérieur de la carène (le vaigrage) et le réseau serré des membrures qui recouvre les planches de la carène.

sont soumis à un traitement par lyophilisation. Une première mondiale à une telle échelle. Cette méthode consiste à congeler le bois gorgé d'eau, puis à le placer sous vide partiel afin que la glace se sublime, c'est-à-dire se transforme en vapeur d'eau, qu'on élimine au fur et à mesure. Le bois congelé sèche ainsi progressivement. Comme il demeure fragile, il faut ensuite lui redonner une consistance suffisante en l'imprégnant de cire microcristalline. Suit une longue étape de conservation au cours de laquelle les bois de charpente sont imprégnés d'un gaz bactéricide. La lyophilisation présente le grand avantage de préserver la couleur, la texture et la nature même du bois. Son seul inconvénient est d'être très onéreuse.

L'épave du *Lacydon* (nom de l'anse où on l'a trouvée) repose aujourd'hui dans son enceinte vitrée au nouveau musée d'Histoire de Marseille, installé sous le centre commercial de la Bourse, de plain-pied avec le niveau antique du jardin des Vestiges. Une très intéressante reconstitution grandeur nature du navire le montre en cours de construction juste à côté.

Les « myriophores », géants de l'Antiquité

Les historiens ont longtemps dit que durant l'Antiquité tout le commerce maritime était effectué par des caboteurs qui ne dépassaient pas 150, voire 250 t et devaient être halés sur les plages où devaient mouiller à quelques encablures du rivage, à la nuit tombante. L'une des raisons invoquées pour justifier cette théorie était la méconnaissance par les marines antiques du gouvernail d'étambot (apparu au Moyen Âge).

Pourtant, des écrivains grecs, comme Strabon sous

Un vaisseau « cousu » du VIᵉ siècle av. J.-C. au large de Saint-Tropez

L'épave découverte en 1973 dans la baie de Bon-Porté à deux kilomètres au large de Saint-Tropez, entre les caps Taillat et Camarat, transportait cent ou deux cents amphores, pour les trois quarts, de type étrusque et, pour un quart, de type grec. Daté de la seconde moitié du VIᵉ siècle av. J.-C., c'est l'un des plus anciens bateaux repérés en mer. Les fragments de sa coque, bien que totalement délabrés, sont une curiosité : les planches du bordé étaient cousues entre elles et à la quille, des chevilles de bois ayant par la suite remplacé les ligatures. La barque de Khéops et deux barques à fond plat d'époque romaine, découvertes à Pomposa et à Cervia à l'embouchure du Pô, étaient elles aussi assemblées par des ligatures, mais le navire de Bon-Porté est le premier bateau antique « cousu » à avoir été retrouvé en Méditerranée. Il prouve que ce mode d'assemblage, dont parle Homère dans l'*Iliade,* s'est peut-être perpétué de façon marginale depuis l'ère mycénienne et longtemps après les temps héroïques...

Auguste et Philon d'Alexandrie au début de notre ère, mentionnaient l'existence de navires de gros tonnages : les « myriophores ». Ils devaient leur nom au fait qu'ils pouvaient transporter 10 000 amphores, ces containers de l'époque. On connaît même l'existence d'un navire de 2 000 t, lancé au début du IIIᵉ siècle av. J.-C. pour Hiéron II de Syracuse : le *Syracusia.* Mais le mastodonte se serait avéré inutilisable en raison de ses dimensions et de son déplacement trop important pour les techniques de l'époque. Lucien, nous décrit, ébloui, l'arrivée dans le port du Pirée d'un cargo romain qui rapporte du blé d'Alexandrie : 55 m de long, 14 m de large, un mât gigantesque, la poupe ornée d'une tête de cygne dorée, la proue d'une sculpture d'Isis. « Tout était incroyable : le reste de la décoration, la peinture, la voile supérieure rouge et plus encore les ancres avec leurs cabestans et leurs treuils et les cabines de l'arrière ! L'équipage était nombreux comme une armée... » Le navire qui transporta d'Égypte à Rome l'obélisque que Caligula fit dresser sur la place Saint-Pierre avait un déplacement de 1 300 tonnes.

Photo sous-marine de l'épave du navire de commerce romain de Bonifacio (Corse), épave sud, *Berduto II,* datée du début du Ier siècle après J.-C. Découvert en 1977 par des plongeurs de la Marine nationale, ce bateau qui gisait à 42 m de profondeur était signalé par un tertre d'amphores et d'alluvions. Il a été fouillé par la D.R.A.S.M. entre 1978 et 1981.

Quelques-unes des milliers d'amphores qui composaient la cargaison du navire marchand romain de la Madrague de Giens. Il s'agit, depuis la disparition des galères de Nemi, de l'épave romaine la mieux conservée trouvée par les archéologues au cours de fouilles sousmarines. Sa remontée à la surface et sa préservation dans un musée ne sont pas envisagées actuellement. On peut le regretter, car cette épave de gros navire de charge représente un véritable résumé des techniques d'architecture et de construction navales romaines.

Mais, jusqu'en 1950, on n'avait encore jamais retrouvé de navires de grandes dimensions quand le professeur Nino Lamboglia fit fouiller l'épave d'un bateau romain repéré au large d'Albenga, en Italie, sur la côte ligure, par 42 m de fond. Sa cargaison, qu'il fallut plusieurs années pour remonter, comptait près de 13 500 amphores disposées sur cinq hauteurs ou plus ! Chaque amphore étant entourée de branchages afin d'éviter de heurter ses voisines pendant le voyage. La présence de poteries fines à vernis noir, originaires de Campanie, permit de dater le chargement du début du Ier siècle av. J.-C. L'imposant navire mesurait 40 m de long, 12 de large et son tonnage fut estimé à 500-600 t.

En 1967, des plongeurs de la Marine nationale aperçoivent quelques amphores qui gisent au milieu d'un lit de sable sous 20 m d'eau, à 800 m au nord-ouest du petit port de la Madrague de Giens. Quand, cinq ans plus tard, commencent les véritables fouilles, l'équipe de l'Institut d'archéologie méditerranéenne doit évacuer des milliers d'amphores avant d'apercevoir la coque d'un bateau. Plus de 6 000 amphores, les unes contenant encore une pâte déshydratée de couleur noire, que l'on a pu identifier comme étant du vin solidifié d'origine italienne, d'autres du grain décomposé...

Protégée par l'épaisse couche de sédiments et par sa cargaison, la coque est encore en excellent état. Ses dimensions sont exceptionnelles pour l'époque gallo-romaine : elle devait mesurer 35 m sur 9 m. Dans sa partie la mieux préservée, le bordé s'élève à 1,55 m au-dessus du plancher de la cale.

Le navire, qui venait de Terracina, en Italie, transportait aussi une cargaison de céramiques qui, avec les monnaies et les lampes retrouvées, permet de penser qu'il a dû couler vers le milieu du Ier siècle av. J.-C.

C'est à cette époque que les navires de charge ont dû atteindre les plus forts tonnages et il faudra ensuite attendre le XVe siècle pour retrouver, avec les grands navires génois et vénitiens, des bateaux aussi importants. À la fin de l'Empire romain, la taille des bateaux régressera pour ne plus atteindre que quinze à dix-huit mètres. Avec les invasions, le commerce maritime s'arrête, comme en témoigne la disparition quasi totale des épaves.

LES BATEAUX VIKINGS, INSTRUMENTS D'UNE PRODIGIEUSE EXPANSION

Pirates, écumeurs des mers et des fleuves, terreur des populations, les Vikings furent aussi d'habiles commerçants, de grands colonisateurs, des marins et des explorateurs hardis. Pendant près de 250 ans, entre le VIIIe et le XIe siècle, ces farouches conquérants scandinaves déferlent sur le monde occidental et imposent leur suprématie. Tout plie devant les Danois, qui pillent et dévastent la côte orientale de l'Angleterre, où ils établissent une base dans la région d'York. L'Empire carolingien, en pleine décadence après la mort de Charlemagne, subit maintes fois leur loi brutale. Au point que Charles le Simple doit se résoudre à donner en apanage au chef de clan danois, Rollon, le magnifique duché de Normandie. D'autres chefs danois ravagent les rives de la Méditerranée ; les côtes italiennes, françaises, espagnoles et nord-africaines reçoivent leurs sanglantes visites.

Au nord, les Norvégiens dévastent l'Écosse, occupent les îles Shetland, l'île de Man, effectuent des expéditions punitives en Irlande, où ils fondent Duflinn, l'actuelle

Deux modernes bateaux vikings se rencontrent à proximité des flèches de la cathédrale de Roskilde. Le *Saga Siglar,* au premier plan, réplique de l'épave n° 1 du grand knorr de commerce trouvé sous les eaux du fjord de Roskilde, revient d'un tour du monde. Au second plan, le *Roar Ege,* réplique de l'épave n° 3 de Skuldelev.

Le bateau de Nydam, construit vers 350 après J.-C., ressemble à une longue baleinière de 21,5 m, du genre de celles qu'utilisaient les pêcheurs des Açores. Bordé à clins, il préfigure les bateaux vikings.

Les nombreuses stèles datant de l'âge du bronze trouvées en Suède (dans l'île de Gotland, en particulier) et en Norvège, dans le Trøndelag, notamment, montrent déjà des silhouettes de bateaux très proches des embarcations vikings.

Dublin. Leur curiosité, leur hardiesse les entraînent jusqu'en Islande, au Groenland et même en Amérique, où on a retrouvé des vestiges de leur implantation à la pointe ouest de l'île de Terre-Neuve, au lieu-dit « Anse aux Meadows » (Anse aux prés).

Les Suédois ne sont pas en reste. Maîtres absolus de la Baltique, ils font trembler les populations riveraines, pénètrent profondément en Russie et y établissent d'innombrables comptoirs, dont Novgorod et Kiev. Par le Dniepr, encombré de glaces en hiver, parcouru de rapides ou presque à sec en été, ils parviennent en mer Noire, puis atteignent la Caspienne avant de pousser l'audace jusqu'à assiéger Byzance.

Les bateaux vikings furent l'instrument essentiel de cette prodigieuse expansion ; ils étaient servis par les qualités hors pair des navigateurs scandinaves.

Plus de 500 bateaux vikings retrouvés

Depuis un siècle, plus de 500 bateaux vikings ont été exhumés dans le nord-ouest de l'Europe. La plupart servaient de sépulture à un ou plusieurs défunts, entourés de leurs objets familiers. Mais, de tous, les mieux conservés sont les navires d'Oseberg et de Gokstad, qui mesuraient 21,6 m et 23,3 m de long.

Quelques bateaux vikings ont également été retrouvés sous l'eau, comme celui qui coula dans le port de Hedeby, le plus grand port scandinave aux IXe et Xe siècles, sur la côte est du Jylland. En Grande-Bretagne, une épave de type viking, bien préservée, a été dégagée de la vase en 1970 pendant des travaux de drainage à Graveney Marshes (Kent). Il s'agit d'un navire marchand de 14 m de long, probablement construit vers 927. Les archéologues britanniques espèrent mettre la main sur d'autres embarcations vikings au fond des rivières Tamise, Ouse et Foss. Mais la trouvaille archéologique sous-marine de très loin la plus intéressante est jusqu'à aujourd'hui celle qui a été faite au Danemark, à Skuldelev, dans le fjord de Roskilde.

Les ancêtres des navires vikings

Avant d'en arriver aux *drakkars,* ces longs vaisseaux de guerre naviguant à la voile et aux avirons, et aux *knorrs,* navires marchands larges et ventrus, la construction navale scandinave connut une lente évolution.

Les plus lointains ancêtres des navires vikings sont, sans doute, ces pirogues monoxyles — taillées dans un tronc d'arbre — dont on a retrouvé plusieurs exemplaires en Scandinavie. Puis vinrent, à l'âge du bronze, des bateaux à haute proue élancée que nous connaissons par de nombreuses peintures rupestres du sud de la Norvège, notamment à Bardal, dans le Trøndelag. Rare témoin de l'âge du fer, un canoë de guerre long de 17 m, sans quille, a été découvert enchâssé dans une épaisse gangue de terre à Hjortspring, au Danemark. Monté par un équipage d'une vingtaine d'hommes, ce frêle esquif avait un bordé de quatre planches.

Les restes d'un bateau de guerre, long de 21,40 m, mis au jour à Nydam, dans le sud du Jylland, attestent de progrès plus significatifs. Datée d'environ 350-400 apr. J.-C., sa coque bordée à clin a déjà des formes très proches de celles des navires vikings traditionnels, mais elle n'aurait pas été assez solide pour résister au choc des vagues.

C'est seulement avec les vestiges exhumés à Sutton Hoo, dans le Suffolk, sur la côte orientale de l'Angleterre, en 1939, et à Kvalsund, en Norvège, qu'on voit apparaître toutes les caractéristiques de véritables navires vikings. Daté d'environ 625, le bateau de

Sutton Hoo avait malheureusement disparu, mais la forme de sa carène était restée imprimée dans le sable où subsistaient aussi les rivets métalliques servant à fixer les planches de bordé aux membrures. Avec le navire de Kvalsund, trouvé à Sunmore, en Norvège, long de 18,5 m et daté d'environ 700, ce sont les deux premiers bateaux à posséder une quille. Cette remarquable invention, qui réduit la dérive due aux vents et aux courants et facilite l'usage du mât et de la voilure, confère aux navires vikings une plus grande stabilité et une bien meilleure navigabilité. Les voilà prêts à affronter toutes les mers.

À Gokstad, un navire dans « la tombe du Roi »

Hiver 1880, au lieu dit Gokstad, au fond d'un fjord de la côte sud-est de la Norvège (la région du Vestfold) : près d'un groupe de fermes, des paysans armés de pelles et de pioches fouillent sans précautions depuis deux jours un tumulus de 4,5 m de haut et de quelque 50 m de diamètre. Il y a si longtemps que ce tertre les intrigue... Ne l'a-t-on pas surnommé la « tombe du Roi », selon une vieille légende locale ?

En ce début janvier 1880 règne un froid intense. Le sol est gelé. Les paysans pourraient se croire tranquilles dans la quête de leur trésor. Mais un commerçant, amateur d'archéologie, a vent de l'entreprise et s'empresse d'en prévenir Nikolas Nikolaysen, président de la Société des antiquaires d'Oslo. Début février, celui-ci se rend sur place. En voyant comment s'y prennent les paysans, il est consterné et use de toute sa persuasion pour les convaincre de surseoir à leurs travaux jusqu'au dégel d'avril et d'accepter son aide.

Fin avril, Nikolaysen commence les fouilles sur des bases scientifiques. L'attente ne sera pas longue. Deux jours à peine après le début des travaux, les paysans tombent sur une poutre massive décorée d'une profusion de sculptures. À partir de là, ils mettent au jour de longues planches encore rattachées à la poutre. En fin de journée, la chose est sûre : ils sont en face d'une sépulture à navire viking. La légende de la « tombe du Roi » avait bien un fondement historique... Cette découverte archéologique, comme toute une série d'autres, à Oseberg dans le Vestfold, à Túnö dans l'Ostfold, vont confirmer la véracité de l'« Ynglinga-saga », cette saga, écrite en islandais par Snorre Sturlason au début du XIIIᵉ siècle, qui décrit le fjord d'Oslo et les terres qui le bordent à l'est (Ostfold) et à l'ouest (Vestfold) comme une véritable Vallée des Rois. Au scepticisme de la plupart des historiens et archéologues norvégiens du XIXᵉ siècle va succéder un regain d'intérêt pour les sagas et leur teneur historique.

Mais revenons en 1880 aux fouilles de Gokstad. Le bateau est dans un état de conservation exceptionnel. La découverte fait sensation ! Aucune sépulture à navire viking n'a encore livré d'embarcation en aussi bon état. Pourtant plus de 200 d'entre elles ont déjà été fouillées !...

Voyages vikings dans l'Atlantique au Xᵉ s.

→ trajets des Vikings
▪ établissements vikings

0   800 km

De prodigieux navigateurs

Dans l'Europe du haut Moyen Âge, les Vikings sont les seuls à naviguer aussi loin de leur pays. Leifr, le fils d'Erik le Rouge, qui aborde les côtes du Labrador, effectue en 992 cette très difficile traversée en perdant de vue la terre pendant 1 800 milles nautiques entre le Groenland, l'Écosse et la Norvège.

Si les embarcations vikings sont relativement bien conçues, les conditions de vie à bord restent très éprouvantes. Les embruns balayent presque en permanence le pont. Par mer agitée, les coques prennent l'eau car les planches du bordé se disjoignent. Certaines sagas racontent que « pendant que sept hommes rament, six écopent ». Nombreux sont ceux qui meurent, victimes du froid, de l'humidité, enlevés par des lames, épuisés, malades. Les survivants doivent jeter leurs cadavres à la mer. Les naufrages sont fréquents. Sur les vingt-cinq navires, chargés de cinq cents hommes, femmes et enfants, qu'Erik le Rouge conduit vers l'Islande en 986, dix n'arrivent pas à destination et disparaissent corps et biens, victimes des tempêtes déchaînées et des terribles glaces.

Pourtant, rien ne semble arrêter ces hardis navigateurs : ils sillonnent sans cesse les mers les plus difficiles, se transmettant oralement tous les renseignements relatifs aux courants, aux vents dominants, aux atterrages. Lorsqu'ils partent en expédition, ils emmènent toujours avec eux un homme qui a déjà fait la route une fois et en a mémorisé les caractéristiques principales. Le *leidhsogu-madhr,* « l'homme qui dit le chemin », jouit d'une confiance absolue, quitte à être mis à mort s'il s'est trompé trop lourdement.

Ils s'orientent aussi sur les astres, l'étoile Polaire, la Lune, le Soleil, et utilisent de véritables tables de déclinaison, comme celle d'un certain Stjerne-Oddi qui est parvenue jusqu'à nous et indique l'altitude du Soleil dans le ciel toute l'année. Pour mesurer les angles et faire un point approximatif, ils disposent d'une sorte d'astrolabe, ou secteur solaire : un cadran sur lequel un index mobile indique les directions par rapport à une rose des vents. Ces moyens leur permettent de déterminer des latitudes, mais ne suffisent pas pour évaluer les longitudes.

Pour estimer la vitesse et la distance parcourue, les navigateurs vikings prennent en compte la force du vent et son orientation, le sillage de l'embarcation et son intensité.

L'observation des coutumes des animaux marins et de certains oiseaux leur fournit encore une masse de renseignements appréciables. On raconte que le chef norvégien Floki, de Rogaland, lorsqu'il arriva dans les parages de l'Islande, vers l'an 815, lâcha deux corbeaux qui lui indiquèrent le cap à suivre pour parvenir jusqu'à l'île.

Peut-être les Vikings disposaient-ils d'autres instruments de navigation, mais les fouilles archéologiques ne les ont pas encore retrouvés. Toujours est-il que les sagas mentionnent notamment l'existence d'une pierre solaire, la cordiérite, qui passe du jaune au bleu lorsqu'on l'expose à la lumière solaire.

La mort n'étant pour les Vikings qu'un passage vers un autre monde, le défunt était incinéré ou enterré avec ses biens, ses vêtements et tout ce qui pouvait lui être utile dans sa vie posthume. C'est ainsi qu'on a retrouvé dans les tombes des chevaux, des chiens et parfois un second défunt qui pouvait être une simple *traell* (esclave), qui, si l'on en croit un chroniqueur arabe de l'époque, se portait volontaire pour suivre son maître dans l'au-delà. Dans certains cas, un bateau servait de sépulture, le mort pouvant avoir besoin de son vaisseau funèbre pour atteindre le Walhalla, séjour du dieu Odin. Mais on ne pouvait offrir de vrai navire qu'aux rois, aux reines ou aux grands chefs. Et parfois on se contentait de disposer des pierres en forme de bateau autour de certaines sépultures à incinération, le défunt ayant le pouvoir magique de le transformer en un véritable vaisseau.

Transféré à Bygdøy près d'Oslo en 1929, le bateau de Gokstad a été entièrement démonté, puis reconstitué après passage en étuve des pièces les plus déformées, nettoyage et traitement antibactérien. Les parties manquantes ont été restituées en chêne.

Étonnant spectacle que celui qui s'étalait sous les yeux des archéologues, au moment de l'exhumation du bateau viking de Gokstad en 1880. La coque, l'abri funéraire et l'étambrai du mât se distinguent encore bien sur ce document.

La plus intéressante était celle de Túnö, dans l'Ostfold, dégagée en 1865 par le professeur Oluf Rygh. La coque du bateau était presque décomposée, mais la quille subsistait encore sur 12 m de longueur, ainsi qu'une portion du pont et les restes d'une sorte de cabine rectangulaire où gisaient les squelettes d'un homme et d'un cheval. Nikolaysen, qui avait été sur le chantier de Túnö, mesure immédiatement l'intérêt capital de la trouvaille de Gokstad.

Favorisées par une période de sécheresse de deux mois, les fouilles de Gokstad progressent rapidement. Elles sont à peine assombries par une déception : la chambre funéraire a été pillée, sans doute quelques années après l'enfouissement du bateau et de son chargement. Les voleurs ont fait main basse sur tous les objets précieux. Pourtant, ce qu'ils ont dédaigné se révèle d'une grande valeur pour les archéologues.

Le navire, calé par des grosses poutres, a été enterré dans une fosse de 1,20 m de profondeur, creusée dans l'argile. Le tout recouvert d'un lit de branches de noisetier et de mousse. Quoique effondré sous le poids de la terre et des pierres, le bateau est aisément identifiable. Le bois n'est pas putréfié, l'argile a joué le rôle d'agent conservateur ; par contre, tout ce qui

émergeait de l'argile a disparu, en particulier les sommets du mât, de l'étrave et de l'étambot. Mais une fois dégagés, les fragments de bois souffrent des deux mois d'été sans pluie. Sous l'effet du dessèchement, ils se rétractent et se gauchissent. Pour arrêter un processus de dégradation qui leur serait fatal, il faut les arroser, puis les recouvrir de branches d'épicéas.

La chambre funéraire, sorte de rouf carré en rondins, ne contient plus que d'humbles objets qui devaient accompagner le défunt dans sa vie d'outre-tombe. Autour du squelette d'un homme d'une cinquantaine d'années, mesurant plus de 1,80 m, gisent, épars, quelques agrafes en métal argenté, des boucles de courroie ou de ceinture en bronze ou en plomb, des boutons, quelques vestiges de vêtements, harnais et couvertures en tissu. On retrouve également une grande pièce de damas brodé d'or, des débris d'un bois de lit, de coffres avec leurs ferrures, de plateaux sculptés, d'un échiquier avec ses pièces, d'une bourse en cuir. En tout, 122 objets sont identifiés à cet endroit.

Sur le pont du bateau apparaissent pêle-mêle du mobilier en plus ou moins bon état, les avirons, une ancre, les montants d'une tente à têtes de dragons sculptés (la tente elle-même s'est désagrégée), sans oublier des barils et des tonnelets, des plats, des bols, un traîneau, deux chaudrons, l'un en fer, l'autre en cuivre. L'aviron de gouverne est encore en place à l'arrière de l'embarcation. Enfin, trois barques en bon état sont repérées sur le pont.

Vers la mi-juillet, tout le contenu de la fosse – bateau excepté – a déjà été extrait et mis en lieu sûr.

Déménager le navire en vue de sa préservation et de sa présentation au public constitue dès lors la difficulté majeure. Pour faciliter le transport de la coque jusqu'à Oslo, on décide de la couper en deux. Chaque

moitié, soulevée par des treuils et des palans, est déposée sur un traîneau que neuf chevaux tirent jusqu'au rivage du fjord. Là, elles sont embarquées sur une péniche qui les transporte à Oslo, où le drakkar est reconstitué dans un hangar situé sur le terrain de l'université.

Pendant vingt-trois ans, le drakkar de Gokstad va apparaître comme le plus beau spécimen de navire viking jamais exhumé. Jusqu'au jour où, en 1903, on lui découvre un rival encore mieux conservé.

Le navire d'Oseberg, sépulture d'une reine

Le samedi 8 août 1903, le professeur Gustafson, conservateur du musée de l'université d'Oslo, est tranquillement en train d'écrire dans son bureau quand on l'appelle : on vient de mettre au jour un nouveau navire funéraire, à Oseberg, tout près de Gokstad, dans cette fameuse Vallée des Rois dont parle l'Ynglingasaga. Dès le lundi suivant, le savant archéologue est sur les lieux et se rend immédiatement compte de l'intérêt considérable de la découverte.

Les fouilles commencent en juin 1904. Malgré ses membrures affaissées, son bordé disjoint, l'embarcation demeure dans un étonnant état de conservation, grâce à son berceau d'argile. Comme à Gokstad, la chambre funéraire a été pillée peu après l'inhumation des défuntes, deux femmes de 30 et 50 ans, dont l'une serait peut-être la reine Asa, celle qui, après avoir été enlevée et épousée de force, se vengea de son mari en le faisant assassiner. L'autre femme serait sa fidèle servante.

Si les objets précieux ont disparu, ceux qui restent dans la fosse sont d'un intérêt considérable pour la connaissance de la vie quotidienne des Vikings. Parmi les biens que la reine a emportés avec elle, on retrouve deux montants de lit sculptés, une canne en bois à tête de chien, des vestiges de plusieurs métiers à tisser, d'une selle, de trois coffres et un tonnelet rempli de pommes sauvages. Il y a même des lambeaux de vêtements, de draperies, d'oreillers, de couvertures. Un char à quatre roues et quatre traîneaux ont, de surcroît, conservé une partie de leurs couleurs. Un dessinateur s'applique à les restituer sur papier. Mais il lui faut faire vite car, en quelques minutes, la lumière efface les couleurs. Le long des débris du bordé, les ouvriers dégagent aussi un grand nombre de bois sculptés qui ornaient le drakkar, ainsi

La proue décorée à profusion du bateau d'Oseberg se dresse fièrement au milieu du désordre du chantier de fouilles, en 1903. L'embarcation gisait sur un lit d'argile, amarrée à une corde. Malgré son séjour prolongé dans la terre, le bois de chêne était ferme et solide.

que les squelettes de douze chevaux, six chiens et un paon, ce qui devait être une rareté en Scandinavie.

Trois mois plus tard, tout le navire est enfin sorti de sa gangue. Il est inventorié pièce par pièce : plus de 3 000 éléments sont photographiés, numérotés puis stockés dans un hangar édifié spécialement près du chantier. Le 5 novembre, le gros des travaux est terminé. Trois jours plus tard, les premiers flocons de neige couvrent d'un tapis blanc l'emplacement où les Vikings avaient enterré leur reine.

La restauration et la reconstitution du bateau et de son mobilier vont durer des mois. De nombreuses pièces de charpente se sont rétractées et déformées à l'air. Il faut les assouplir à la vapeur pour qu'elles retrouvent leur forme originelle et puissent être assemblées de façon méticuleuse. Ce travail délicat s'achève en 1907.

Les navires de Gokstad, d'Oseberg et de Túnö sont aujourd'hui conservés, avec les objets qui les accompagnaient, dans un musée spécialement conçu par l'architecte Arnstein Arneberg. Ce musée des bateaux vikings, le *Vikingskiphuset,* qui dépend des Antiquités nationales de l'université, est situé à Bygdoy, près d'Oslo. Mais, pour se faire véritablement une idée de toutes les richesses que pouvaient receler les chambres funéraires, c'est au British Museum, à Londres, qu'il faut se rendre. Là sont présentées les merveilles retrouvées dans la chambre funéraire de Sutton Hoo : un casque en fer doré niellé d'argent, un bouclier orné d'or, une épée à la garde en or et au pommeau incrusté de pierres précieuses, des agrafes, des boucles en or rehaussées de grenats et d'émail, deux grands plats, dix bols en or, des puisoirs et des cornes à boire en argent...

Le décor très dépouillé du musée de l'université d'Oslo a été conçu pour mettre en valeur les bateaux vikings de Tunö, Gokstad et Oseberg. Il évoque une crypte d'église moderne recouverte d'une voûte en plein cintre rappelant une carène de navire.

Masque en bois décorant le chariot trouvé avec le navire viking d'Oseberg.

Le bateau d'Oseberg était moins bien conservé que celui de Gokstad, car les six mètres de terre qui le recouvraient l'avaient ouvert en deux parties et écrasé en plusieurs milliers de fragments.

5 bateaux en 1 000 morceaux dans le port de Skuldelev

Depuis des siècles, une légende locale parlait d'un navire coulé sur ordre de la reine Margrethe, à la fin du XIVe siècle, dans le chenal de Peberrenden, là où le fjord de Roskilde se resserre en face du petit port de Skuldelev. Le navire avait, dit-on, été sabordé afin d'empêcher les envahisseurs qui arrivaient par la mer d'atteindre la riche cité de Roskilde et d'aller piller sa magnifique cathédrale.

De fait, le fond du chenal était barré par une sorte de remblai, agglomérat de sable, de blocs de pierre, et fait plus troublant, de morceaux de charpente en bois.

Vers 1920, les pêcheurs commençant à se doter d'embarcations à moteur à plus fort tirant d'eau que celui de leurs barques traditionnelles, il faut approfondir les passes. Les dragages effectués dans celle de Peberren-den font remonter en surface des pièces de bois qui, de toute évidence, proviennent d'un bateau. Le plus gros fragment a 4 m de long. Un représentant du Muséum national danois vient, en 1924, le mesurer et le photographier. Est-ce la quille ? Mais, après avoir suscité une certaine curiosité, cette impressionnante pièce est laissée à l'abandon. Soumise aux intempéries, elle se craquelle, se fendille, se dessèche avant de finir dans la cheminée d'un particulier, un soir d'hiver de la Seconde Guerre mondiale...

Au cours de l'été 1947, le Muséum s'intéresse de nouveau au « navire de la reine Margrethe ». À bord d'une simple barque à rames, un ami du Muséum remonte quelques vestiges de planches. Mais les scaphandres autonomes sont rares et les choses en restent là.

Il faut attendre 1953 pour que l'histoire rebondisse. À l'occasion du 600e anniversaire de la naissance de la reine Margrethe, un magazine danois charge un homme-grenouille d'explorer le barrage. Bien que gêné par la turbidité de l'eau, le plongeur croit reconnaître

Les vestiges de l'épave n° 5 de Skuldelev (fjord de Roskilde, Danemark), après enlevage des morceaux du bateau n° 6 qui la recouvraient en partie, dans l'enceinte délimitée par le batardeau. Navire de guerre, le bateau viking n° 5 ressemblait en tout point à celui découvert à Ladby sur l'île de Funen (Danemark) en 1935. Très étroit, plus bas sur l'eau que les bateaux norvégiens, le bateau n° 5 devait porter 24 hommes ; il correspond trait pour trait aux embarcations figurées sur la fameuse tapisserie de la reine Mathilde à Bayeux.

dans les éléments de charpente, mêlés aux blocs de pierre, les restes d'une épave. La description sommaire qu'il en fait lors de sa remontée suffit à donner une idée de l'importance des vestiges.

Trois ans plus tard, deux plongeurs amateurs récupèrent une membrure bien conservée. Le Muséum national danois se décide enfin à entreprendre des fouilles sous-marines. À petite échelle d'abord, en 1957. Puis, devant l'intérêt des découvertes, l'exploration du site devient progressivement la recherche archéologique sous-marine la plus ambitieuse jamais entreprise au Danemark. L'équipe, dirigée par l'archéologue Ole Crumlin Pedersen, va aller de surprise en surprise jusqu'au terme des travaux de 1967.

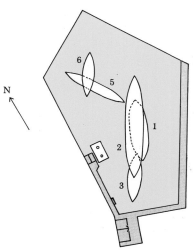

Le batardeau délimitant les cinq épaves de navires vikings fouillées dans le fjord de Roskilde, au lieu dit Peberrenden, près de Skuldelev, en 1957-1962.

Détail de la partie supérieure du plat-bord de l'épave n° 5 du petit navire de guerre viking sabordé à Skuldelev dans le fjord de Roskilde. Deux sabords d'avirons, l'un ouvert, l'autre fermé. Ces trous de nage pouvaient aussi servir à l'évacuation de l'eau.

Un long traitement pour les bois venus de l'eau

Rendus friables ou complètement spongieux par leur séjour prolongé dans la mer, les bois doivent subir un long traitement pour assurer leur conservation. Différentes méthodes existent, mais celle qui est la plus souvent retenue consiste à les immerger pendant 6 à 24 mois dans du polyéthylèneglycol 4 000 – communément appelé P.E.G. 4 000. Cette substance, expérimentée pour la première fois à une grande échelle, en 1962, pour la conservation du *Wasa*, le célèbre vaisseau suédois du XVIIe siècle, fut également utilisée pour les épaves de Skuldelev.
Les pièces de bois sont disposées dans deux immenses cuves, l'une étant réservée au chêne, plus difficile à restaurer du fait de sa dureté. Puis on remplit les cuves d'eau que l'on chauffe à 60 °C et que l'on additionne d'une solution à 2 % d'acide borique et de borax (7 parties de solution d'acide borique pour 3 parties de borax). On ajoute enfin le P.E.G. 4 000, agent de stabilisation qui stoppe le processus de rétraction du bois.
Au début et pendant douze mois, on augmente la concentration de P.E.G. de 1/12 % par jour. Si on allait plus vite, le bois risquerait d'absorber une quantité insuffisante de glycol et de perdre trop

brutalement son eau. Au cours des cinq mois suivants, l'accroissement de la concentration se fait plus rapidement 1/5 % par jour, pour culminer à 1/2 % par jour.
À la fin du traitement, les bois ont une teinte plus sombre, presque noire et sont surtout considérablement alourdis, mais leur processus de dégradation est enrayé.
Il arrive souvent que le chêne résiste à ce traitement. Il faut alors le plonger alternativement dans l'eau froide, puis dans l'eau chaude jusqu'à ce que sa dureté diminue avant de refaire un traitement au P.E.G.
À côté de cette méthode, aujourd'hui couramment adoptée partout dans le monde, d'autres méthodes ont été expérimentées par le Muséum national danois lors des travaux de restauration des épaves de Skuldelev. L'une d'entre elles, essayée pour l'étrave de l'épave n° 3 et la quille de l'épave n° 2, consiste, dans une phase intermédiaire, à remplacer l'eau par du butanol. Cet alcool facilite la dissémination du glycol dissous à travers les fibres du bois ; ensuite, le butanol est éliminé sous vide tandis que le glycol se fixe dans les cellules sous forme cristalline. Seul inconvénient, mais de taille : les bois traités au butanol-glycol sont totalement rigides et résistent à tous les efforts de flexion pour leur redonner leur forme originelle.

Une première phase d'investigation permet de savoir, dès 1959, que sous le site de Peberrenden-Skuldelev reposent non pas une épave, mais les débris disloqués de trois navires marchands vikings (des knorrs) et de deux bateaux de guerre. Quatre des épaves sont imbriquées les unes dans les autres, la dernière se trouve à l'écart ; toutes sont profondément enchâssées dans la gangue de pierre et de sable. La mer est si trouble que les plongeurs sont obligés de dégager à tâtons les blocs de pierre. Les photographies sont impossibles. Si on ne veut pas mélanger encore davantage les fragments des bateaux et rendre plus aléatoire leur reconstitution, il s'avère indispensable de mettre en œuvre une méthode de prospection plus rapide et plus sûre. La solution consiste à isoler le site de l'étendue d'eau environnante, en l'entourant d'un réseau de palplanches –, ce qu'on appelle communément un batardeau. Le gisement archéologique ainsi protégé, on pompe l'eau emprisonnée à l'intérieur du rempart jusqu'à l'assèchement quasi complet du sol. Le pompage, au fur et à mesure du dégagement des vestiges, revêt une importance capitale car il faut éviter que le poids des pierres n'écrase davantage les bois rendus très fragiles par leur séjour prolongé dans la mer. Les conditions de travail restent difficiles, les fouilleurs doivent s'allonger sur des claies en surélévation pour extraire avec des seaux les blocs de pierre et les fragments de bois. Ils brassent la vase à tâtons tout en essayant de débarrasser l'espace encagé de la faune et de la végétation marines. Chaque pièce de bois dégagée, les archéologues la photographient et constituent sa fiche, où figurent, notamment, sa nature, sa fonction, sa position au moment de l'exhumation, son degré de conservation, etc. Tous renseignements indispensables pour les opérations de restauration et de remontage ultérieures. Dès qu'elles sont mises au contact de l'air libre et jusqu'au moment où elles sont placées dans des sacs en plastique contenant un peu d'eau de mer, soigneusement numérotés (un par pièce), puis scellés, les pièces de bois doivent être constamment arrosées pour éviter leur dessèchement.

À la fin de l'été 1962, près de quatre kilomètres de sacs en plastique ont déjà été utilisés pour l'empaquetage des tronçons en bois. Les très grandes pièces – quilles, proues, etc. –, qui ne peuvent être mises en sac, sont emballées dans une grande feuille de plastique soudée à chaud. Certains vestiges particulièrement fragiles, comme ces planches de pin rendues si spongieuses par l'eau qu'une simple pression du doigt

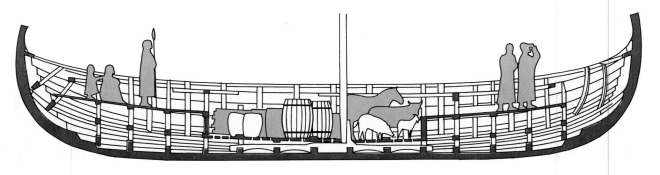

Coupe longitudinale de la coque du navire de commerce n° 1, du type knorr, trouvée dans le fjord de Roskilde. Construit probablement dans le sud de la Norvège, il avait un pont, sauf autour du mât.

suffit à y percer un trou, doivent subir une imprégnation totale de plastique liquide – qui durcit dès l'application – ou être renforcées par un revêtement, fait de toile d'emballage et de plastique liquide, avant leur manutention.

Au total, quelque 50 000 débris de charpente sont ainsi arrachés à leur environnement hostile. L'évacuation se termine le 27 septembre. Seules restent à dégager l'étrave et la quille de l'épave n° 2. La quille mesure plus de 10 m. Il faut creuser dessous et l'étayer au fur et à mesure du dégagement. Le 17 octobre 1962, on arrête les pompes et le niveau de l'eau remonte lentement dans l'enceinte du batardeau. Les palplanches sont enlevées pendant l'hiver.

La suite de l'aventure consiste à restaurer ces milliers de fragments pour tenter de reconstruire les cinq bateaux vikings. Les 50 000 sacs sont étalés par ordre d'étiquetage dans un atelier de 500 m², spécialement édifié près de Copenhague. Chaque morceau, sorti de son sac, subit alors un lavage minutieux avant d'être plongé dans un caisson de traitement où il va séjourner pendant plusieurs mois.

Lorsque le processus de régénération chimique est achevé pour tous les composants de chaque bateau, le travail de reconstitution peut alors débuter.

Les planches des bordés, les membrures, les quilles et fragments de proues ou de poupes, les vestiges de ponts sont soigneusement assemblés sur des gabarits en bois et en métal reproduisant exactement les formes des coques. Les couples (ou membrures) manquants sont remplacés par des ajouts modernes. Dans le cas des bateaux de Skuldelev, la plus grande difficulté consistait à joindre les fragments de planches recueillis par des pêcheurs dans les années 20 avec les fragments

Remontage, au musée des Bateaux vikings de Roskilde, des membrures et des planches du bordé et de la carène de l'épave d'un navire viking trouvé à Skuldelev. Après nettoyage, traitement, puis reformage en étuve, les éléments de la charpente sont fixés sur un gabarit métallique qui restitue les formes primitives de l'embarcation.

Détail de la tapisserie de la reine Mathilde à Bayeux : en haut, à gauche, un charpentier manipule une hache à fer large ; un autre utilise une tarière d'épaule. En bas, à gauche, un autre artisan extrait probablement une tarière en T du trou terminé, tandis que son voisin travaille avec une hache classique.

découverts dans les fouilles qui, grâce au traitement chimique, étaient dans un meilleur état de conservation. Après avoir restitué aux quilles, membrures et extrémités avant et arrière leurs courbures d'origine en les chauffant, les bordés aux vieilles planches vermoulues et dissymétriques furent collés aux membrures anciennes et aux gabarits modernes. Mais il fallut faire différents essais avant de trouver une colle à base d'urée capable de coller les bois gorgés de glycol.

Les opérations de restauration et de reconstitution des cinq bateaux vikings (datés de 950 à 1050) découverts à Skuldelev-Peberrenden durèrent jusqu'en 1978, année de leur présentation définitive dans un musée conçu pour eux à Roskilde.

Drakkars pour la guerre, knorrs pour le commerce

Il y a un siècle, on ne savait pas grand-chose de ces bateaux vikings capables d'affronter des mers déchaînées aussi bien que de remonter des fleuves loin

à l'intérieur des terres. D'après les sagas et les chroniques arabes ou européennes, on pouvait tout juste affirmer que c'étaient des bateaux en bois avec un mât central et une voile rectangulaire, qui pouvaient également être propulsés avec des avirons. Si la documentation iconographique était riche, elle était souvent difficile à interpréter. Depuis, les très nombreuses découvertes archéologiques ont permis de cerner avec précision les principales caractéristiques de l'architecture navale viking. Et tout particulièrement les fouilles de Skuldelev qui, en restituant cinq types de navires (un petit et un grand bateau de guerre, un petit et un grand navire marchand et un bateau de pêcheur) différents des navires royaux extraits des tombes de Gokstad et d'Oseberg, ont bien montré la variété de types de bateaux existant à la fin de l'époque viking.

Dans l'ensemble, les drakkars et les knorrs semblent avoir peu évolué avec le temps. Les drakkars, destinés à la guerre, sont plus effilés pour être plus rapides. Leur coque est percée de trous pour les avirons, ce qui leur permet de manœuvrer aussi bien à la rame qu'à la voile. Les knorrs, au contraire, sont beaucoup plus larges et hauts et ils n'ont de pont et de trous pour avirons qu'à l'avant et à l'arrière afin de laisser la place à la cale ouverte au milieu.

Toutes les embarcations retrouvées sont de dimensions moyennes : d'une longueur de 12 à 25 m et d'une largeur de 2,5 à 5,5 m. Seul le grand navire de guerre de Skuldelev atteint 29 m, alors que les sagas islandaises mentionnent des navires de guerre de plus de 30 m. L'une d'elles donne une description détaillée du *Long Serpent* du roi Olaf Tryggvasson de Norvège, drakkar d'une longueur de 37 m, mené par 200 hommes d'équipage, qui aurait existé vers l'an 1000.

Les coques des bateaux vikings sont basses,

Bordage à clin

Le bordage à clin consiste à disposer les planches de la coque et du bordé d'un navire en les faisant se chevaucher comme les ardoises ou les tuiles sur un toit. Cette technique de construction fut celle des Vikings et celle utilisée en Europe septentrionale, au Moyen Âge.
L'autre méthode de construction dite « à franc-bord » (ou « à carvelle ») se développa en Méditerranée orientale puis, au Moyen Âge, dans tout l'ouest européen pour atteindre la Baltique vers la fin du XVe siècle. À partir de la seconde moitié du XVIe siècle, tous les grands navires ont un bordage à carvelle, c'est-à-dire que les planches de bordé sont jointes par les champs.

élégantes, avec une proue et une poupe parfaitement symétriques, ce qui permettait de naviguer indifféremment vers l'avant ou vers l'arrière – gros avantage en cas de retraite précipitée... Elles sont toujours bordées à clin, les planches étant cousues ou clouées sur les membrures. Les profils d'étambots, d'étraves et de carènes sont remarquablement étudiés pour faciliter une pénétration dans l'eau sans heurt brutal. Ces formes très marines assurent une bonne remontée au vent – y compris au plus près serré – ainsi que des capacités d'évolution tout à fait étonnantes, comme l'ont démontré les répliques modernes grandeur nature.

Les bateaux sont munis d'une quille sur laquelle se fixe l'emplanture du mât, en général taillé dans un grand tronc de pin bien rectiligne. Ce mât est amovible pour permettre de remonter l'embarcation sur la plage ; calé dans le trou de l'étambrai, il est verrouillé par une pièce coulissante. Toutes les représentations ou découvertes archéologiques de bateaux vikings les montrent avec un seul mât et une seule voile rectangulaire. Cela ne veut pas dire que certains bateaux n'aient pas eu d'autres mâts et d'autres voiles, mais nous n'en avons pas de témoignage. Outre la voile, le seul moyen de gouverne paraît avoir été l'aviron fixé à tribord par un pivot conique et une lanière sur le plat-bord.

Selon les cas, une tente ou un abri de navigation en dur se trouvait sur le pont.

Aujourd'hui, sur la mer, des bateaux vikings flambant neufs

Depuis la fin du XIXe siècle, une trentaine de reconstitutions modernes de navires vikings, grandeur nature, ont été faites en Europe du Nord, dont une quinzaine rien qu'au Danemark.

La plus ancienne réplique, due au Norvégien Magnus Andersen, date de 1893. Baptisée *Viking,* cette copie du drakkar de Gokstad a fait la preuve des remarquables qualités nautiques des embarcations scandinaves du VIIIe siècle. En effet, avec 12 hommes à bord, le *Viking* a effectué la traversée de Bergen (Norvège) à Terre-Neuve, à la voile, en 28 jours ! Seule critique à faire à cet exploit : Andersen a utilisé plusieurs voiles simultanément, ce qui n'était pas le cas à l'époque. Le *Viking* fit ensuite une entrée triomphante dans le port de New York avant de figurer à l'exposition internationale de Chicago. Puis il descendit le Missouri et le Mississippi jusqu'à La Nouvelle-Orléans et revint à Chicago, où on peut toujours le voir dans le parc de Lincoln.

Parmi les copies de bateaux vikings qui ont navigué sur les océans, le knorr *Saga Siglar,* lancé en 1983, s'est distingué en faisant pendant deux ans le tour du monde. Mais c'est avec la construction du *Roar Ege,* copié sur l'épave du knorr n° 3 retrouvé à Skuldelev, que le souci de vérité historique a été poussé le plus loin. Nulle autre reconstitution de bateau viking n'a donné lieu à des études aussi approfondies. L'équipe, animée par

En 1893, le *Viking,* réplique du navire de Gokstad, traverse l'Atlantique

Peu après la découverte du navire de Gokstad, Magnus Andersen, ancien commandant de la marine norvégienne, en fait construire une réplique, le *Viking,* avec laquelle il traverse l'Atlantique :

« Le *Viking,* raconte-t-il, avança à son allure la plus rapide, entre le 15 et le 16 mai : il couvrit une distance de 223 milles marins. La journée fut merveilleuse. La lumière fantastique et pâle de l'aurore boréale éclaircit le clair-obscur de la nuit, tandis que le *Viking,* léger comme une mouette, glissait sur la crête des vagues. En admirant ses mouvements gracieux, nous notions avec fierté la rapidité de son allure s'élevant parfois jusqu'à onze nœuds... Une occasion extraordinaire nous était offerte de l'observer, lorsqu'il courait au plus près. À notre grande surprise, il prouva qu'il était de la même classe que la plupart des navires modernes. Grâce à la souplesse, due à la méthode employée pour la ligature des bordages aux couples, le fond aussi bien que la quille se prêtaient aux mouvements du navire et, avec grosse mer debout, pouvaient avoir un jeu de 2 cm. Pourtant, fait étrange, le navire restait étanche. Sa grande élasticité était évidente à d'autres égards. Ainsi, par mer forte, le plat-bord tolérait une pression qui l'écartait jusqu'à 15 cm de son aplomb.

Le gouvernail est une œuvre de génie. Selon l'expérience que j'ai acquise, le gouvernail placé sur le côté est bien préférable, dans un navire de ce type, au gouvernail placé à l'arrière. Il remplit son office de manière satisfaisante à tous égards, ayant l'avantage de ne jamais imprimer de soubresauts au navire, ce qu'eût occasionné, sans aucun doute, un gouvernail d'étambot. Par tout temps, un homme peut barrer avec seulement l'aide d'un mince cordage. »

Mise à l'eau le 25 août 1984 du *Roar Ege,* réplique de l'épave du bateau viking n° 3 exhumée des eaux de Skuldelev dans le fjord de Roskilde. Baptisé avec l'eau d'une très ancienne source qui existait déjà à l'époque viking, le *Roar Ege* est poussé à la mer par les filles et les garçons qui l'ont construit. Une heure après, le nouveau bateau viking naviguait à la voile.

Une des nombreuses répliques de navire viking, construite au Danemark, trace sa route, grand largue, poussée par sa grand-voile quadrangulaire colorée. Ces copies de bateaux anciens permettent de reconstituer d'une façon très réaliste les conditions de navigation que les Vikings connaissaient à leur bord, ainsi que le comportement de ces embarcations par tous les temps. Les marins et les archéologues qui ont essayé ces répliques ont constaté qu'elles possédaient d'étonnantes capacités de louvoyage et qu'elles pouvaient atteindre des vitesses élevées par vent arrière.

Ole Crumlin-Pedersen, a utilisé exactement les mêmes méthodes et les mêmes matériaux de construction qu'à l'époque viking. Tous les outils ont été fabriqués à l'ancienne sur le modèle de vestiges d'outils d'époque et en s'inspirant de scènes de la tapisserie de la reine Mathilde à Bayeux et de récits de sagas. Les bois de chêne employés correspondent exactement à ceux analysés sur l'épave n° 3 de Peberrenden-Skuldelev ; ils ont été débités, fendus, équarris, dressés selon les méthodes des charpentiers scandinaves du XIe siècle.

Les cordages sont en fibres végétales semblables à celles exhumées dans les fouilles de Hedeby. Un atelier de tissage a été spécialement constitué pour fabriquer la voile de 50 m² en haute et basse laine, avec ses ralingues et ses bandes de ris en chanvre. Un lambeau de voile trouvé à bord d'un grand bateau marchand coulé à Lynaes, à l'entrée du fjord de Roskilde, servait de modèle. Même la laine est analogue à celle que pouvaient employer les Vikings : elle provient d'une race archaïque de moutons noirs, les vildsaurs, que l'on trouve encore dans l'ouest de la Norvège.

Quand, le 25 août 1984, le *Roar Ege* est lancé à la manière traditionnelle, en présence d'une foule bon enfant, l'eau qui sert à le baptiser a été puisée dans une ancienne source d'époque viking...

Mais les Scandinaves ne sont pas les seuls à se prendre pour de « nouveaux Vikings ». Ainsi, en France, l'association « Opération Drakkar », dont le siège est à Levallois-Perret, fait construire par le chantier du Guip, à L'Île-aux-Moines, en Bretagne, un nouveau drakkar de Gokstad, long de 24 m. il est destiné à traverser l'Atlantique pour gagner l'Amérique latine afin de vérifier certains faits archéologiques ou légendaires troublants qui accréditeraient l'hypothèse que les Vikings, non contents de traverser l'Atlantique au Xe siècle, auraient aussi pénétré en Amérique latine.

La mort du roi de Norvège Harald Hardradi, en 1065, clôt pour les historiens la grande ère d'expansion viking, mais l'influence de ce peuple va longtemps se faire sentir. L'excellent niveau technique de ses charpentiers et de ses navigateurs restera un modèle pour l'Europe. Même si d'autres communautés maritimes, comme Gênes, Pise, Amalfi et surtout Venise, innovent en matière de construction navale et d'art de la navigation, la tradition viking se perpétue pendant tout le Moyen Âge. En plein XXe siècle, elle est encore perceptible sur les petits bateaux de pêche ou de transport des côtes européennes, particulièrement dans le nord de l'Europe, en Scandinavie, en Allemagne et en Pologne.

QUELQUES RARES SURVIVANTS DU MOYEN ÂGE

Durant la longue période troublée qui s'étend de la chute de l'Empire romain au XIe siècle, la navigation est surtout liée à la conquête et aux combats avec Byzance, l'Islam et les Vikings. En revanche, du XIe au XVe siècle se développe, sur la Méditerranée et les mers du Nord, un important trafic commercial dû à l'extraordinaire expansion des républiques marchandes de Pise, Gênes, Amalfi, Venise et Barcelone et à celle des ports de la Hanse.

Pourtant, hormis les bateaux vikings, on n'a retrouvé qu'un nombre infime d'embarcations du Moyen Âge, beaucoup moins que de l'Antiquité. Il est vrai que les chercheurs d'épaves sont souvent plus à l'affût de navires antiques susceptibles de contenir des objets de valeur.

Les rares découvertes de bateaux du Moyen Âge ont surtout eu lieu dans le nord de l'Europe : en Suède, à Kalmar et Stockholm, et aux Pays-Bas, lors des travaux

Miniature d'un manuscrit de la bibliothèque municipale de Rouen : vue d'une ville avec un navire de commerce se profilant à l'horizon. L'enlumineur use de conventions qui rendent sa composition pittoresque, mais contribuent à cacher certains aspects de la réalité. Ainsi, les personnages sont à la même échelle, voire plus grands que les monuments et le bateau. Mais il y a déjà dans cette œuvre une évidente recherche de perspective et de profondeur de champ qui annonce la Renaissance.

d'assèchement du Zuiderzee après les grandes inondations de février 1953. Mais le seul navire de cette époque dont on ait retrouvé des vestiges conséquents est la cogghe (qui s'orthographie aussi « kogge », « cogue », « cogge », « cog », « kog », « coque »), extraite du fond de l'eau dans le port de Brême (R.F.A.) en 1962.

En France, la seule épave trouvée est celle d'un grand bateau de cabotage (long de 30 m), repéré par un plongeur amateur, René Ogor, dans l'Aber-Vrac'h, estuaire d'un petit cours d'eau du Finistère, pendant l'été 1986.

Les fouilles sous-marines de l'épave de l'Aber-Vrac'h (Finistère) ont révélé les plus beaux vestiges de bateau du Moyen Âge existant et jusqu'à présent étudié sur le littoral français.

Cherchons épaves, désespérément...

Des pans entiers de l'architecture navale du Moyen Âge nous manquent donc. Ces zones d'ombre sont bien gênantes pour se faire une idée précise du niveau technique atteint à cette époque. Où sont passés ces lourdes nefs, ces huissiers, ces caraques, ces galères qui firent la fortune de Gênes, Venise ou Barcelone ? Que sont devenues les cogghes des grandes villes maritimes du Nord, Lübeck en tête ? Les dromons, pamphylos et ousiakos byzantins – ces autres versions des galères – n'ont pas davantage laissé de traces. Les galères barbaresques et ottomanes non plus.

Pourtant, à partir du XIIᵉ siècle, la navigation était intense en Méditerranée et dans les mers septentrionales. Au moins autant qu'à l'époque romaine. Les naufrages étaient forcément nombreux eux aussi.

Croisades et pèlerinages en Terre sainte supposaient des concentrations de bateaux considérables. Les centaines de navires mobilisés pour les croisades ne sont pas tous arrivés à destination. Où sont donc les épaves de ces bateaux naufragés ?

Miniature d'un manuscrit de Jean Mansel de la bibliothèque publique et universitaire de Genève. Nefs et embarcations à voile et à rames sur une mer agitée.

Outre l'indigence actuelle des recherches archéologiques, il faut également souligner les déficiences du matériel documentaire qui nous a été légué. Les bateaux apparaissent partout fréquemment dans l'imagerie médiévale qui ne manque d'ailleurs ni de saveur ni de pittoresque.

Tant que des découvertes archéologiques ne viennent pas les confirmer, nous ne pouvons tirer aucun enseignement sûr des miniatures de manuscrits, des sceaux, des retables, des fresques d'églises, des tapisseries, des bas-reliefs, des panneaux et coffres de mariage peints, des gravures, des vitraux, des graffitis, des blasons et des céramiques du Moyen Âge.

Les artistes médiévaux stylisent le plus souvent les sujets qu'ils représentent. Ils schématisent en simplifiant à l'extrême. Bien évidemment les bateaux n'échappent pas à cette tendance. Les enlumineurs se complaisent dans l'exagération et la prolifération de certains détails tout en étant prisonniers du cadre qui leur est alloué pour l'enluminure des manuscrits. Carré ou rectangulaire, il ne permet qu'une représentation verticale du motif. Mêmes contraintes pour les graveurs sur sceaux. Lorsqu'ils représentent des navires, ils doivent inscrire les formes de carènes et le gréement dans un cadre circulaire qui les oblige à tricher. Cela donne des bateaux ronds et trapus qui ne l'étaient pas pour autant et un gréement simplifié dans lequel sont facilement sacrifiés un ou deux mâts afin de s'inscrire dans l'étroitesse du cadre imposé.

Une grande diversité d'embarcations

À les examiner attentivement, les textes et l'iconographie du Moyen Âge témoignent d'une grande variété de types d'embarcations – même si certains ne sont que le pur produit de l'imagination des artistes, même si des noms différents recouvrent parfois une seule et même catégorie de bateaux...

On a parlé d'une supériorité des techniques de construction navale et des types de navires de l'Europe septentrionale sur ceux de l'Europe méditerranéenne. La réalité est plus complexe. La République de Venise, par exemple, n'avait rien à envier aux ports de la ligue hanséatique, de l'Angleterre ou de la Flandre en ce qui concerne la compétence de ses charpentiers, la qualité et l'importance de ses moyens industriels disponibles pour la fabrication des bateaux. Son Arsenal, dont les bâtiments existent toujours, est entre le XIIᵉ et le XVIᵉ siècle la plus importante entreprise industrielle d'Europe. Et à côté de ce symbole de la puissance de la cité des Doges existaient de nombreux chantiers privés, situés sur la lagune ou dans les colonies et comptoirs vénitiens.

Par les intenses courants d'échanges qu'elles généraient, les croisades ont conduit à une interprétation des deux cultures maritimes du Nord et du Sud, les influences s'exerçant dans les deux sens. La primauté

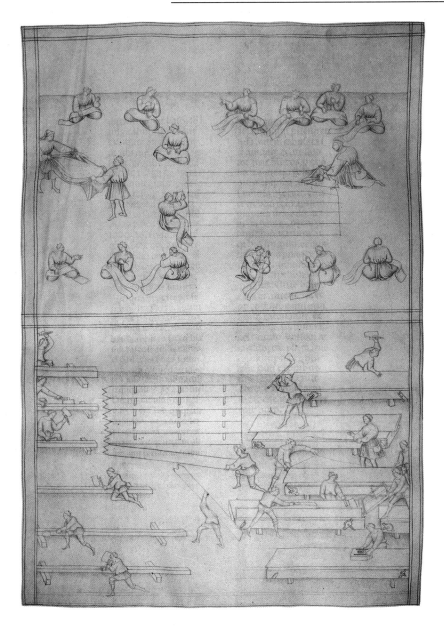

Construction d'un bateau au Moyen Âge. Miniature d'un manuscrit de la bibliothèque municipale d'Arras. Le travail sur un chantier naval est assez rarement représenté par l'iconographie médiévale.

de l'Espagne, du Portugal et de l'Europe du Nord sur les pays riverains de la Méditerranée, de l'Adriatique et de la mer Noire ne s'affirmera véritablement qu'à la fin du XVe siècle. Encore que le déclin des nations méditerranéennes soit masqué par les dernières velléités de leur impérialisme maritime pendant tout le XVIe et les premières années du XVIIe siècle.

On a coutume de distinguer deux types de navires au Moyen Âge : les vaisseaux « longs » et les vaisseaux « ronds ».

Dans la catégorie des vaisseaux longs, on classe essentiellement la grande famille des *galères* ou *galées* (ce nom se maintient jusqu'à la fin du XVe s.) avec ses différentes versions : *galiotes, galéasses, chats, brigantins, dromons* (considérés comme un type intermédiaire, ces derniers sont peu connus) et ses variantes plus petites : *pamphylos* et *ousakios, saities, lins, fustes, destrières*. Tous ces bateaux représentent la tradition du bassin méditerranéen.

Dans les mers du Nord, les galères sont rares, car peu adaptées à ces mers hostiles. Les vaisseaux longs

qu'on y trouve sont surtout des *coquets*, des *crayers*, des *floins* ou *fluins*, des *foussets*, des *pinasses* et des *vaissels*.

La catégorie des vaisseaux ronds est peu représentée au sud de l'Europe. Elle comporte seulement, pour le bassin méditerranéen, les *nefs* ou *naves*, les *caraques* et les *cogghes*. Mais on y trouve toute une classe de bâtiments dits « intermédiaires » dont nous parlent les textes médiévaux : des *chalands* et *sélandres* ; ces fameux *huissiers*, bateaux de débarquement de l'époque, indispensables pour les grandes opérations combinées que furent les croisades ; des *targes* et *tafourées*, des *tarides, cermes, busses* ou *busse-naves, barques, colombets, barbotes, grips*, des *scaphes* enfin... Mais, si nous connaissons ces embarcations de nom, nous n'en savons pratiquement rien d'autre et nous sommes incapables de les identifier sur les documents iconographiques. Seuls les huissiers et les chalands ont été largement popularisés par les imagiers du Moyen Âge.

Les navires « ronds » sont, pour des raisons pratiques, beaucoup plus nombreux en Europe septentrionale : *eschiefs, batels* ou *bateaux, barges, cogghes, bacs, esnèques, kanarts, baleiniers, hokebots, scutes* ou *escutes, hulques* ou *hourques* ou *hulks*. Mais là encore se pose le même problème. Nous connaissons leurs noms sans pouvoir les reconnaître sur les documents médiévaux.

Ce que nous savons des bateaux du Moyen Âge

Les *galères* restent jusqu'au XVIIe siècle l'élément principal des flottes méditerranéennes. Elles servent aussi bien de navires de charge que de navires de guerre. Combinant voiles et rames, elles s'inspirent beaucoup des galères puniques, grecques ou romaines. Dépassant rarement 40 m de long et 6 m de large, elles diffèrent principalement de leurs devancières de l'Antiquité par la suppression du rostre, cet éperon à l'avant au niveau de la ligne de flottaison. D'autre part, l'introduction des « apostis », vers la fin du XIIIe siècle, modifie la disposition des rameurs. Ces longues planches, fixées sur la partie supérieure du plat-bord et percées de trous pour le passage des avirons, facilitent le groupement des rameurs sur un même banc de nage. Ils forment ainsi des faisceaux de trois rames, usage qui sera conservé du XIVe au milieu du XVIe siècle, avant que ne lui succède l'utilisation d'une seule grande rame manœuvrée par plusieurs rameurs assis sur un même banc.

Un autre changement intervient à partir du IXe siècle, semble-t-il : l'utilisation de voiles latines triangulaires qui permettaient de remonter plus près du vent que les voiles carrées employées dans l'Antiquité.

Trop basses sur l'eau, les galères sont inadaptées aux mers septentrionales plus froides, plus agitées, parcourues de violents courants. Trop fragiles, offrant une protection des plus rudimentaires aux rameurs, elles ne feront que de courtes incursions sans lendemain dans le nord de l'Europe. Malgré leur facilité de manœuvre et leur rapidité, elles montreront aussi leurs limites dans le bassin méditerranéen face à des navires de plus gros tonnage à franc-bord élevé.

Les peintures de l'époque montrent bien ces scènes de batailles navales où les galères tournent, comme des essaims, autour des nefs, des caraques ou des cogghes, sans pouvoir s'y accrocher, accablées sous les traits des archers et de l'artillerie qui les dominent de plus de six ou sept mètres de haut. Lépante verra leur fin en 1571.

Les *galéasses,* formes abâtardies des galères, ne sauront enrayer le déclin des bateaux à rames de plus de 10-15 m (en dessous de cette taille, il faut parler de barques). Plus grosses que les galères, les galéasses accumulent les inconvénients : trop lourdes, offrant une importante prise au vent, elles sont difficiles à mouvoir à la rame, évoluent mal et sont de mauvais voiliers. Elles constituent une étape intermédiaire avant les caravelles, les caraques et les galions.

Les *dromons byzantins* (du grec *dromon,* coureur) existaient déjà dans le delta du Pô au Vᵉ siècle avant notre ère. Ce sont les « Capital Ships » de l'Empire byzantin. Comme les galères, ils portaient 200 à 250 rameurs. Version plus réduite, les *pamphylos* ne dépassent pas 30 m et comptent de 162 à 164 rameurs. Plus petits, les *ouzakios* ont de 106 à 110 rameurs.

Nous savons peu de choses des *chats,* sinon qu'ils étaient plus grands que les galères et avaient deux ou trois rameurs par aviron.

L'Arsenal de Venise, la plus grosse entreprise du Moyen Âge

À la fin du XVᵉ siècle, Venise est la première puissance navale de la Méditerranée. Pour s'en convaincre, il suffit de pénétrer dans l'Arsenal qui, du XIIᵉ au XVIᵉ siècle, est le symbole de l'extraordinaire expansion de la cité des Doges. Derrière d'énormes murailles crénelées en brique rouge et parement de pierre, 2 000 à 3 000 ouvriers s'activent à la construction et à l'équipement de galères. Les unes serviront à rapporter d'Orient ces épices qui font la fortune de Venise, les autres seront mises en réserve pour faire face à l'apparition soudaine des immenses flottes ottomanes.

Construit dès 1104 par le gouvernement comme base de réserve pour les bateaux en arme, l'Arsenal s'agrandit de nombreux hangars, entre 1303 et 1325, pour devenir le plus impressionnant chantier naval du Moyen Âge. En 1473, le sénat ordonne la construction d'une annexe, l'Arsenal Novissimo. En tout, trois bassins intérieurs entourés d'entrepôts, d'ateliers, de cales couvertes qu'un canal fait communiquer avec la lagune.

À son apogée, l'Arsenal est capable d'armer une centaine de galères en six ou sept semaines : les coques, préparées à l'avance et conservées à sec, n'ont plus qu'à être calfatées. Une fois mises à l'eau, elles passent d'une cale à l'autre, comme dans une chaîne d'assemblage, pour recevoir espars, voiles, cordages, instruments, arquebuses, mortiers... et même les biscuits, cette nourriture de base des gens de mer. Les biscuits de Venise sont réputés pour être les meilleurs et ceux qui se conservent le mieux : la recette de leur fabrication est secret militaire.

L'organisation de l'Arsenal préfigure déjà celle de l'industrie moderne : tout est fabriqué sur place. L'intégration verticale va même jusqu'à envoyer les maîtres charpentiers de l'Arsenal choisir sur pied, dans les forêts, les arbres qui serviront à la construction des bateaux. Toutes les pièces sont standardisées afin que les navires puissent se faire réparer dans les entrepôts disséminés le long des côtes méditerranéennes. Lors de la bataille de Lépante, en 1571, plus de la moitié des bateaux des lignes de bataille chrétiennes sortiront des ateliers de l'Arsenal, capables d'assembler des galères en quelques semaines.

Cette vue cavalière à l'aquarelle décrit avec réalisme l'aspect qu'avait l'arsenal de Venise au XVIᵉ siècle. L'ensemble des installations visibles sur ce document, dessiné et peint par Antonio di Natale (musée Correr, Venise), remonte au Moyen Âge et à la Renaissance. On distingue bien en bas l'entrée monumentale sur le canal d'accès, flanquée de deux tours, et la porte d'entrée terrestre avec le lion de Saint-Marc au-dessus du linteau. Des toitures couvrent les cales abritant les galères et les bassins à flot, ainsi que l'enceinte qui protège tout l'arsenal.

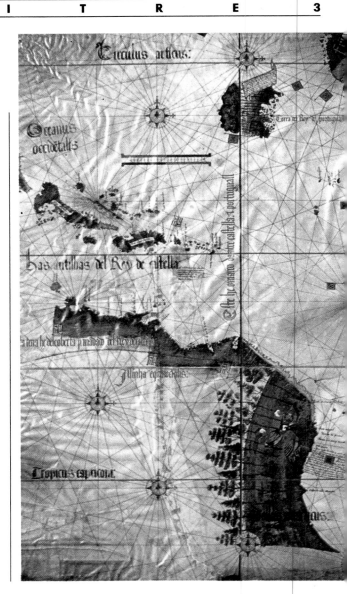

Une révolution navale, aux environs de 1300

Du manque d'informations et d'une approche superficielle de l'iconographie médiévale sont nés nombre de préjugés. Pourtant le Moyen Âge fut une grande période pour l'histoire maritime. Les marins ne se sont pas tous cantonnés, tant s'en faut, dans un cabotage frileux le long des rivages connus. Il y eut même, aux environs de 1300, une « révolution navale » dans la construction, le gréement et l'armement des bateaux, prémices de celle qui, deux siècles plus tard, accompagnerait les grandes découvertes. Le gouvernail d'étambot, ou gouvernail axial, attesté dès le XIIᵉ siècle par un relief figurant sur les fonts baptismaux de la cathédrale de Winchester, se généralise progressivement, d'abord dans les mers du Nord, puis en Méditerranée. Remplaçant les deux grosses rames qui servaient auparavant de gouvernails latéraux, il libère les flancs du bateau. Robuste, grâce à son articulation en plusieurs points le long de l'étambot (cette pièce qui continue la quille à l'arrière du navire), il a surtout pour avantage d'être beaucoup plus efficace quel que soit le vent. L'usage d'une aiguille aimantée pour s'orienter par ciel couvert était déjà connu des pilotes arabes, chinois ou persans à la fin du XIᵉ siècle, mais la boussole ne modifia véritablement les habitudes de navigation qu'avec l'apparition de son complément, la carte portulan. Le premier exemplaire connu, la *carta pisana,* date de 1270. Mais nous savons qu'il en existait déjà d'autres à l'époque. C'étaient les premières cartes à associer distance et direction. Pour les établir, on reportait, à une échelle correspondant à la taille du parchemin et sous forme de faisceaux de lignes, toutes les distances d'un amer (point de repère) au suivant, qui étaient consignées dans les « livres de ports ». Puis, on figurait les côtes. Tandis qu'étaient dessinés les premiers portulans naissait l'idée de fabriquer les premiers compas de mer : un boîtier renfermant une rose des vents sur laquelle était attachée une aiguille aimantée, fixée dans l'alignement de la quille, qui jouait librement sur un pivot. À partir de là, la tâche du timonier fut considérablement facilitée : il pouvait, sans manipulation, déterminer à chaque instant son cap avec une précision de cinq degrés.

L'introduction de ces nouvelles méthodes de navigation, même si elles n'eurent pas d'emblée une grande diffusion face à l'habitude des pratiques traditionnelles, eut pour principale conséquence d'étendre la navigation aux mois d'hiver, en particulier à Venise où, dès 1290, le Grand Conseil déclara le port ouvert en janvier au lieu de fin mars comme d'habitude.

La voile latine triangulaire était employée concurremment avec la voile rectangulaire. Mais, quand les cogghes hanséatiques pénétrèrent en Méditerranée, elles apportèrent une nouvelle innovation : la possibilité de réduire à volonté leur voile carrée, soit en délaçant une bonnette, bande de toile amovible, fixée le long de sa bordure inférieure, soit en nouant les garcettes de ris pour resserrer sa partie basse.

Cette maquette de dromon byzantin de type dit « avancé », du musée maritime hellénique du Pirée, tente de faire une synthèse des rares informations que les écrivains et les artistes de la cité du Bosphore et l'archéologie sous-marine nous ont transmises à ce sujet. Ces grosses galères à deux rangées de rames superposées assuraient la police des routes maritimes byzantines.

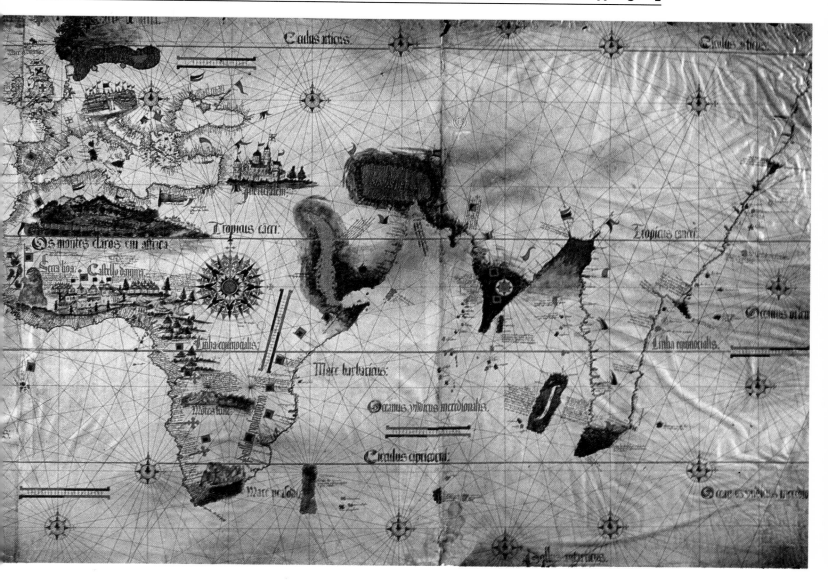

Les *galiotes,* variantes de la galère en plus petit, ne sont pas mieux connues que les chats. On en sait davantage sur les *brigantins,* qui sont peut-être les ancêtres des chébecs des XVIIᵉ et XVIIIᵉ siècles. Taillés pour la course, ils étaient très prisés des pirates et des corsaires du Moyen Âge – surtout des barbaresques. Enfin, les *fustes,* plus simples, plus petites encore que les galères légères, avaient pour mission l'acheminement des dépêches et la surveillance côtière.

Nous sommes beaucoup mieux renseignés sur les navires de charge et de guerre, à franc-bord élevé et à coque ronde.

Au XIIIᵉ siècle, leur silhouette les apparente aux navires de commerce grecs et surtout romains. Proue et poupe très incurvées – les imagiers de l'époque accentuent à dessein leur courbure –, ils portent encore deux avirons de gouverne à l'arrière, un de chaque côté. Des plates-formes crénelées sont placées à l'avant et à l'arrière. La plupart ont deux mâts, mais l'iconographie nous montre parfois des trois-mâts. Les barrots dépassent en général les flancs du bordé, renforcé par les préceintes (planches de bois plus épaisses que celles du bord, posées comme renforts de la coque).

Connus sous le nom générique de « nef », dans les pays du Nord, et de « nave » ou « nao », dans le bassin méditerranéen, ces bateaux auront longtemps une vitesse et des capacités évolutives inférieures à celles des galères. Mais leurs coques vont s'affiner aux XIVᵉ et XVᵉ siècles, au point que leurs qualités nautiques surpasseront, avant la fin du Moyen Âge, celles des navires « longs ».

Plus populairement appelées « nefs », les *cogghes* et les *caraques* sont les types les mieux connus. À l'origine petit navire sarrasin, la caraque (de l'arabe *quarâqur,* pluriel de *qurqur,* navire marchand) va grossir au point de devenir, dès le XIVᵉ, mais surtout au XVIᵉ siècle, le bateau le plus important du Moyen Âge et de la Renaissance. Déjà au XIVᵉ siècle, les Génois en arment qui déplacent plus de 1 000 tonneaux. Les plus grandes ont trois mâts. Bénéficiant de la rencontre entre les traditions maritimes du Nord et du Sud, la caraque va devenir, en une centaine d'années, un type de navire entièrement nouveau. Sa voile énorme, ventrue, va être divisée en plusieurs petites voiles carrées, modification qui permet de mieux border la voilure pour remonter au vent. La caraque est, avec le galion, l'ancêtre de nos vaisseaux.

La cogghe est sans doute le navire à haut bord le plus répandu du Moyen Âge. Les premières cogghes rappellent encore beaucoup les bateaux vikings. Comme

Planisphère Cantino (1502) du musée de la Marine de Lisbonne. Les cartes marines du Moyen Âge sont très rares. Néanmoins, ce type de planisphère donne déjà une image assez juste du profil des côtes et des routes maritimes les plus fréquentées.

Les marins de la Hanse

Face aux désordres de l'Europe féodale, des marchands allemands se regroupent en une association, la Hanse, pour assurer la sécurité de leur commerce. Puis ce sont des villes entières de l'Allemagne du Nord et de l'Europe septentrionale qui s'associent dans cette ligue hanséatique pour garantir la protection de leurs activités commerciales sur terre et sur mer et développer leurs privilèges auprès des souverains étrangers. Liée à Hambourg dès 1241, Lübeck est bientôt à la tête d'une confédération de villes maritimes. Mais c'est de la fin du XIIIe à la fin du XVe siècle que la Hanse connaît son apogée, régnant en maître sur la Baltique et sur tout le commerce de l'Europe septentrionale.

Le bateau des marchands hanséates est la cogghe, vaisseau de haut bord, long d'une vingtaine de mètres et qui, au XIIIe siècle, embarque 100 à 200 tonnes de marchandises. La voile unique, carrée, est munie de boulines qui, par vent contraire, empêchent le bord de la toile exposé au vent de se rouler en boule et de garcettes de ris qui permettent de réduire la surface de voile par gros temps. Par temps calme, pour augmenter la surface de voilure, on ajoute, au contraire, des bonnettes, bandes de toile lacées amovibles. Avec ce type de gréement et l'innovation majeure qu'est le gouvernail axial, au XIIIe siècle, ces bateaux, qui n'exigeaient pas beaucoup de main-d'œuvre, bouleversent la construction navale quand ils font leur apparition en Méditerranée.

Mais, tandis que la boussole et les cartes portulans se développent à partir du XIIIe siècle, les marins hanséates conservent leur mode de navigation traditionnel. Il faut dire que, le plus souvent, naviguant entre le nord de la France et de l'Angleterre à l'ouest, Bergen au nord et Novgorod à l'est, ils n'ont guère à s'éloigner des côtes. Dans les eaux peu profondes de l'Europe du Nord, la sonde reste leur instrument de navigation privilégié. En 1458, l'Italien Fra Mauro écrivait à propos de la Baltique : « Dans cette mer, ils ne naviguent pas avec carte ou compas mais à l'aide d'une sonde. » Cependant, les pilotes devaient avoir une très grande expérience pour se repérer au large de ces côtes plates et basses, dans des eaux parsemées de hauts-fonds. La transmission orale jouait un rôle essentiel et le premier recueil d'instructions de route, le *Seebuch,* date seulement du XVe siècle.

ceux-ci, leur bordage est à clin, la proue et la poupe, très élancées, sont pratiquement symétriques, leur mât unique supporte une voile carrée ou rectangulaire. Mais l'apparition du gouvernail d'étambot, le renforcement du bordé à clin par des préceintes ou bien encore son remplacement par un bordé à franc-bord marquent progressivement la rupture avec la tradition viking.

La cogghe hanséatique du port de Brême

Le 8 octobre 1962, la drague « Arlésienne » travaille à l'élargissement de la rivière Weser, à l'extrémité du bassin de l'Europe, dans le port de Brême. Soudain, au milieu de la rivière, les godets mettent au jour une épave de navire en bois couchée sur le babord. La coque paraît très ancienne, elle est encore bien conservée. Aussitôt prévenu, le conservateur du Focke Museum de Brême identifie les vestiges comme ceux d'une cogghe hanséatique. Passionnant ! C'est la première fois que l'on retrouve une de ces cogghes – bateau favori des cités hanséatiques – qui, entre le XIIe et le XIVe siècle, hantaient la Baltique, la mer du Nord et même la Méditerranée, transportant poisson, bière, céréales, sel, tissus et armes. Voilà qui va contribuer à combler l'immense vide, en matière d'archéologie maritime, qui s'étend entre les bateaux vikings des IXe et XIe siècles et le *Wasa,* ce bateau du XVIIe siècle, retrouvé dans le port de Stockholm.

Quoique encore profondément enfouie dans les sédiments de sable et d'argile qui l'ont préservée d'une destruction complète, la cogghe de Brême ressemble d'une façon frappante aux navires représentés sur les sceaux d'Elbing, Stralsund, Dantzig ou Lübeck, datés des XIIe et XIVe siècles. Des pans entiers du bordage de la carène bordé à clin, de la quille, des barrots et du pont subsistent encore. Leur état de conservation est exceptionnel.

Mais il faut agir vite, évacuer la coque rapidement, sans quoi le courant (la mer recouvre entièrement la cogghe à marée haute) et les glaces risquent de

Ainsi se présentait la cogghe de Brême au moment de sa mise au jour accidentelle, le 9 octobre 1962, par la drague « Arlésienne » qui travaillait à l'élimination d'un coude de terre gênant la navigation sur la Weser. Les godets de l'engin n'ont pas trop endommagé les planches vermoulues du bordé du plus grand bateau du Moyen Âge jusqu'à présent découvert. Ce document est la première photographie de la cogghe, prise après son dégagement partiel.

désagréger les parties du navire qui ne sont plus protégées par la gangue de sable et d'argile.

Pour récupérer l'épave, les archéologues, qui ne disposent pas de gros moyens financiers à l'époque, sont obligés de séparer les morceaux qui la composent au fur et à mesure de leur dégagement. Une suceuse et une drague légère enlèvent la vase avec d'infinies précautions. Malgré cela, le scaphandrier qui doit retirer la plupart des pièces submergées en permanence opère sans presque aucune visibilité. Aussitôt extraits de la rivière, les fragments sont dessinés et photographiés à bord d'une barge de sauvetage. En décembre 1962, la cogghe en pièces détachées est enfin à l'abri, juste au moment où les premières glaces commencent à se former sur la Weser.

Suivent une deuxième et une troisième phase de prospection au cours desquelles le lit de la rivière est systématiquement fouillé tout autour de l'emplacement où se trouvait l'épave. Avec la cloche à plongée, c'est une surface de 1 400 m² qui est explorée jusqu'à 5 m de profondeur, amenant à remonter plusieurs centaines d'objets, dont des outils de charpentier et une chaussure...

La reconstruction du plus intéressant navire du Moyen Âge encore jamais trouvé est un véritable puzzle de plus de 2 000 pièces, qui va durer de 1972 à 1979. Et cela dans une atmosphère pénible à supporter, dans un brouillard liquide constant saturé à 97 % d'humidité afin d'éviter le dessèchement du bois et sa déformation. Pour assurer sa conservation, un gigantesque aquarium est construit autour de la cogghe afin de la laisser baigner pendant quinze à vingt ans dans 800 000 litres d'une solution de P.E.G. (polyéthylèneglycol) 200 à bas poids moléculaire et de P.E.G. 3 000 à haut poids moléculaire. C'est la première fois au monde que ces P.E.G. sont utilisés à grande échelle. Lorsque le traitement au P.E.G. sera terminé, l'air conditionné assurera un très lent séchage de la cogghe. À l'issue de ce processus qui prendra encore des années, l'aquarium sera enfin démantelé et l'emplacement où est installé le navire pourra être aménagé en un lieu d'exposition mieux adapté.

Les analyses du bois, associées aux observations des archéologues, permettent de dire que la cogghe trouvée à Brême a été construite par un chantier naval de ce port en 1380. On peut même assurer que sa construction a commencé au printemps de cette année-là, à un an près. Il semble que son assemblage

La cogghe de Brême en cours de restauration au Schiffahrts-museum de Bremerhaven. Les restaurateurs ont pu se guider sur les parties essentielles bien conservées, telles que l'étrave et l'étambot, la quille, plusieurs barrots et les membrures.

ait été interrompu, alors qu'elle était presque terminée, par une sorte de raz de marée ou un mascaret (vague géante qui remonte un fleuve) qui l'a précipitée dans le lit du fleuve et a provoqué son naufrage.

Des clous au secours de l'histoire de la cogghe

La découverte de la cogghe de Brême a permis de préciser les caractéristiques de ce type de bateau, en particulier l'utilisation de clous recourbés deux fois pour fixer les planches de bordés. Voilà donc les archéologues sur la piste de ces fameux clous : en les suivant à la trace, ils vont pouvoir réécrire l'histoire des cogghes.

Grâce à la mise au jour par des fouilles de ces clous typiques, ils sont à même d'affirmer que les cogghes sont l'aboutissement d'une longue tradition dont on trouve les premiers indices en Frise, à l'embouchure du Rhin, au Ier siècle de notre ère. C'est encore la découverte de ces clous spécifiques qui permet d'identifier un chantier de construction navale de cogghes du VIIe siècle à Wilhemshaven (Basse-Saxe). La cogghe suit l'expansion des Frisons vers l'est, au Moyen Âge. Dans le port de Hambourg, les clous deux fois recourbés se retrouvent dans tous les niveaux archéologiques à partir du VIIIe siècle. À Stockholm, l'ancienne Birka des Vikings, ils sont là dans les strates du Xe siècle.

Puis ce sont les pièces et les sceaux qui permettent de suivre l'évolution des cogghes. Il faut attendre le IXe siècle pour voir apparaître pour la première fois leur image sur des monnaies frappées à Hedeby (Schleswig-Holstein). 400 ans plus tard, Lübeck prend à son tour une cogghe comme emblème sur un sceau de 1224. D'autres ports baltes l'imitent bientôt, Elbing, Stralsund et Dantzig, en particulier. La seule modification apparente durant ces quatre siècles est l'accroissement du nombre des planches de bordés. Plus hauts sur l'eau,

les bateaux ont une capacité de charge augmentée. Mais, pour les gouverner, rien ne vaut le gouvernail d'étambot, ou gouvernail axial, plus maniable et plus efficace, que l'on voit figurer pour la première fois sur une cogghe, sur le sceau de la ville d'Elbing, en 1242.

Vers la fin du XIIIe siècle, probablement à cause du conflit qui oppose les ports hanséatiques allemands à la Norvège, les cogghes sont dotées de superstructures appelées « châteaux » ou « gaillards », copiés sur ceux qui surplombent les bateaux anglais depuis le siècle précédent. Ce sont des sortes de tours, placées à l'avant et à l'arrière, d'où les archers et les arbalétriers peuvent avantageusement tirer. Un parapet de protection fait aussi son apparition sur le pont supérieur. Il finit par s'élever jusqu'au plancher des gaillards, formant ainsi une cabine. Ce roof figure pour la première fois sur un sceau de Stralsund, daté de 1329. Sur la cogghe de Brême, la superstructure du château arrière dépassait la poupe.

Les embarcations médiévales de Kalmar

Situé au sud-est de la Suède, Kalmar fut, au Moyen Âge, l'un des principaux ports du pays. Mais, au XVIIe siècle, mêlée de près au conflit avec le Danemark, la ville voit son importance décroître. Appauvrie en 1611 par une mise à sac consécutive à un incendie, elle est de nouveau dévastée en 1647 par une violente explosion. Jugée indéfendable, elle est alors abandonnée pour un site plus facile à fortifier : Kvarnholmen (l'île du moulin), tout proche. Le nouveau port sera plus profond que l'ancien. À moitié délaissé, ce dernier ne sert plus d'abri qu'à de petites embarcations à faible tirant d'eau. Il s'envase inexorablement, le niveau des sédiments dépasse 4,5 m à certains endroits. À tel point qu'en 1933-1934, pour des raisons de salubrité et parce que

Sceau de la ville hanséatique de Dantzig (XIVe s.). Daté d'environ 1400, ce sceau semble représenter un hulk de type avancé avec gaillards d'avant et d'arrière de type château. Archives nationales, Service des sceaux, Paris.

Vestiges d'une épave d'embarcation médiévale découverte en 1933 devant l'un des bastions du château de Kalmar (Suède).

cet envahissement sournois affecte toute la baie, on construit une digue à l'entrée de celle-ci. L'eau est pompée et on enlève une partie du limon. Les bassins sont curés et nettoyés.

Plusieurs épaves profondément enfouies dans la vase sont ramenées au jour ainsi que des restes de poteaux, qui supportaient des appontements et des points d'amarrage, et tout un riche matériel parmi lequel des poteries, du verre, des objets en cuir, des ustensiles d'étain et de bronze... Le professeur Martin Olsson, qui mène les opérations de dégagement, va pouvoir examiner à loisir 24 vestiges d'embarcations.

Les mieux préservées, au nombre de six, datent du Moyen Âge. La plus ancienne semble avoir été construite au milieu du XIIIᵉ siècle. Toutes sont bordées à clin avec une quille à section en T. Le chêne est le bois le plus employé dans leur construction, puis le pin.

Des barrots proéminents dans le bordé – système fréquent sur les bateaux du Moyen Âge – ont été retrouvés sur l'embarcation n° 1. Tous les autres bateaux devaient également en avoir, semblables à ceux qu'on a relevés sur une autre embarcation médiévale trouvée dans le fjord de Kolding, au Danemark, en 1943.

La plupart des bateaux de Kalmar sont de modestes dimensions, sauf l'épave n° 2, d'une longueur de 19-20 m et d'une largeur de 5,8 m. Malheureusement sa reconstitution est difficile, car elle est assez mal conservée. L'épave n° 3, par contre, était presque intacte. C'était sans doute une barque de pêche à rames du XIVᵉ siècle. De l'épave n° 4, longue de 16 m et large de 4 m, il reste les vestiges du bordé babord, la quille et la partie basse de la poupe. Le bateau n° 5, d'une taille analogue, semble avoir été construit vers 1500. La plus grande partie n'a pu être dégagée, car elle gît sous le rempart nord du château de Kalmar. L'embarcation n° 6, plus difficile à situer dans le temps, remonte probablement à la fin du XVᵉ ou au début du XVIᵉ siècle.

Des modèles réduits de ces bateaux ainsi que

Astrolabe persan, XVᵉ siècle. Cet instrument conçu par les Grecs servait à calculer l'instant du passage d'une étoile à une hauteur déterminée. Collection G. Mandel.

Restes d'un bateau mis au jour en 1981 dans le polder du Zuid-Flevoland (Zuiderzee), près de Nijkerk (Pays-Bas). Il semble que ce soit une cogghe, construite vers 1300.

Vue perspective du port de Gênes en 1481. L'intense activité maritime est décrite avec un grand luxe de détails par le peintre de ce tableau anonyme conservé au musée naval de Pegli (faubourg de Gênes). On distingue parfaitement les galères, les galéasses et les grosses caraques marchandes qui se pressent dans le port ou à l'extérieur.

quelques répliques grandeur nature sont exposés au Sjöhistorika Museet de Stockholm et au Sjöfartsmuseum de Bergen.

Deux autres vestiges d'embarcations médiévales ont été découverts en 1930 dans le canal Riddarholm à Stockholm. Des reliques d'esquifs médiévaux avaient déjà été relevées en plusieurs endroits de la ville, lors du creusement des fondations de nouvelles habitations. Enfin, toujours en Suède, on a fouillé et récupéré la coque d'un navire du Moyen Âge à haut bord, dont les restes sont exposés au musée de Falsterbo.

La vie maritime du Zuiderzee dans tous ses secrets

L'assèchement d'une partie du lac du Zuiderzee, aux Pays-Bas, et la transformation de plus de 220 000 hectares en polders, avant et après la Seconde Guerre mondiale, ont permis la découverte de près de 200 embarcations de toutes les époques depuis le Moyen Âge. 18 épaves ont été retrouvées dans le polder Wieringermeer (21 000 hectares) et pas moins de 150 dans le Noordoostpolder (48 000 hectares). Malgré le poids de la vase qui les écrasait, nombre d'entre elles ont encore des charpentes très bien conservées...

La plupart des épaves coulées dans l'immense lac du Zuiderzee auraient ainsi été mises au jour. Le drainage intensif du sol des polders par des tuyaux implantés tous les 800 m a permis aux archéologues et à leurs équipes de fouille d'opérer un véritable travail de quadrillage en examinant le sol au fur et à mesure de son dragage et de son assèchement.

Tous les vestiges de navires examinés n'ont pas été récupérés. Pareille entreprise aurait excédé les moyens de l'archéologie néerlandaise. On a donc choisi de préserver les embarcations les mieux conservées et les plus intéressantes. La plupart des épaves sont datées de façon sûre à l'aide de coupes stratigraphiques réalisées alentour. L'histoire géologique et hydrogéologique du Zuiderzee est en effet bien connue.

Les deux embarcations médiévales trouvées dans le Noordoostpolder ont la taille de barques. La première pourrait dater du XIIe siècle, sans qu'on en soit sûr, car on n'a retrouvé aucun objet à l'intérieur ni autour. La seconde a dû faire naufrage vers 1400. Elle transportait un chargement de 5 000 briques, du type utilisé aux Pays-Bas au XVe siècle pour l'édification des abbayes, des églises et des châteaux ou des enceintes fortifiées des cités.

La plupart des esquifs retrouvés étaient des barques de pêche ou des voiliers légers de transport ou de remorquage, d'un usage local – c'est-à-dire confinés au lac de Zuiderzee et à la côte environnante. La majorité d'entre eux datent des XVIe et XVIIe siècles. Leur étude attentive a permis à la section archéologique de la Direction des prospections du Wieringermeer (l'un des polders les plus importants du Zuiderzee) de dresser un véritable inventaire des types de bateaux utilisés localement et de reconstituer en détail les techniques de construction navale employées dans cette province des Pays-Bas. Quatre-vingts types différents d'embarcations ont ainsi été identifiés.

Nulle part ailleurs, comme dans le Zuiderzee, la vie maritime n'a révélé avec une telle ampleur ses secrets à travers un nombre d'épaves sans équivalent dans le monde et mille objets de la vie quotidienne.

CARAVELLES, CARAQUES ET GALIONS DE LA RENAISSANCE

Le 3 août 1492, Christophe Colomb quitte le port de Palos, faisant voile vers l'ouest à la tête d'une flottille de trois caravelles, la *Santa Maria*, la *Niña* et la *Pinta*. Cherchant un passage vers la Chine, il va découvrir les Amériques. Cinq ans plus tard, en 1497, le Portugais Vasco de Gama explore la route de l'est et atteint les Indes. Bartolomeu Dias lui a ouvert la voie dix ans plus tôt en doublant en 1487 le cap de Bonne-Espérance. Ces voyages marquent l'ouverture des routes transocéaniques qui vont permettre l'expansion de l'Espagne et du Portugal, puis des autres grandes puissances européennes, dans le Nouveau Monde et l'Asie.

Instrument et symbole de ces grandes découvertes, la caravelle, légère et maniable, est particulièrement bien adaptée à ces voyages d'exploration. Mais, dans le trafic commercial vers l'Extrême-Orient, elle cède ensuite la place à de lourdes caraques d'un tonnage qui atteint jusqu'à 1 500 tonnes, tandis que, vers les Amériques, les Espagnols recourent à des bâtiments plus modestes, de 150 à 300 tonnes. À côté d'une poussière de petites unités subsistent les galères que Gênes et Venise, en particulier, continuent à utiliser, et se développe un nouveau type de navire qui, pour le combat aussi bien que pour le négoce, va supplanter la caraque à la fin du XVIᵉ siècle : le galion.

Que reste-t-il de ces bateaux qui ont permis l'exploration du monde, le développement du commerce maritime lointain, l'instauration d'une nouvelle forme de combat naval, le combat à distance ? Il n'en resterait

Embarquement à Douvres en 1520 du roi Henry VIII et de sa cour pour l'entrevue du Camp du Drap d'or. Les grandes caraques trop hautes sur l'eau flamboient sous leurs pavillons et leurs écus multicolores. Copie de Boutewerke d'un tableau attribué à l'Italien Volpi (1686-1766). Paris, musée de la Marine.

Réplique de la caravelle de Bartolomeu Diaz, toutes voiles dehors, quelque part en mer sur la route du Cap ou sur le trajet du retour. Partie de Lisbonne le 8 novembre 1987, la nouvelle caravelle portugaise, propriété de l'association Aporvela et de la communauté portugaise du Cap, est arrivée le 14 novembre à Funchal, capitale de l'île de Madère. 14 jours plus tard, elle relâchait aux îles du cap Vert, avant d'être accueillie triomphalement au Cap le 15 janvier 1988.

Maquette de la caravelle *Santa Maria* de Christophe Colomb, au musée naval de Madrid. Ce splendide modèle réduit a été restauré en 1892. La flottille du navigateur génois au service de l'Espagne comprenait aussi les deux caravelles *Niña* et *Pinta*. La *Santa Maria* fit naufrage le 24 décembre 1492 et l'épave fut utilisée pour la construction du fort de la Nativité, sur la côte nord de l'île d'Hispaniola (Haïti).

pratiquement rien, en dehors de l'imagerie, des textes et de quelques rares maquettes, si l'on n'avait retrouvé la *Mary Rose*, une caraque de Henry VIII, récupérée par les Anglais au large de Portsmouth. Ajoutons quelques épaves de navires marchands actuellement en cours de fouilles : celle du *San Juan*, qui transportait de l'huile de baleine et qui coula en 1565 à Red Bay, au Labrador (Canada), celle d'une caraque marchande, probablement génoise, coulée dans le premier quart du XVIᵉ siècle dans la baie de Villefranche-sur-Mer et celle d'un navire de commerce du XVIᵉ siècle dans le port de Calvi, sans oublier les coques de petits bateaux de pêche retrouvées lors des travaux d'assèchement du Zuiderzee.

Des dizaines d'épaves de galions ont été découvertes par des chercheurs de trésors souvent peu scrupuleux. Mais aucune n'a livré de vestiges de coques substantiels. Beaucoup d'objets, mais aucun fragment de charpente d'une taille suffisante pour nous renseigner sur l'agencement intérieur, sur les caractéristiques principales de ces grands navires attachés à la puissance maritime espagnole ou anglaise.

Aucune caravelle n'a été retrouvée. Mais, à partir des documents de l'époque, beaucoup plus fiables que ceux du Moyen Âge, on a pu réaliser des reconstitutions de ces bateaux, dont certaines sont des modèles du genre : la réplique de la *Santa Maria*, la caravelle de Christophe Colomb, celle de la galère de Don Juan d'Autriche, toutes deux œuvres du Musée maritime de Barcelone et la copie d'une caravelle portugaise construite par l'association Aporvela pour commémorer les voyages de Bartolomeu Dias.

Le *Bartolomeu Dias,* copie de la caravelle du grand explorateur, double, en 1988, le cap de Bonne-Espérance

Le 3 février 1988, une foule se presse dans le port de Mosselbaai, tout au sud de l'Afrique du Sud. Deux voiles se profilent à l'horizon, bientôt reconnaissables à l'immense croix rouge qui se dessine sur leur fond blanc. Ce sont les armes de l'ordre du Christ – cet ordre, fondé par Denis de Portugal, et dont le grand maître est, au début du XVᵉ siècle, le prince mystique et austère, Henri le Navigateur : celui qui, installé dans sa forteresse de Sagres, entre ciel et terre, à la rencontre de la Méditerranée et de l'Atlantique, va être l'initiateur des grandes découvertes en lançant navire sur navire toujours plus loin le long des côtes occidentales de l'Afrique...

Quand, en 1487, Bartolomeu Dias double pour la première fois le cap de Bonne-Espérance qui, signe des terreurs qu'il inspire, s'appelle encore le cap des Tempêtes, ce sont les mêmes armes qu'il arbore sur ses voiles. Cinq cents ans plus tard, ces armes ornent encore la caravelle, réplique de celle de Bartolomeu Dias, qui, après avoir quitté Lisbonne le 8 novembre 1987, et doublé le cap de Bonne-Espérance en janvier, entre dans le port de Mosselbaai le 3 février 1988. C'est la manière qu'ont choisie les Portugais pour commémorer l'exploit du grand navigateur.

L'Association portugaise des grands voiliers (Aporvela) et la communauté portugaise d'Afrique du Sud sont à l'origine de cet ambitieux projet. La caravelle n'est pas une reconstitution fidèle à cent pour cent de l'original disparu. La documentation historique disponible n'est pas assez précise pour tout restituer dans les moindres détails. D'autant que les Portugais gardaient le secret sur ces bateaux qui leur ouvrirent la route de l'océan Indien.

Mais le chantier chargé de la réplique, Samuel et Filhos de Vila do Conde, a une longue expérience de la construction en bois traditionnelle, qu'il pratique depuis des siècles. Il lui aura suffi de trois mois pour construire la coque longue de 23,5 m et large de 6,62 m, avec un tirant d'eau moyen que 2,35 m. Le matériau de base est le pin, mais on a aussi utilisé du cambala et de l'eucalyptus, en remplacement de certains bois qui venaient de la Baltique. Il reste que l'équipage dispose de réfrigérateur et de congélateur, de la radio et du radar ainsi que d'un moteur. Les voiles sont en matériau synthétique, mais le gréement à deux voiles latines s'inspire étroitement des documents anciens. L'équipage, lui-même, est habillé en costume d'époque...

De retour au Portugal, après son grand périple, la réplique de la caravelle du Siècle d'or sert aujourd'hui de bateau-école.

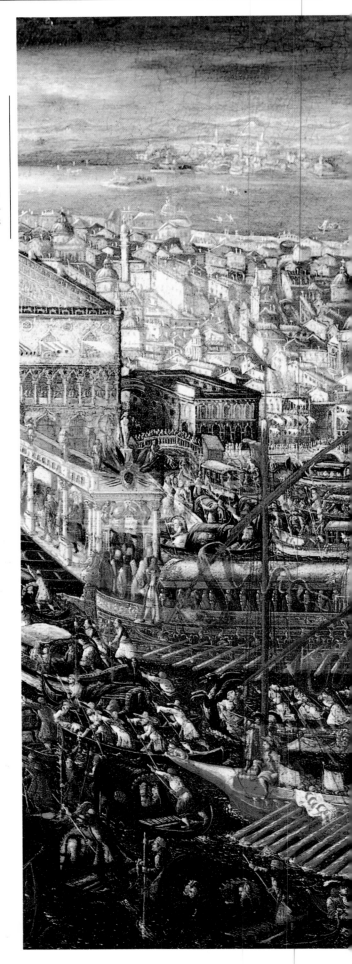

Arrivée dans le bassin de Saint-Marc de la flotte du doge Morosini, victorieuse des Ottomans à Lépante (7 oct. 1571). Peinture du musée Correr, Venise.

Les premiers plans de navires

Avec la Renaissance, nous disposons, pour la première fois dans l'histoire maritime, d'une documentation suffisamment riche et fiable pour permettre une étude sérieuse de l'architecture et des procédés de construction navale. C'est une époque où les peintres sont séduits par les scènes maritimes et où les artistes peignent les navires avec un grand souci du détail.

Francis Drake : du bateau pirate au galion de guerre

Héros d'un des premiers tours du monde à la voile, Francis Drake (1540-1596) illustre bien le destin ambigu des corsaires anglais. Négrier, pirate, explorateur, il sera fait chevalier par la reine et contribuera à la déroute de *l'Invincible Armada*.

Après avoir servi comme mousse, Drake s'embarque comme lieutenant sur le bateau de cousins lointains, les Hawkins : des négriers. Le commerce d'esclaves est à l'époque florissant, c'est aussi une couverture pour aller attaquer les flottes de l'or près des côtes américaines.

Élisabeth Iʳᵉ, reine d'Angleterre, n'a jamais accepté ce traité de Tordesillas, arbitré par le pape, qui, depuis 1494, réserve le monde aux Espagnols et aux Portugais. Elle rêve de se tailler un empire outre-mer et ferme les yeux sur les agissements de ses corsaires, Francis Drake en tête, qui pillent sans vergogne les comptoirs et les navires espagnols, mais partagent secrètement avec elle leur butin.

Officiellement, la reine ne veut être mêlée à aucune expédition, mais elle aide en sous-main son « pirate favori ». Le 15 novembre 1577, quand Drake appareille de Plymouth, avec son *Pélican* (bateau amiral de 100 t) et quatre autres bâtiments, il est censé rejoindre la Méditerranée et les États du Levant. Mais, au grand étonnement de ses marins, il dépasse Gibraltar et fait voile vers le sud... Après avoir passé le terrible détroit que Magellan a découvert cinquante ans plus tôt, sa flotte ne compte plus que son seul bateau, rebaptisé le *Golden Hind*, et quarante-cinq hommes d'équipage. Drake ne renonce pas pour autant au but secret de son expédition et remonte les côtes du Chili, le long des possessions espagnoles et portugaises.

Bientôt chargé d'un fantastique butin, dont celui qu'il a arraché au plus grand galion espagnol, le *Cacafuego*, Drake choisit, pour échapper à ses poursuivants, de se diriger vers le nord. Lors d'une escale dans la baie de San Francisco pour y réparer son navire, il prend possession, au nom de sa souveraine, d'un empire qu'il baptise Nouvelle-Albion. Puis il met le cap vers l'ouest et revient en Europe par les Moluques et le cap de Bonne-Espérance.

Quand le *Golden Hind* arrive à Plymouth, le 26 septembre 1580, après avoir fait le tour du monde, la reine, à qui Drake rapporte un bénéfice de 5 000 p. 100, ne laisse pas éclater sa joie. Elle craint la réaction de Philippe II dont l'ambassadeur exige qu'on lui rende les trésors capturés lors « du raid de piraterie ». Le calme revenu, elle fera Drake chevalier et décidera de conserver le *Golden Hind* comme monument national. Quelques années plus tard, Élisabeth décide d'attaquer l'Espagne qui, depuis dix ans, arme une flotte gigantesque pour envahir son pays : c'est à son vieux complice qu'elle confie la mission. Le 29 avril 1587, Drake, à la tête de 23 bateaux, dont 4 grands galions, prend le risque insensé de rentrer dans le port de Cadix et, sous le feu nourri de ses canons, détruit une soixantaine de navires. Il prouve à cette occasion la supériorité de l'artillerie embarquée en taillant en pièces les galères de Philippe II. Leurs capacités de manœuvre et d'abordage n'ont plus aucun intérêt face à des armes qui déciment à distance. Les Espagnols entendront la leçon et abandonneront les galères pour la construction exclusive de navires de haut rang.

Quand, le 25 avril 1588, *l'Invincible Armada* quitte Lisbonne pour aller conquérir l'Angleterre, sous prétexte d'y rétablir le catholicisme, c'est la plus puissante flotte jamais vue sur l'Atlantique : 141 navires, jaugeant 62 278 tonnes, 7 666 marins et 18 529 soldats. Trois mois plus tard, après avoir essuyé des tempêtes, elle subira une écrasante défaite devant une flotte anglaise pourtant bien moins nombreuse. Drake, à bord du *Revenge*, un galion de plus de 800 tonnes, aura contribué à sa déroute. Les couleuvrines aussi : ces canons à longue portée ne laissent pas aux Espagnols la possibilité d'user de leurs pièces lourdes et courtes et d'exploiter par l'abordage leur supériorité numérique. Avec ses 1 874 couleuvrines, demi-couleuvrines, sacres et minions, la Royal Navy tient à distance *l'Invincible Armada*, qui possède seulement 635 pièces de petit calibre. Le bilan sera terrible pour l'Espagne : 51 navires disparus, plus de 20 000 morts. Avec 123 790 boulets tirés, *l'Invincible Armada* aura tué 61 marins anglais, mais n'aura pas coulé un seul navire d'Élisabeth.

Réplique de la caravelle *Santa Maria* de Christophe Colomb dans le port de Barcelone.

Vittore Carpaccio (dans son cycle de l'histoire de sainte Ursule), les frères Bellini, Véronèse ou Tintoret nous ont ainsi laissé toute une série de documents précieux sur la vie nautique à Venise et dans le bassin méditerranéen en général.

La fresque de la galerie des Cartes du Vatican, un tableau anonyme du National Maritime Museum de Greenwich et, à Venise, la fresque de Micheli au palais des Doges ainsi que des œuvres de Véronèse et de Tintoret nous font revivre la bataille de Lépante. Cette bataille qui, en 1571, vit la victoire de la flotte chrétienne de la Sainte Ligue (Espagne, Venise, Saint-Siège), sous le commandement de Don Juan d'Autriche, sur la flotte turque d'Ali Pacha, fut aussi le plus grand et le dernier combat que se livrèrent les galères. On en comptait 208 du côté de la Sainte Ligue, dont 110 commandées par des Vénitiens. S'y ajoutaient six grandes galéasses vénitiennes transportant l'artillerie. Elles impressionnèrent l'ennemi qui se dispersa pour éviter leur feu. Mais c'est dans des corps à corps sur le pont des galères que se décida finalement l'issue du combat.

En Flandres, également, naît toute une école d'artistes qui nous ont laissé de superbes témoignages sur les navires de leur temps avec la suite des onze planches dites « des vaisseaux de mer », gravée par Frans Huys d'après des dessins de Bruegel l'Ancien et avec les marines de Lucas de Leyde (1494-1533), qui annoncent celles des grands peintres hollandais du XVIIe siècle.

La Renaissance voit aussi l'apparition des premiers plans de navires, dont les plus célèbres sont ceux du maître charpentier anglais Matthew Baker.

Jusqu'au XVIIIe siècle, la construction navale relève de méthodes empiriques. Les maîtres charpentiers ont chacun leurs traditions et leurs secrets. S'ils rédigent parfois leurs formules, c'est toujours en termes sybillins. Après être allé lui-même observer les pratiques méditerranéennes, Matthew Baker (1530-1613) est le premier maître charpentier à insister sur l'importance des mathématiques, de la géométrie et du dessin dans la construction navale. Avec lui apparaît une séparation entre celui qui conçoit et dessine le bateau et celui qui en est le maître d'œuvre.

Le secret est gardé autour des caravelles

Il fallut quinze ans de persuasion, de 1419 à 1434, au prince Henri le Navigateur pour convaincre les marins portugais de doubler le cap Bojador, de se lancer au-delà du bras de mer séparant les îles Canaries de l'Afrique. L'idée de dépasser les limites du monde connu réveillait les fantasmes de vieux monstres marins et la peur ancestrale de l'océan rugissant. C'est dire le chemin parcouru par les capitaines portugais jusqu'à ce que Bartolomeu Dias double, en 1488, le redoutable cap des Tempêtes, celui qu'on appellera ensuite cap de Bonne-Espérance.

Les premiers navigateurs à franchir le cap Bojador montaient des barchas et des barines, embarcations dont on sait seulement qu'elles étaient de modeste envergure et remontaient mal au vent. Les expéditions suivantes furent toutes effectuées avec des caravelles. Légers et hauts sur l'eau, ces navires longs d'une vingtaine de mètres, larges de six à huit, furent bientôt gréés de trois mâts et leur voilure adaptée aux circonstances de la navigation. C'est avec trois de ces bateaux, maniables, rapides, aptes à remonter au vent, que Vasco de Gama atteint Calicut en 1498. Quand, chargés d'épices, deux de ses navires rentrent à Lisbonne à l'automne suivant, l'opération laisse un bénéfice net de 600 p. 100. Pas étonnant qu'un certain mystère entoure ces caravelles ! Le Portugal désire garder pour lui seul le bénéfice de ses découvertes : une ordonnance royale interdit de vendre des caravelles à toute puissance étrangère. Peine perdue, les Espagnols ont déjà percé les secrets des navires portugais et armé des escadres qui cinglent vers les Amériques.

En 1892, pour fêter le quatrième centenaire de la découverte de l'Amérique, le gouvernement espagnol fit construire, d'après les documents d'époque, un navire semblable à la *Santa Maria* sur laquelle Christophe Colomb avait traversé l'Atlantique. Commandée par un capitaine de la marine royale espagnole, la moderne caravelle suivit les mêmes routes que Colomb avait décrites dans son journal de bord et, fait étonnant, mit comme lui trente-six jours de Las Palmas à San Salvador.

Depuis, de nombreuses répliques de la *Santa Maria*, qui, d'ailleurs, aux dires de certains, n'était peut-être même qu'une caraque, ont été réalisées dans le monde. On a vu proliférer, au XIXe et au XXe siècle, les modèles réduits de caravelles construits pour des particuliers ou des musées maritimes. Mais le mystère ayant été bien entretenu par les Espagnols et les Portugais autour de ces bateaux, les documents d'archives des XVe et XVIe siècles ne sont pas assez détaillés pour affirmer que ces reproductions sont exactes. Aucune caravelle n'ayant été retrouvée, la part d'interprétation dans la construction de ces reproductions reste encore importante.

La dernière bataille de la *Mary Rose*, caraque de Henry VIII

Nées de la rencontre des traditions de constructions navales du nord et du sud de l'Europe, les caraques sont les plus grands bâtiments des mers de la Renaissance, pouvant atteindre 1 500 tonnes.

Abandonnant, dès la seconde moitié du XVe siècle, le mât unique pour un gréement à trois mâts, relativement important et assez bien équilibré, elles sont capables de naviguer en haute mer avec un lourd tonnage de marchandises et l'artillerie nécessaire pour assurer leur protection. Construites à franc-bord, bardées de renforts extérieurs massifs, munies d'un gouvernail axial épais et long, elles supportent, autour d'une cale béante, des châteaux à deux étages de dortoirs où s'entassent marchands ou pèlerins...

À cette époque où l'Europe voit s'ouvrir l'ère des grandes compétitions coloniales, de nombreux souverains saisissent l'importance que va jouer la puissance maritime. C'est le cas de Henry VIII, qui s'intéresse de

très près à la création d'une flotte militaire indépendante de la marine marchande. Empruntant à l'architecture navale vénitienne, mais aussi hanséatique, française et espagnole, il fait construire de prestigieuses unités dont la plus célèbre fut la « Grande Caraque », ou *Henry-Grâce-de-Dieu*, symbole de l'ambition maritime de l'Angleterre.

C'est une de ces caraques de Henry VIII qui, grâce à une mobilisation extraordinaire de la population britannique autour du prince de Galles, a été retirée de la vase en 1983. Coulée dans le port de Portsmouth en 1545, elle est exposée aujourd'hui dans la base navale de Portsmouth, près du *HSM Victory*, le navire de Nelson conservé à flot par les Anglais.

Un des premiers bateaux conçus pour la guerre navale

Le jeune Henry VIII vient juste de monter sur le trône d'Angleterre quand, en 1509, il ordonne la construction de deux nouveaux bateaux aux chantiers de Portsmouth. À l'un d'eux il donne le nom de *Mary Rose*, en l'honneur de sa jeune et jolie sœur de cinq ans sa cadette.

Le roi, qui va jeter les bases de la première marine de guerre permanente, la Royal Navy, veille de près à la construction de ses caraques. En ce début du XVIe siècle, les combats sur mer diffèrent encore peu des combats sur terre et les bateaux ressemblent le plus souvent à des châteaux forts flottants. Mais les constructeurs étudient de nouveaux agencements sur les navires pour les adapter au poids et

aux exigences opérationnelles des canons. Quand elle sort du chantier deux ans plus tard, la *Mary Rose* est une superbe caraque de 32 m de long, jaugeant 600 tonneaux et gréée avec 4 mâts. Armée au départ de 43 canons lourds et de 37 pièces d'artillerie légère, elle va être réaménagée et réarmée en 1536 pour atteindre 71 canons et 20 armes antipersonnel, jaugeant alors 700 tonneaux. C'est l'un des premiers bateaux construits spécifiquement pour la guerre avec des sabords qui permettent de placer une artillerie plus lourde et plus performante en batterie dans les flancs du navire. L'ère de l'abordage va bientôt s'achever pour laisser place à celle du combat à distance.

La caraque de Henry VIII *Mary Rose,* telle qu'elle apparaît après sa reconstruction en 1536. Les sabords percés de canons, les hauts gaillards d'arrière et d'avant décorés de couleurs vives correspondent aux révélations livrées par l'épave, retrouvée et fouillée dans le Solent, en face de Portsmouth. Miniature du manuscrit d'Anthony Roll, Magdalene College, Cambridge.

Séville est, aux xvᵉ et xv1ᵉ siècles, le plus grand port
d'Espagne et l'un des plus
importants du monde. Ce tableau de Francisco Pacheco,
au musée d'Amérique de Séville, met bien en évidence
l'activité maritime considérable qui règne sur le Guadal-
quivir et sur ses rives. La tour
de la Giralda veille sur une
forêt de mâts de galères, de
galéasses, de caraques et de
galions.

Le 19 juillet 1545, une flotte anglaise de 60 navires montés par 12 000 hommes fait face dans le Solent, le bras de mer qui sépare Portsmouth de l'île de Wight, à une flotte française estimée à 225 bateaux portant 30 000 hommes.

Une brise légère souffle. Une petite escarmouche met aux prises quatre galères détachées de l'escadre française à la caraque anglaise *Henry-Grâce-de-Dieu*, sur laquelle se tient l'amiral en chef anglais, lord Lisle. Soudain, c'est le drame. Lors d'une manœuvre pour porter assistance au navire amiral, la caraque anglaise *Mary Rose* prend brusquement une forte gîte, l'eau s'engouffre à gros bouillons par les sabords ouverts de la batterie basse. En quelques minutes, elle chavire et coule avec 700 hommes. Il n'y aura pas 40 rescapés. De la côte, Henri VIII assiste, impuissant, au naufrage.

Les Français sont convaincus d'avoir coulé la *Mary Rose* sous le feu de leurs canons. Mais les rapports anglais incriminent la surcharge du navire et l'indiscipline de l'équipage. L'année suivante, sir Walter Raleigh émet un

avis différent : il y aurait eu une erreur de conception du bateau. Plus précisément, les sabords de la batterie basse étaient trop proches de la ligne de flottaison. C'est cette explication que les recherches sous-marines, conduites par Margaret Rule ces dernières années, semblent confirmer : les plongeurs ont constaté que les sabords mis en cause étaient effectivement ouverts.

Dès le mois d'août suivant la bataille, deux Vénitiens, Pietro de Andreas et Simone de Marina, sont appelés pour diriger une opération de sauvetage. Deux navires de 700 tonnes vont tenter de tirer avec des câbles l'épave de la *Mary Rose* jusque sur des hauts-fonds, dans l'espoir ensuite de la vider et de la redresser. Mais, comme l'ont démontré les fouilles récentes, le grand mât s'est rompu peu après le naufrage, supprimant par là même le point d'amarrage le plus solide. Avec les moyens de l'époque, le sauvetage s'avère impossible. L'opération est finalement abandonnée, un mois après le naufrage.

Au cours des années suivantes, seuls quelques objets sont remontés, en provenance de la coque que

nons récupérés proviennent sans doute de la *Mary Rose*.

Encouragés dans leur prospection, les deux plongeurs continuent leurs fouilles et récupèrent des poteries, des fragments de charpente, six canons de bronze, deux autres en fer et de nombreux autres objets. Ils examinent de près l'épave, apparemment encore bien conservée sous la surface du lit de sable. Tout un fouillis de superstructures érodées et plus ou moins effondrées l'entoure ainsi que des ossements humains, des boulets de pierre, des bouteilles en verre, des objets en fer, complètement rouillés, éparpillés.

Quand leur exploration prend fin en 1840, John et Charles Deane laissent une série de magnifiques aquarelles qui dépeignent avec minutie leurs « découvertes ». Mais ils n'ont sans doute jamais pénétré à l'intérieur de l'épave.

Et, tandis que leurs exploits retombent dans l'oubli, la *Mary Rose* attend au fond de la mer une nouvelle génération de plongeurs.

Un extraordinaire sauvetage

Dans son enfance à l'île de Wight, Alexander McKee avait entendu raconter l'histoire de la *Mary Rose*. Adulte, il s'en souviendra. Historien, plongeur amateur, il lance en 1965, avec un groupe de plongeurs du British Sub-Aqua Club, le projet « Solent Ships ». Objectif : explorer plusieurs épaves connues reposant au fond du Solent.

À l'époque, on a tendance à penser que les bateaux qui ont sombré le long des côtes des îles Britanniques ont peu de chance d'être bien conservés à cause de la violence des courants, de l'agitation de l'eau et de la présence de nombreux récifs. Alexander McKee et l'archéologue Margaret Rule, qui vient de rejoindre le groupe, sont plus optimistes car ils connaissent l'ampleur de l'envasement et des dépôts de sédiments dans des estuaires comme ceux de Portsmouth, Chichester et Southampton. Une coque peut être recouverte en quelques années. La découverte récente dans le port de Stockholm, du *Wasa*, ce vaisseau du XVIIe siècle, n'est-elle pas la preuve que la vase ralentit le processus de dégradation du bois ?

Des recherches au département d'hydrographie de la Royal Navy amènent Alexander McKee à retrouver une carte de 1841, annotée d'une croix rouge qui indique l'endroit où les frères Deane ont découvert la *Mary Rose*, 130 ans plus tôt. Aussitôt, l'équipe se rend sur le site pour repérer avec un sonar l'« anomalie » du fond sous-marin susceptible de correspondre au gisement.

Une fois situé l'emplacement présumé, les plongeurs creusent une tranchée dans la vase avec de l'eau sous pression. Ce procédé a cependant un inconvénient : il diminue la visibilité déjà très faible. À la fin de l'automne 1970, le moral est au plus bas. L'épave semble insaisissable... quand, enfin, McKee remonte à la surface un canon en fer très corrodé. L'enthousiasme renaît. La publicité faite autour de la découverte entraîne un afflux d'offres de matériel et l'arrivée de nouveaux volontaires.

commencent déjà à recouvrir les sédiments marins. Parmi eux : plusieurs canons.

Trois siècles plus tard, en 1836, l'épave est redécouverte, par hasard, par deux pionniers de la recherche sous-marine : John et Charles Deane. Fils d'un constructeur de bateaux, ils ont inventé un casque de plongée, une pompe et un habit pour la lutte contre le feu, qui sont les ancêtres du matériel de plongée moderne.

Alors que les deux frères travaillent sur l'épave du *Royal George*, un vaisseau coulé à l'extrémité orientale du Solent en 1782, des pêcheurs leur signalent une zone où leurs filets s'accrochent souvent sur des obstacles situés sur le fond sableux. Le 16 juin, ils plongent à l'endroit indiqué et aperçoivent quelques morceaux de charpente émergeant du sable. Ils découvrent même, à proximité, un grand canon de bronze, long de 3,4 m, avec un calibre 0,16 m. Six autres sont remontés en août et remis au Board of Ordnance (commission de l'Artillerie) qui, après étude, conclut que les ca-

Le plus difficile : la récupération de la coque

Dépouillée de tout son contenu, la coque de la *Mary Rose* pèse 45 tonnes sous l'eau ; hors de l'eau, son poids sera multiplié par neuf. Se pose alors le problème de sa récupération. Problème très difficile, car la coque, dont on a déjà enlevé la majorité des barrots, les restes de pont et les éléments de bordé disjoints, risque de se disloquer complètement au moment de l'arrachage. Il est impossible de la renflouer avec les mêmes méthodes que celles utilisées en 1963 pour le *Wasa*. Le bateau du XVIIe siècle, récupéré dans le port de Stockholm, était en bien meilleur état.

Le groupe d'experts chargés de la récupération prévoit donc une opération en trois phases. Dans une première étape, la coque sera détachée du fond par un faisceau de câbles métalliques, fixés aux parois par des renforts, et attachés à un cadre métallique rectangulaire muni de pieds autoélévateurs reposant sur le fond. On pourra ainsi soulever l'épave de quelques mètres tout en la maintenant sous l'eau, car il ne faut surtout pas que sa charpente reste exposée aux attaques de l'air libre.

Dans une deuxième étape, un berceau métallique, dont le profil épouse les formes de la carène et du bordé survivant ainsi que leur inclinaison à 60° sur le fond sous-marin, sera glissé sous la coque, des coussins d'air amortissant le contact entre le métal et le bois. Enfin, au cours de la troisième étape, une grue soulèvera le berceau et le déposera sur un ponton, qui sera ensuite remorqué jusqu'à la forme de radoub n° 3 dans la base navale de Portsmouth.

Le 11 octobre 1982, une foule massée à terre ou sur des bateaux assiste, émue, à la lente remontée du fond de l'eau de la caraque de Henry VIII. Et, quand le ponton-grue arrache à la mer le berceau métallique qui pèse 580 tonnes avec sa précieuse charge, Alexander McKee et toute l'Angleterre, qui suit à la radio ou à la télévision l'événement, ont le sentiment qu'un exploit impossible pendant plus de quatre cents ans est enfin devenu réalité.

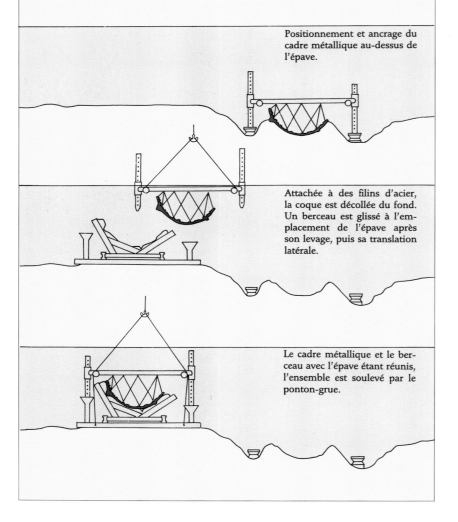

Positionnement et ancrage du cadre métallique au-dessus de l'épave.

Attachée à des filins d'acier, la coque est décollée du fond. Un berceau est glissé à l'emplacement de l'épave après son levage, puis sa translation latérale.

Le cadre métallique et le berceau avec l'épave étant réunis, l'ensemble est soulevé par le ponton-grue.

Le samedi 1er mai 1971, Percy Ackland fait soudain signe aux autres plongeurs. Au fond de l'eau émergent un grand nombre d'extrémités de bois de charpente. L'épave de la *Mary Rose* est là. Elle repose au sud de la tranchée creusée l'année précédente. Les plongeurs repèrent même un alignement de membrures auxquelles adhèrent encore des planches de bordé. Mais il est clair que des années de travail seront nécessaires pour creuser ne serait-ce que quelques tranchées d'exploration, sans même parler d'une fouille complète. Et ils ne sont qu'un petit groupe, n'ayant que leur temps de loisir à consacrer à la plongée et des moyens limités...

Pendant deux ou trois ans, les travaux n'avancent guère. En revanche, un Comité *Mary Rose* se forme, à l'instigation du lord-maire de Portsmouth.

Mais, à partir de 1975, l'intérêt que porte le prince Charles à la *Mary Rose*, et qu'il manifeste en plongeant lui-même pour examiner l'épave, mobilise l'opinion et suscite un véritable engouement pour une opération qui va prendre une ampleur encore insoupçonnée. Le navire livre chaque jour un peu plus ses secrets avec le dégagement de l'arrière de la coque et de la carène, des reste du faux-pont et du pont principal. Archéologues, historiens maritimes, architectes navals, muséologues se passionnent. La décision est prise, après consultation de spécialistes du sauvetage et d'ingénierie maritime, de sortir l'épave de l'eau et de la restaurer ainsi que tous les objets qui sont encore à l'intérieur de la coque ou éparpillés autour. Un musée va être spécialement édifié pour la *Mary Rose*.

Restent à réunir des moyens financiers considérables. C'est l'affaire du *Mary Rose* Trust dont le directeur est sir Eric Drake, ancien président du groupe British Petroleum, et le président, le prince Charles.

Le temps presse maintenant que les vestiges de la caraque émergent de leur gangue de vase et de sédiments. Leur détérioration sous l'action des courants va s'accélérer. L'équipe de prospection s'étoffe. Archéologues, conservateurs, une véritable armée de volontaires, venus de tous pays, plongent à la découverte de milliers d'objets et de la précieuse coque. Une immense barge de 43 m de long est installée au-dessus du site ; à son bord, tout le matériel de soutien des opérations sous-marines, pompes, caissons, cloches de plongée et une véritable station de contrôle vidéo pour la surveillance des travaux sous l'eau.

L'épave est enfin complètement dégagée de sa prison de vase. Les vestiges des ponts, des cabines, des cloisons, des escaliers d'accès aux cabines, aux ponts et aux gaillards apparaissent avec netteté, souvent en assez bon état. En septembre 1982, plus de 16 000 objets ont été examinés, inventoriés et mis en lieu sûr à terre.

La dernière opération, la récupération de la coque, va soulever d'innombrables problèmes. Comment la remonter sans risquer de la disloquer ? Une méthode en trois temps, des moyens gigantesques vont être mis en œuvre. Le 11 octobre 1982, la coque, placée dans un berceau métallique, émerge de la mer. Déposée sur une barge, elle est remorquée en cale sèche. La *Mary Rose* retrouve son port d'attache où elle a été construite 472 ans plus tôt !

La renaissance
d'un monument flottant
de l'époque des Tudor

La coque de la *Mary Rose* repose aujourd'hui sur son berceau métallique dans la cale de radoub n° 3 qui, pour l'occasion, a été recouverte d'un toit en double épaisseur afin d'assurer une parfaite isolation thermique. La température est maintenue en permanence à 5 °C, l'atmosphère à 95 p. 100 d'humidité. Tous les éléments de la charpente sont régulièrement examinés pour contrôler la résistance mécanique du bois, le niveau de dégradation biologique par les bactéries, les champignons ou les insectes. Simultanément, des essais à grande échelle sónt entrepris sur les différentes méthodes de conservation.

En 1984, le berceau qui supporte la coque est redressé avec celle-ci à la verticale. Cette rotation s'effectue très lentement afin de ne pas exposer la charpente à des contraintes mécaniques trop brutales.

Entre 1971 et 1982, environ 3 000 débris de charpente ont été récupérés dans l'épave et alentour. Photographiés, numérotés, inventoriés, ils ont été soigneusement nettoyés avant de subir un long traitement pour leur conservation. Quelque 800 morceaux proviennent des ponts, des compartiments et des cloisons, des gaillards d'avant et d'arrière, des barrots et des échelles. Leur réinsertion dans la coque est une entreprise de longue haleine. Très délicate, périlleuse même, car ces frêles structures peuvent s'effondrer à tout moment. En outre, leurs extrémités sont souvent usées, déchiquetées ou manquantes.

La réintégration de la structure intérieure de la caraque lui redonne la résistance latérale et longitudinale qui lui faisait défaut à sa sortie de l'eau. L'élément en bois le plus long est une planche qui mesure 7 m de long. La plus grosse pièce d'un seul tenant est le gouvernail, qui pèse 750 kg. Près du tiers de l'ancienne caraque renaît ainsi progressivement avec les restes de

1 octobre 1982 : l'épave de la caraque *Mary Rose* refait surface, 437 ans après son naufrage. Le cadre métallique et le berceau qui l'emprisonnent sont soulevés par le ponton-grue « Tow One » de la compagnie Howard Doris.

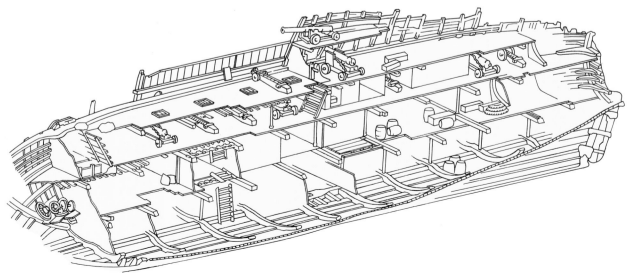

Dessin de Debbie Fulford, du *Mary Rose* Trust : vue en coupe des ponts et de la structure interne et externe de la caraque tels qu'ils ont été retrouvés sur leur lit de vase (redessiné par Marc Mosnier).

La coque de la *Mary Rose* amputée de presque tout son bordé babord, en cours de traitement dans la cale sèche couverte de l'arsenal de Portsmouth.

Grand canon de bronze récupéré dans l'épave de la *Mary Rose* en 1979. Longueur : plus de 3 m. Musée de la *Mary Rose,* Portsmouth.

son entrepont, de ses deux ponts supérieurs, de son gaillard d'arrière. Traitement et reconstitution vont durer une vingtaine d'années...

Dans un autre bâtiment sont exposés les milliers d'objets découverts dans l'épave ou alentour. À travers eux revit une tranche entière de la vie maritime à l'époque des Tudor. On a retrouvé dans la *Mary Rose* 3 compas de mer, 7 cadrans solaires, à peine plus grands qu'une pièce de 10 pence, qui étaient sans doute les montres de poche de l'époque, des jeux de domino et de trictrac, des instruments de musique, tout un matériel de chirurgien barbier et tout un arsenal de flèches et d'arcs. Près de 3 000 flèches, 168 arcs, 11 brassards en cuir et un en corne. Même si l'artillerie prenait de plus en plus d'importance, les archers anglais de l'époque Tudor constituaient encore une force avec laquelle il fallait compter. Leur réputation était grande. « Les Anglais sont la fine fleur des archers dans le monde », disait le Français Philippe de Commines en 1580. Un bon archer devait pouvoir tirer douze flèches à la minute, un rythme de tir qu'il faudra attendre le XIXᵉ siècle pour voir atteindre par les armes à feu semi-automatiques.

L'état des squelettes retrouvés, des restes de nourriture conservés dans des tonneaux et divers objets permettent de reconstituer la vie à bord. L'équipage était jeune et robuste et, si les conditions étaient parfois rudes sur cette grande caraque, les hommes recevaient néanmoins une bonne nourriture, des vêtements décents et les objets essentiels à leur vie quotidienne.

La variété d'armes à feu retrouvées dans la *Mary Rose* reflète bien le développement de l'artillerie au XVIᵉ siècle. À côté des canons de fer, dont la faible portée ne servait qu'à semer le désordre dans la flotte ennemie pour faciliter l'abordage, apparaissent les canons de bronze qui, grâce à leur puissance accrue, vont permettre le combat à distance et ainsi modifier les conditions de la guerre navale. Encore faut-il que les navires soient construits pour tirer le meilleur parti de ces canons, ce qui est le cas de la *Mary Rose* avec ses sabords qui permettent de placer les canons au fond du bateau et de tirer sur les côtés. On ne sait pas si ces sabords existaient déjà lors de la construction en 1509 ou s'ils ont été aménagés dans son bordage à franc-bord lors de sa transformation en 1536, ce qui est plus probable. Mais il est quasiment sûr que ce qui faisait sa modernité à l'époque fut la cause de son désastre, les sabords n'ayant pas été refermés.

Des navires de commerce génois dans la rade de Villefranche et le port de Calvi

En 1979, des plongeurs découvrent dans la rade de Villefranche-sur-Mer, à 400 m du rivage, par 18 m de fond, l'épave bien conservée d'une caraque mar-

Quelques objets découverts dans l'épave de la *Mary Rose*.

Une partie du nécessaire du barbier de la *Mary Rose* : pots à onguent, flacons médicaux en céramique, rasoirs, mortier à épices.

Céramiques provenant du navire génois de Calvi.

Fouilles de la caraque marchande de la rade de Villefranche.

chande du XVIe siècle, probablement génoise. Les vestiges, longs de 35 m et larges de 10 m, dont les structures les plus hautes atteignent 6 m au-dessus de la quille, devraient permettre d'étudier les principales caractéristiques d'un type de bâtiment très répandu en Méditerranée et dans les pays du Nord : il servait au transport de produits lourds comme le blé, le sel, l'alun, ou le vin. Seul exemplaire connu de ce type de bateau au début du XVIe siècle (1500-1525), cette épave s'avère

capitale pour la compréhension de l'évolution des navires au moment où s'ouvre l'ère des grandes navigations transocéaniques.

Entreprises dès 1982, les campagnes de fouilles se succèdent. Outre les vestiges de la coque, elles ont déjà mis au jour le gouvernail, un cabestan, un calcet (tête de mât), un sep de drisse (élément de gréement utilisé pour le hissage de la grand-voile) et une pièce très rare, un mantelet de sabord, le plus ancien connu.

Un ensemble très complet d'armes individuelles et d'artillerie a également été récupéré sur le site : des arquebuses, une douzaine de canons, des boulets de différents calibres en plomb, fer et pierre, des projectiles incendiaires, pots à feu ou grenades à main. Fait notable, il y avait en cale des roues de canons de siège terrestre. Cela illustre l'importance de Villefranche comme port de transit pour le transport du matériel militaire et des troupes pendant la période des guerres d'Italie.

La découverte de nombreux objets d'usage courant renseigne aussi sur la vie quotidienne à bord : ébauche de poulie, seau en bois cerclé de châtaignier, céramiques communes et majoliques italiennes, dont une cruche qui porte le blason d'Ottavio Fregoso, membre d'une illustre famille de Gênes et gouverneur de Villefranche en 1516. De nombreuses barriques intactes donnent aux archéologues l'occasion d'étudier les unités de volume utilisées pour les échanges commerciaux.

À Calvi, c'est à 50 mètres du quai du port de commerce que 13 plongeurs amateurs, tous passionnés d'archéologie navale, ont passé pendant trois années leurs vacances à fouiller une épave. Chaque fois que le ferry entrait dans le port, ils étaient obligés d'interrompre leur activité et il leur a fallu inventer une structure de repérage particulièrement solide pour résister aux tourbillons créés par les gigantesques hélices. Mais rien ne les aurait arrêtés.

Les céramiques remontées leur ont permis de situer le naufrage vers la fin du XVIe siècle, époque où la Corse était génoise.

La coque, protégée par une épaisse couche de sable, était encore en assez bon état. Mais leur découverte la plus intéressante est un important fragment de tableau de poupe, comme on n'en avait encore jamais retrouvé. Il est réalisé massivement par des pièces de bois de 14,5 cm d'épaisseur, parfaitement ajustées, alors que jusque-là l'iconographie et les traités de charpente navale de cette époque n'évoquaient que des arrières à structure légère. Une étonnante découverte qui vient bouleverser les connaissances en matière d'histoire de la construction navale !

Entre la caraque et le vaisseau de ligne, le galion

L'imagination populaire associe systématiquement or et galion. Et il est vrai que ces navires, qui annoncent les vaisseaux de ligne, transportaient l'or et les autres matières précieuses d'Amérique en Espagne. Mais c'est

Les peintures de Vittore Carpaccio (vers 1455-1525) constituent de véritables documentaires sur la vie à Venise aux xvᵉ et xvıᵉ siècles. Ce chroniqueur minutieux s'est attaché à rendre le prestige et l'animation de sa cité. Ses peintures du cycle de la *Légende de sainte Ursule* (galerie de l'Académie de Venise), en particulier, ressemblent à un prodigieux kaléidoscope de la grande république marchande. Tout y concourt : les personnages aux types bien caractérisés, les bateaux représentés sous tous les aspects avec une grande exactitude, telle cette galéasse marchande au centre de la composition.

oublier que les galions de guerre ont joué un rôle aussi important que les galions marchands.

Nous ignorons l'origine exacte du galion. Le terme apparaît en tout cas déjà dans les annales génoises du xiie siècle. Il semble dérivé de galère, bien qu'on n'ait jamais vu de galion avec des rames. Peut-être s'agit-il d'une évolution ultime de la galéasse. Ce qui est certain, c'est que les galions commencent à se répandre dans les principales flottes au milieu du xvie siècle.

Alors qu'un certain mystère plane sur les caravelles, la documentation disponible sur les galions est très riche. Avec le plan dessiné et aquarellé par le maître charpentier Matthew Baker, qui représente un galion daté de 1570, nous disposons, pour la première fois dans l'histoire maritime, d'une véritable plan de navire. Ce plan fait partie d'un manuscrit, illustré de plusieurs plans cotés de navires de guerre du règne d'Élisabeth Ire, conservé au Magdalene College de Cambridge.

À la fin du xvie siècle, le galion supplante la caraque, trop lourde, trop large, difficile à manœuvrer. Plus svelte, mieux profilée que la caraque, la coque du galion permet des évolutions plus faciles. Si le château arrière reste élevé, le château avant est beaucoup moins haut et déplacé vers le milieu du navire, tous deux faisant désormais corps avec le bordé. Seul subsiste un décrochement de l'arcasse au niveau du gouvernail. L'avant, plus élancé que celui des caraques, est prolongé par une sorte d'éperon avec ou sans figure de proue, surmonté d'un beaupré. Plus effilé, avec des superstructures qui offrent moins de résistance latérale au vent, un tirant d'eau plus important, le galion est plus rapide, plus stable, plus facile à manœuvrer, mieux adapté à la haute mer que la caraque. Son gréement n'a guère de différence avec celui de son prédécesseur si ce n'est une multiplication des voiles destinées à faciliter les manœuvres.

Chaque année, les flottes de l'or rassemblent, sous le nom de galions, des navires en convois qui rapportent en Espagne l'or et les métaux précieux d'Amérique. Des dizaines, des centaines d'entre eux ont fait naufrage sur ces routes maritimes où les embûches sont non seulement les récifs et les tempêtes, mais surtout les pirates avides de s'emparer du trésor et ces corsaires, comme Drake ou Hawkins, que protège leur monarque.

Des centaines de galions ont sombré au large des côtes de Floride et des Bahamas, des Bermudes, des Philippines. Nombre de ces épaves ont déjà été visitées, le plus souvent par des plongeurs à la recherche d'objets précieux plutôt que soucieux d'archéologie. Les coques, fréquemment, il est vrai, en très mauvais état, ont en général souffert du manque d'intérêt que leur ont porté ces fouilleurs indélicats. Ainsi, l'archéologie sous-marine n'a, jusqu'à présent, pas apporté beaucoup d'éléments sur la construction de ces navires précurseurs des vaisseaux.

Les fouilles concernant les galions de *l'Invincible Armada* qui ont sombré au large des côtes d'Irlande, bien que menées de façon beaucoup plus scientifique par les spécialistes de l'Ulster Maritime Museum de Belfast, en particulier, ne nous en ont pas révélé bien davantage.

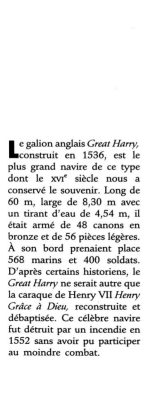

Le galion anglais *Great Harry,* construit en 1536, est le plus grand navire de ce type dont le xvie siècle nous a conservé le souvenir. Long de 60 m, large de 8,30 m avec un tirant d'eau de 4,54 m, il était armé de 48 canons en bronze et de 56 pièces légères. À son bord prenaient place 568 marins et 400 soldats. D'après certains historiens, le *Great Harry* ne serait autre que la caraque de Henry VII *Henry Grâce à Dieu,* reconstruite et débaptisée. Ce célèbre navire fut détruit par un incendie en 1552 sans avoir pu participer au moindre combat.

Un galion baleinier basque du XVIᵉ siècle au Labrador

La chasse à la baleine est florissante au XVIᵉ siècle. L'huile d'un seul cétacé se vend l'équivalent de 250 000 dollars actuels : on l'apprécie pour l'éclairage, car elle donne une meilleure lumière et brûle plus lentement que les huiles végétales. Elle entre aussi dans la fabrication de plus d'une douzaine de produits tels que le savon, les revêtements de protection des coques de bateaux, diverses compositions pharmaceutiques. C'est pourquoi les chasseurs sont prêts à risquer leur vie dans des eaux glacées très éloignées de leur base.

Pendant des décennies, les pêcheurs basques de France et d'Espagne sont les principaux fournisseurs de ce produit, pour toute l'Europe. Experts en construction navale, excellents navigateurs, ils organisent des expéditions de chasse à la baleine jusque sur les côtes d'Amérique du Nord, autour de Terre-Neuve et du Labrador.

En 1977, l'archéologue James A. Tuck, de la Memorial University de Terre-Neuve, entreprend des fouilles sur l'île qui protège l'entrée du port de Red Bay au Labrador. Mrs Barkham lui en a donné l'idée, après avoir découvert dans les archives espagnoles de Burgos et de Bilbao que cet endroit avait été un important centre basque de pêche à la baleine. Les prospections donnent tout de suite des résultats spectaculaires puisqu'on retrouve un cimetière contenant les squelettes de 125 Européens. L'année suivante, une équipe de plongeurs et d'archéologues repère une épave dans le port. Ce pourrait bien être celle du *San Juan*, un baleinier basque dont Mrs Barkham a également retrouvé dans les archives la trace du naufrage en 1565. Dans les semaines et les années qui suivent, ce sont deux autres épaves de galions, puis quatre autres embarcations plus petites qui sont ainsi localisées.

La fouille combinée terre-mer devient la plus importante jamais menée au Canada. Le National Historic Sites and Monuments Board déclare le site d'importance nationale historique : il va permettre de reconstituer les activités des Basques pêcheurs de baleine du XVIᵉ siècle.

Les vestiges du galion baleinier présumé être le *San Juan* sont très importants. Ils reposent par petit fond, environ 10 m. Beaucoup d'éléments de la coque demeuraient en place. Mais, sous le poids de la glace accumulée au-dessus du navire, le bordé s'est ouvert en deux, de part et d'autre de la quille.

Le navire n'a pas livré beaucoup d'objets car l'équipage a pu regagner la terre située à quelques encablures et récupérer la plupart d'entre eux — parmi lesquels 550 précieux tonneaux remplis d'huile de baleine ; les débris d'environ 450 autres ayant été retrouvés à bord. Cependant, les archéologues ont remonté quelques pièces particulièrement intéressantes. Notamment un loch — appareil servant à mesurer la vitesse d'un navire —, un sablier, un compas avec son coffret de protection en bois, un cabestan à 6 branches, qui gisait sur le pont supérieur, derrière le grand mât, les fragments d'une pompe de cale, de la céramique, 6 à 8 canons de moyen calibre, une douzaine d'armes antipersonnel appelées « versos ».

La coque du baleinier a été sortie de l'eau pièce par pièce pour être étudiée plus facilement. Des moules ont été réalisés à terre des éléments de bordé, d'étrave et de carène les plus importants. Puis les bois de charpente ont été réenfouis à l'endroit du naufrage, protégés par un coffrage : solution moins coûteuse et moins aléatoire que de traiter les vestiges à terre afin de les préserver. En outre, un modèle réduit du galion basque a été construit à l'échelle 1/10.

La coque, écrasée par les glaces, du galion baleinier basque présumé être le *San Juan* gît sous les eaux de Red Bay (Labrador, Canada). Ce dessin, avec le carroyage archéologique, montre la coque ouverte en deux parties correspondant aux bordés babord et tribord aplatis sur le fond de la mer, de part et d'autre de la quille. Les planches de la carène et des bordés, le réseau serré des membrures, la quille avec l'emplanture du grand mât, presque au centre, apparaissent avec netteté. D'importants morceaux de l'arrière restent encore en place. Ayant fait l'objet d'une prospection archéologique, la coque du *San Juan* a été enfouie de nouveau sous un abri sous-marin protecteur.

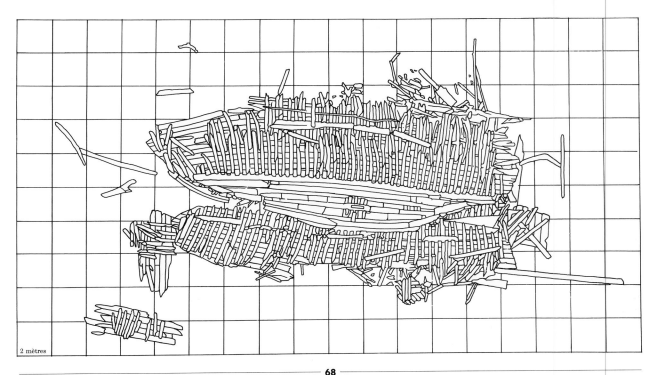

2 mètres

Vaisseaux de guerre Wasa et Kronan et East Indiamen

Dès le début du XVIIe siècle, le mouvement amorcé par les grandes découvertes se confirme : la puissance navale devient indissociable de la puissance politique. C'est, en France, ce que comprennent bien Richelieu et Colbert. Les principaux États européens se dotent tous d'une flotte de guerre et d'une marine marchande à la mesure de leurs ambitions. Après l'Espagne et le Portugal au XVIe siècle, ce sont désormais la Hollande, l'Angleterre et la France qui développent leur commerce maritime, facteur essentiel de leur prospérité.

Pour les guerres maritimes, qui jouent, souvent, un rôle déterminant dans la politique, on construit des vaisseaux de plus en plus perfectionnés. Ces grands navires de guerre, dont le tonnage passe de 1 000 à 3 000 tonnes, dérivent du galion. Mais le château avant laisse progressivement place à une simple plate-forme affectée aux pièces de chasse, tandis que le château arrière, surmonté d'une dunette, diminue d'importance. Sur le gréement à trois mâts, le nombre des voiles se multiplie.

Les navires de charge et de transport sont directement inspirés des navires militaires, mais d'un tonnage réduit. À la place des batteries et des soutes à munitions, ce sont des cales à marchandises. Les passagers de marque occupent l'équivalent des « appartements » d'officiers, les autres s'entassent dans l'entrepôt, où subsistent des pièces d'artillerie destinées à assurer la protection du bateau. Pour les pirates, il est souvent

Cette peinture d'Abraham Storck (1644-1704), au musée de la Marine de Paris, illustre la bataille navale dite « des quatre jours » qui mit aux prises la flotte anglaise du Prince Rupert et de George Monk, 1er duc d'Albemarle, avec celle de l'amiral de Ruyter, hollandaise, du 1er au 4 juin 1666.

difficile de distinguer les petits vaisseaux de guerre des Indiamen, ces navires des compagnies des Indes qui, pour le compte de la Hollande, de l'Angleterre ou de la France, font commerce avec l'Extrême-Orient.

Contrairement au Moyen Âge et à la Renaissance, époques pour lesquelles nous avons retrouvé si peu d'épaves, les XVIIe et XVIIIe siècles nous ont laissé un grand nombre de vestiges de bateaux importants. Depuis 1961 où a eu lieu l'extraordinaire renflouement du *Wasa*, vaisseau de guerre du roi de Suède, les découvertes se sont succédé : le *Kronan*, autre vaisseau de guerre suédois coulé en 1676, le *Dartmouth*, vaisseau anglais de 5e rang, échoué, en 1690, sur un îlot du détroit de Mull (Écosse), et surtout, dans les eaux américaines, le *Warwick*, coulé en 1619, l'*Eagle*, en 1659, le *Virginia Merchant*, en 1660, le *Swan*, un navire de guerre jeté, en 1692, par un raz de marée, en plein milieu de la cité de Port Royal, sur l'île de la Jamaïque. Depuis 1970 ont aussi été retrouvés de nombreux East Indiamen, ces vaisseaux qui rapportaient d'Asie des cargaisons d'épices, de thé et de porcelaines : le *Mauritius*, échoué en 1609 au large du Gabon, le *Batavia*, coulé en 1629 au large de l'Australie, le *Prince-de-Conty*, échoué en 1746 au large de Belle-Île, à son retour de Chine, l'*Amsterdam*, perdu en 1749, le *Griffin*, en 1761... Des centaines d'épaves d'Indiamen ont été localisées, des dizaines ont déjà été fouillées par les archéologues, livrant, outre une cargaison parfois spectaculaire, des renseignements précieux sur la construction de ces navires, dont les archives des compagnies maritimes de l'époque ne disaient pas grand-chose.

De grands artistes pour la marine

À partir du XVIIe siècle, la documentation abonde sur la marine de l'époque. Œuvres d'art, ouvrages sur la construction et l'architecture navales, plans de navires, modèles réduits d'arsenal concourent à donner une image précise et exacte des bateaux du temps.

En Hollande, une pléiade de peintres de grand talent va hausser la peinture de marines au rang de genre majeur et faire école dans toute l'Europe jusqu'au XIXe siècle. Ceux qu'on appelle la « Génération de 1630 » comptent des noms aussi prestigieux que Jan Van de Cappelle, Jacob Van Ruysdael, Vershuir, L. Backhuysen, Minderhout et surtout Willem II Van de Velde le Jeune, dont l'influence fut considérable, tant sur ses contemporains que sur des artistes de générations ultérieures. Les peintres de marines anglais du XVIIIe siècle, Robert Woodcock, Peter Monamy, Samuel Scott, Charles Gore et Charles Brooking font notamment partie de sa filiation. Nul mieux que Van de Velde n'a représenté, avec une telle minutie, les navires de l'époque dans ses peintures et, surtout, dans ses grisailles, ses lavis ou ses dessins au crayon.

En France, Claude Gellée dit « le Lorrain » (1600-1682) privilégie davantage l'atmosphère et le soleil que l'aspect des navires.

Le port d'Amsterdam en 1674, à l'époque où il est le premier du monde. Ce tableau de Ludolf Backhuyzen rend bien compte de l'animation trépidante du plus grand centre de commerce maritime des Provinces-Unies, à l'apogée de leur prospérité, avant que les armées de Louis XIV et la concurrence anglaise le mettent en péril quelques années plus tard. Au Kunsthistorisches Museum, Vienne.

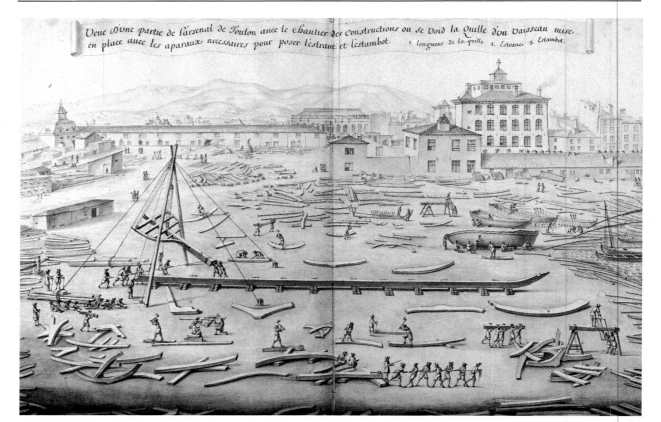

Veüe D'une partie de l'arsenal de Toulon auec le Chantier des Constructions ou se void la Quille d'un vaisseau mise en place auec les aparaux necessaires pour poser l'estraue et l'estambot. 1. longueur de la quille. 2. Estraue. 3. Estambot.

En cinquante planches dessinées en grisaille, le célèbre *Atlas* de Colbert, conservé à la bibliothèque de la Marine de Paris, décrit avec précision toutes les étapes de la construction d'un vaisseau à 3 ponts de 84 canons, jaugeant 1 500 t, depuis sa mise en chantier et son lancement jusqu'à son armement. Ce dessin illustre le dressage de l'étambot et de l'arcasse sur la quille de ce vaisseau, en chantier à l'arsenal de Toulon.

Sous l'impulsion de Colbert, qui œuvre de toutes ses forces à la création de marines de guerre et de commerce puissantes, des artistes de renom – et non plus des artisans – interviennent personnellement dans la décoration des vaisseaux. Charles Le Brun, le fameux décorateur du règne de Louis XIV, dessine des projets d'ornementation de poupes et de proues pour les grands navires de guerre *Royal-Louis* et *Dauphin-Royal*. Outre quelques œuvres originales de sa main, Le Louvre conserve un album de 24 dessins de Jean Berain, exécutés d'après des esquisses de Le Brun. Le plus intéressant représente la poupe du célèbre *Soleil-Royal*, l'un des plus beaux voiliers de la flotte du roi, incendié à la bataille de Barfleur en 1692.

Pour que les bâtiments français reflètent sur les mers le prestige du Roi-Soleil, on n'hésitait pas à recourir à l'éminent sculpteur, peintre et architecte français Pierre Puget pour diriger les ateliers de décoration navale à Toulon et réaliser de nombreuses figures de proue. Les gravures et les nombreux dessins qu'il a laissés donnent une image du prodigieux essor maritime accompli par la France sous le règne de Louix XIV.

Cependant, la source de renseignements la plus exacte, la plus précise sur l'architecture et la construction navales en France au XVIIᵉ siècle reste le célèbre *Atlas* de Colbert, publié entre 1664 et 1669, et qui annonce les publications du XVIIIᵉ siècle.

Enfin, les modèles réduits d'arsenal utilisés pour l'instruction sont également une source d'information très utile sur les navires de l'époque. Les musées de la Marine de Paris et de Rochefort, le National Maritime Museum de Greenwich et le Science Museum de Londres en détiennent de splendides spécimens.

Mais rien ne pouvait remplacer les découvertes archéologiques pour appréhender concrètement les caractéristiques des vaisseaux du XVIIᵉ siècle et reconstituer la vie maritime de l'époque. Le renflouement du vaisseau suédois *Wasa*, en 1961, en est la première illustration.

Orgueil de la flotte suédoise, le *Wasa* coule au départ de son premier voyage

Le dimanche 10 août 1628, par un bel après-midi, la foule se presse sur le quai, à Lodgarden, devant le palais royal de Stockholm, afin d'assister au départ du *Wasa*. Armé de 64 canons, peint de couleurs vives et fastueusement décoré de sculptures, le vaisseau, qui vient juste d'enrichir la flotte du roi de Suède, est un grand et beau voilier d'un déplacement de 1 400 tonnes.

Sur les 1 150 m² de voilure, quatre voiles seulement sont établies : le petit hunier, le grand hunier, la misaine et la brigantine. Une brise légère souffle. Soudain, c'est la catastrophe, ce qui devait être une fête se transforme en tragédie.

Une rafale de vent couche le bâtiment si brutalement que l'eau s'engouffre par les sabords de la batterie basse. Déséquilibré, le vaisseau chavire en quelques minutes et disparaît sous les flots.

On ne sait pas précisément combien d'hommes, de femmes et d'enfants – des femmes et des enfants étaient en effet admis à bord, exceptionnellement, pour ce voyage inaugural qui ne devait durer que quelques heures – ont péri dans le désastre. D'après une ordonnance de 1628, le *Wasa* aurait eu un équipage de 437 hommes. Les scaphandriers ont retrouvé dans l'épave les squelettes de 18 hommes, femmes et enfants.

L'effectif n'était vraisemblablement pas au complet au moment de la catastrophe.

L'enquête, ouverte dès le lendemain, semble établir que le navire a chaviré à cause d'un défaut de stabilité. Les œuvres vives (partie immergée de la coque) étaient trop chargées, le poids de l'armement plus élevé que prévu à l'origine. La coque aurait dû être construite plus large pour tenir compte de cette surcharge. Mais le responsable de sa construction n'avait fait que suivre les indications portées sur le « sert », le cahier des charges, rédigé sur les instructions du roi lui-même. Le constructeur du navire fut jugé non coupable. La vaste enquête se termina par un non-lieu.

Au cours du xviie siècle, les Suédois vont tenter à plusieurs reprises de renflouer le *Wasa* ou, tout au moins, de récupérer une partie de son équipement. En 1663 et 1664, le Suédois Albrecht von Treileben, inventeur d'une cloche à plongeur, réussit à remonter à la surface 53 des 64 canons qui gisaient par 35 m de fond. À l'époque, c'est un exploit technique sans précédent, d'autant que la visibilité est très faible et la température de l'eau très basse. Une autre pièce d'artillerie revoit le jour en 1683. Puis le *Wasa* tombe plus ou moins dans l'oubli. Il faudra attendre 333 ans pour qu'on s'y intéresse de nouveau.

Sauvé des eaux

La mer Baltique a la propriété de conserver relativement bien les épaves de bateaux : sa faible salinité empêche le développement des tarets, ces mollusques bivalves très friands de bois immergés.

Aussi, en 1955, le chercheur Anders Franzen tente-t-il de dresser un inventaire des épaves susceptibles de se trouver le long des côtes suédoises. C'est ainsi qu'il apprend, du professeur Nils Ahnlund, la présence de celle du *Wasa* dans la baie de Stockholm. L'exploration à la drague et à la sonde se révèle d'abord infructueuse. L'imprécision des archives au sujet de la position du navire et la turbidité de l'eau rendent la localisation difficile. Les vestiges du bateau demeurent introuvables.

Un an plus tard, en août 1956, Franzen voit enfin sa ténacité et ses efforts récompensés. La sonde remonte à la surface un morceau de bois noirci : un fragment du *Wasa*. Les scaphandriers de la marine suédoise découvrent bientôt la coque. Son état de conservation est exceptionnel.

Franzen met tout en œuvre pour attirer l'attention sur sa spectaculaire découverte et recueillir les fonds nécessaires au renflouement de l'épave. Différents projets de relevage sont élaborés. Certains sont très audacieux, voire fantaisistes, tel celui qui prévoyait d'emprisonner la coque dans un énorme bloc de glace pour le voir resurgir à la surface comme un bouchon.

Finalement, c'est la compagnie de sauvetage Neptun, mondialement connue pour ses travaux sous-marins, qui est chargée de l'opération. À l'aide de lances à jet à haute pression, des scaphandriers creusent, dans la boue et le limon, six tunnels de 20 m de long sous la quille du vaisseau. C'est un travail difficile et pénible.

En même temps, de nombreux objets et pièces de bois sont dégagés de la vase et remontés à la surface. Parmi eux, d'innombrables sculptures, détachées de leurs supports quand les clous ont rouillé. S'offre alors aux yeux des prospecteurs tout un monde de personnages mythologiques, de guerriers, de chevaliers, de masques de lions grimaçants, d'écus aux armes du royaume de Suède. Taillés dans du chêne, du pin, du tilleul et dans un autre bois tendre non identifié, ces ornements portent souvent des traces de peinture dorée. L'arcasse – cadre qui constitue le tableau arrière du navire, surmonté d'une voûte en cul-de-poule –, quasiment intacte, est décorée sur 10 m de haut. À sa partie supérieure figure l'écu du royaume de Suède, sculpté sur 2 m de haut et 3,2 m de large. En tout, plus de 700 sculptures témoignent de la splendeur passée du *Wasa* : grâce à la vase qui les a conservées, elles sont encore presque intactes.

Au mois d'août 1959, des câbles d'acier, reliés à des pontons-grues, sont introduits dans les tunnels pratiqués sous la quille. Tout est désormais prêt pour le premier essai de levage de la coque. Mais, sous l'effet d'une aussi forte traction, ne risque-t-elle pas de se briser en plusieurs tronçons ? Les sauveteurs sont anxieux.

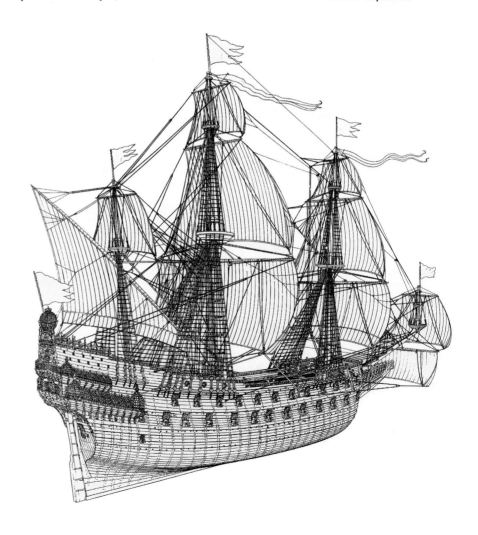

Dessin exécuté en 1968 par l'artiste suédois N.G. Kowarsky, reconstituant le *Wasa* juste avant son naufrage. On ne possède aucun dessin, peinture ou gravure d'époque représentant le grand navire avant sa disparition.

Pourtant, tout se passe bien : les grues et les treuils réussissent, sans dommage, à arracher à la vase la coque enserrée dans son réseau de filins. C'est ainsi que, suspendue à quelques mètres du fond, on la remorque ensuite, mètre par mètre, jusqu'à des eaux moins profondes.

Avant de la sortir complètement de l'eau, il faut encore boucher les fissures et les brèches du bordé, de la poupe et de la proue. Ces deux dernières ont, en effet, presque totalement disparu, leurs fragments s'étant déposés dans la boue.

Le 24 avril 1961 a lieu la phase décisive. Les treuils fixés à quatre pontons soulèvent, lentement, très lentement, l'ancien vaisseau de guerre qui, après trois siècles passés sous la mer, émerge enfin de l'eau sous le regard fasciné de milliers de spectateurs.

Une dernière opération est indispensable : retirer les objets et la vase qui se trouvent encore dans la coque, sans quoi le *Wasa* risquerait de se disloquer complètement au moment de son remorquage final jusqu'à la cale sèche de restauration. Le 4 mai, le pompage a suffisamment vidé le navire pour qu'il flotte et le *Wasa* pénètre dans le dock Gustav-V à Beckholmen, près de Stockholm. Là, sa coque est nettoyée avec d'infinies précautions et débarrassée de tous les coquillages et concrétions qui, accumulés au fil des ans, la recouvrent.

La vie des marins du XVIIᵉ siècle racontée par les objets retrouvés à bord du *Wasa*

Selon l'ordonnance de 1628, l'effectif du *Wasa* devait se monter à 437 hommes : le capitaine Sofring Hansson, 2 lieutenants, 12 sous-officiers, 12 artisans et spécialistes (cuisiniers et menuisiers, notamment), 90 marins, 20 artilleurs et 300 soldats.

Mieux qu'aucun récit du XVIIᵉ siècle, les objets retrouvés nous éclairent sur la vie quotidienne des marins de l'époque. Une marmite, découverte sur le flanc babord où le naufrage l'avait sans doute précipitée, des viandes et des poissons salés entreposés dans des barils indiquent quel était l'ordinaire de l'équipage. Divers articles de pêche (plomb de ligne de fond, corde munie d'un triple hameçon, flotteur de filet de pêche) prouvent que des poissons fraîchement pêchés venaient renouveler la nourriture. La bière était d'usage courant à bord. Elle permettait de supporter plus facilement le surcroît de sel des aliments conservés dans la saumure et avait la réputation d'empêcher le scorbut, ce fléau qui décimait alors les équipages plus sûrement que le combat naval le plus meurtrier.

Une bouteille contenait encore près d'un litre d'un alcool à 33⁰ ressemblant au rhum. Un pot renfermait du beurre.

Plusieurs tonneaux et coffres contenaient les effets personnels des matelots. Leur vaisselle se réduisait, semble-t-il, à un petit bol à anse en terre cuite, une

Sculptures du *Wasa* en cours de traitement de restauration dans un bac.

Le tableau arrière et l'arcasse, richement décorés de sculptures, après remontage au Wasamuseet.

Remorquage du *Wasa* en novembre 1961.

La coque vermoulue du *Wasa,* renforcée et bouchée en de nombreux endroits, est extraite du ponton-dock qui l'a remontée à la surface et s'engage dans la forme de radoub Gustav-V, à Beckholmen, dans la banlieue de Stockholm. Elle va y subir d'autres travaux de vidage, de nettoyage et de consolidation.

La restauration du *Wasa* : une tâche délicate de plus de vingt ans

Début 1962, la restauration du *Wasa* peut commencer. Elle soulève d'innombrables difficultés. Comment, en particulier, sauver de la destruction une coque de 62 m de long, de 11,7 m de large, restée aussi longtemps sous l'eau et désormais exposée à l'air libre ? À cette date, le problème de la conservation d'un navire aussi grand et aussi ancien ne s'est encore jamais posé. Les expériences qui vont être tentées à cette occasion, les solutions qui vont être adoptées serviront de leçon pour la restauration et la conservation des très nombreuses autres épaves remontées par la suite du fond de l'eau.

Le premier travail consiste à consolider le bordé et les membrures en remplaçant tous les boulons disparus par 5 000 autres, tout neufs. Puis, après les avoir soumis à la vapeur, on redonne, à l'aide d'un berceau d'acier, leur galbe originel aux bois de charpente qui se sont déformés depuis leur sortie de l'eau.

Entre 1965 et 1972, un système d'arrosage automatique asperge jour et nuit la coque avec un liquide de conservation à base de polyéthylèneglycol 1500, de borax et d'acide borique. Il faut empêcher le bois de perdre son élasticité et se desséchant trop vite au contact de l'air. Avec un volume de bois de 900 m³ et une surface d'environ 15 000 m², c'est la plus grande opération de préservation de matière organique jamais tentée. L'arrosage intensif de la coque est remplacé en 1972 par un traitement de surface.

Depuis sa sortie de l'eau en 1961, la coque est soumise à un très lent processus de séchage qui doit durer au moins vingt ans. Mais cela n'empêche pas le travail de restauration de se poursuivre ni le public de venir admirer ce monument du XVIIᵉ siècle.

L'autre problème auquel les restaurateurs se trouvent confrontés est celui, très délicat, de la conservation des 24 000 pièces sorties de l'eau, dont 14 000 font partie du vaisseau proprement dit.

Pour éviter qu'au contact de l'air libre les éléments en bois ne se rétractent et ne s'effritent, ils sont traités, pendant un an ou deux, dans des bains de polyéthylèneglycol 4000 dont on accroît progressivement la concentration.

Presque toutes les pièces en fer forgé ont été mangées par la rouille. Pour arrêter l'oxydation des quelques vestiges qui subsistent, on les recuit à 1 060 ºC dans un four à hydrogène qui réduit la rouille et élimine les composés du chlore qui entretiennent la décomposition.

Les huit voiles retrouvées dans une cale du vaisseau se seraient immédiatement volatilisées si les sauveteurs les avaient manipulées telles quelles. D'abord nettoyées avec les plus grandes précautions, elles sont ensuite imprégnées de xylène et d'alcool afin d'éviter qu'elles ne se dessèchent trop vite. Puis on les fixe sur un support de tissu et de fibre de verre et on les enduit d'un film en matière plastique spéciale qui filtre l'air et les rayons ultraviolets. Le support et le film protecteur ont le même coefficient de réfraction, ce qui les rend presque invisibles. La surface des voiles atteint 600 m².

cuillère en bois et un plat également en bois. Chaque matelot avait aussi son couteau-poignard. De nombreux autres ustensiles en céramique furent remontés du fond des eaux, principalement des poteries de couleur brun-rouge.

Officiers et capitaine jouissaient d'un plus grand confort. Leur vaisselle était en étain. Dans la cabine du capitaine se dressait encore sa table, en assez bon état pour être reconstituée. Les objets qui s'y trouvaient ont repris leur place et figurent dans le Wasamuseet, à Stockholm : un plateau en faïence de Delft, un chancelier en bronze, un plat et une chope en étain, un verre à vin.

Parmi les autres objets raffinés, récupérés à bord ou autour du navire, figurent un chandelier et un brasier en bronze, une bague en or dont le chaton avait disparu, un plat bleu en faïence de Hollande.

On a également pu se faire une idée de la tenue que portaient les marins en dégageant le squelette d'un homme de 30-35 ans, écrasé sous un canon. Ses vêtements étaient encore en assez bon état : une chemise en toile de lin, un pantalon en laine, large, très froncé à la taille, serré sous les genoux, semble-t-il. Ses chaussures étaient à brides, ses bas en lin, retenus sous les genoux par un lien enroulé autour de la jambe. À sa ceinture pendaient un poignard à manche d'os ou de corne et une bourse en peau. Dans sa poche, 20 öre ou 2,5 marks en monnaie de cuivre. Les marins des flottes de guerre de l'époque ne portaient pas d'uniforme réglementaire. D'autres vêtements furent retirés presque intacts d'un coffre de bois : un chapeau à ruban étroit, une paire de chaussures à bride en cuir, une paire de pantoufles de cuir fin avec semelle en cuir, en bois et en liège, une paire de moufles en peau souple.

Parmi les innombrables autres objets qui nous renseignent sur les divers aspects de la vie de l'équipage, on a mis au jour le coffre du charpentier du bord avec ses effets personnels et ses outils. Toutes les parties en fer avaient été détruites par la rouille, mais les manches en bois suffisaient à donner l'idée de leur grande diversité : depuis le matériel de calfatage jusqu'aux instruments de mesure, en passant par les outils de menuiserie proprement dits.

Grâce à une restauration exemplaire, le *Wasa* a retrouvé une partie de sa splendeur. Seules manquent les couleurs de la coque et des sculptures qui ont presque totalement disparu.

Le bordé a été réparé, les sabords ont de nouveau leur panneau de fermeture appelé mantelet de sabord, les ponts et les membrures ont été consolidés et reconstitués. Les trois mâts, qui ne sont plus que des demi-mâts, ont été redressés. Tous les canons sont là, même si certains ne sont que des copies des originaux disparus dans la catastrophe.

Les sculptures ont, dans leur grande majorité, regagné leur place d'origine. C'était loin d'être aisé. Les 700 pièces de l'ornementation du vaisseau formaient un véritable puzzle très difficile à reconstituer, faute de descriptions et de documents d'époque suffisamment nombreux et précis.

L'arrière du navire n'est plus béant. Il a récupéré

son arcasse sculptée, surmontée des armes du royaume de Suède. Le lion de la figure de proue orne de nouveau l'avant. Après avoir passé 333 ans sous la mer, cet extraordinaire témoin de la construction navale et de la vie maritime au XVIIᵉ siècle repose aujourd'hui dans le nouveau musée édifié pour lui à Stockholm.

Sa soute à poudre explose : 300 ans plus tard, on retrouve au fond de la mer le *Kronan*

Deux fois plus grand que le *Wasa*, avec un déplacement de 2 350 tonnes et 126 canons, le *Kronan* est le plus célèbre bateau de l'histoire de la Suède.

Construit par le maître charpentier anglais Francis Sheldon, long de 60 m, large de 14 m, avec son plus haut mât qui domine la mer de 60 m, le puissant vaisseau de guerre de Karl XI de Suède était, au XVIIᵉ siècle, le seul trois-ponts de la marine suédoise et l'un des plus grands navires du monde. C'est dire le désastre national que représenta sa perte en 1676.

Le 1ᵉʳ juin de cette année-là, le grand vaisseau, commandé par l'amiral Creutz, se portait avec l'escadre suédoise à la rencontre des forces combinées danoises et hollandaises qui occupaient l'île d'Öland. Sa mission : reprendre l'île à l'adversaire.

À proximité de son objectif, à quelques encablures de l'ennemi, l'amiral ordonne un virement de bord immédiat sans la précaution de prendre des ris dans la toile. Il y avait pourtant du vent, trop de vent... Le grand vaisseau accusa une gîte prononcée et fit eau par tous les sabords de la batterie basse. Le navire chavira et coula au moment même où l'explosion de la soute à poudre faisait voler en éclats son flanc tribord. Sur les 842 hommes d'équipage, il n'y eut que 42 survivants.

En 1680, une première tentative de récupération s'était soldée par la remontée d'une cinquantaine de pièces d'artillerie. Puis le grand vaisseau avait été délaissé.

Trois siècles plus tard, le 9 août 1980, après trente ans de recherches, Anders Franzen, le découvreur du *Wasa*, reconnaît l'épave du *Kronan* par 26 m de profondeur, à 6 km à l'est d'Öland, à la hauteur de la ville d'Hulterstad. Du fait de l'explosion, les vestiges sont très dispersés, le bordé tribord détruit. Néanmoins, maints éléments de la charpente et de la coque sont encore bien conservés. Très limpide, l'eau permet d'apercevoir un grand nombre de canons et d'objets de valeur.

Toute l'atmosphère des vaisseaux du XVIIᵉ siècle s'exprime dans cette vue de la batterie basse du *Wasa* après son nettoyage au jet.

La table du capitaine du *Wasa*. Le couvert comprend un plat hollandais en faïence, un chandelier en bronze, un plat et une chope d'étain ainsi qu'un verre à vin.

Cette peinture de Claus Möinichen, exécutée au XVIIe siècle (château de Fredriksborg, Danemark), décrit la destruction par explosion du vaisseau suédois *Kronan,* au moment de la bataille navale qui mit aux prises, le 1er juin 1676, les flottes suédoise et hollando-danoise, au large de l'île d'Öland. En fait, le navire fit naufrage avant d'être en mesure de participer au combat.

L'épave du *Kronan* gît à 26 m de profondeur, dans la Baltique. En dépit des ravages infligés par l'explosion et son séjour prolongé dans l'eau, la coque présente encore d'impressionnants vestiges, bien que les débris se soient éparpillés sur une grande étendue. Les plongeurs ont localisé les restes du vaisseau au printemps de 1980, après plus de 30 ans de recherches menées par Anders Franzen, le découvreur du *Wasa.*

Dès mai 1981, le musée de Kalmar organise des campagnes de prospection de l'épave avec le concours de plongeurs amateurs et de scaphandriers du service des garde-côtes. Il se charge également des opérations de restauration, de conservation et de présentation au public. De même que pour le *Wasa*, le sauvetage du *Kronan* est devenu l'affaire de toute la Suède. Les dons affluent de partout.

Comme tous les vaisseaux amiraux de son époque, le *Kronan* avait à son bord des canons de tous les pays d'Europe, qu'ils aient été capturés sur l'ennemi ou achetés à l'étranger : parmi les canons récupérés, le plus ancien est une pièce allemande de 1514 – un siècle et demi avant le lancement du *Kronan*. Les autres ont été fondus en Suède, au Danemark, en Autriche et même en France. Sur l'un d'eux, on peut lire en français : « Vive le Roi » ; sur un autre : « Jacob Schultes in Wien goss Miche » (Jacob Schultes m'a fondu à Vienne en 1627)...

Si les vestiges de la coque du *Kronan* sont beaucoup moins spectaculaires que ceux du *Wasa*, les quelque 17 000 objets de tous les jours retrouvés avec l'épave évoquent de façon passionnante la vie du bateau et de son équipage. Dans le coffre du chirurgien du bord, étaient disposés, encore intacts, tout un assortiment de gobelets et de flacons dont certains avaient conservé une partie de leur contenu. Leur analyse devrait nous instruire sur les médecines de l'époque.

Dans un autre coffre en bois, qui appartenait sans doute à un officier, se trouvaient un flacon à liqueur,

une très jolie ceinture en cuir et soie, une paire de mitaines ainsi que des gousses d'ail, des grains de poivre et des racines de gingembre. C'étaient les remèdes classiques des marins, parfois encore en usage aujourd'hui : l'ail et le poivre pour soigner les rhumes, le gingembre contre le mal de mer. Dans un coin du coffre, on a même retrouvé un ruban de soie qui avait dû autrefois être orné d'une fleur, souvenir de quelque femme laissée à regret à terre...

Objets précieux, instruments de travail ou de navigation, ustensiles de tous les jours que recelait le *Kronan*, véritable microcosme de la société suédoise du XVIIᵉ siècle, sont aujourd'hui exposés au Kalmar County Museum.

Ce secrétaire, exhumé dans l'épave du *Kronan* en 1981, contenait encore des instruments de navigation et d'autres objets intacts. On a dénombré plusieurs compas, une règle à calcul, un rapporteur, un porte-plume réglable et un encrier. Le résultat des fouilles du *Kronan* est exposé au château de Kalmar.

Le *Mauritius*, le plus ancien vaisseau de la V.O.C. jamais découvert

C'est par hasard, au cours d'une prospection bathymétrique pour Elf Gabon, que Marc-Antoine Berry et René Graillat découvrent, en 1985, une épave gisant à 10-12 m de profondeur sur le banc de Loiret, à 20 km de Port-Gentil dans le sud du golfe de Guinée. Après un mois de fouilles et des recherches en archives, il devient évident qu'il s'agit là des vestiges du *Mauritius*, un vaisseau de la V.O.C., la Compagnie hollandaise des Indes orientales.

Construit en 1601-1602 à Amsterdam, le *Mauritius*, trois-mâts de 40 à 45 m de long, d'un port de 720 tonnes, a déjà fait un premier voyage aux Indes orientales d'où il est revenu, en 1604, chargé de poivre, de macis, de girofle et de muscade. Un an plus tard, il reprend la route des Indes en compagnie de onze autres Indiamen. Après avoir participé aux affrontements qui opposent Portugais et Hollandais pour la maîtrise du détroit de Malacca, il arrive à Madagascar chargé de quelque 140 tonnes de poivre, d'un peu de sucre et de benjoin. Là, il récupère l'équipage hollandais et la cargaison d'une caraque portugaise, arraisonnée en 1605, qui vient de s'échouer. Puis il fait route vers Amsterdam lorsque, le 19 mars 1609, il heurte un banc de sable à l'entrée de la baie que dessine le cap Lopez sur la côte gabonaise... Voilà ce qu'en disent les archives de la Compagnie.

Sa coque disloquée par le choc, ses débris dispersés par les vagues, le *Mauritius* est vite oublié par les Hollandais.

En 1986, deux campagnes de fouilles dirigées par Michel L'Hour et Luc Long ont mené à bien l'étude exhaustive de ce précieux témoin du commerce batave au début du XVIIe siècle. Elles bénéficiaient de moyens logistiques, techniques et humains très importants, fournis par Elf Gabon, filiale d'Elf Aquitaine : notamment une barge de 200 tonnes, ancrée en permanence au-dessus du gisement, des remorqueurs, des grues, un navire de soutien, un hélicoptère, enfin une équipe de plongeurs disposant de caissons de décompression.

Les résultats obtenus sont d'un grand intérêt pour l'histoire de la V.O.C. aux temps héroïques de ses débuts.

Modèle réduit de l'East Indiaman hollandais *Mauritius*, exposé au musée maritime Prinz Hendrik de Rotterdam. Cette maquette montre le vaisseau tel qu'il devait être au moment de sa mise en service en 1601-1602. C'était le troisième navire de la marine marchande hollandaise à porter ce nom. Son premier voyage aux Indes orientales remonte au 17 juin 1602, date de son appareillage d'Amsterdam. Dès lors, ses voyages se succèdent jusqu'à son naufrage au cap Lopez (golfe de Guinée, Gabon), le 19 mars 1609.

Les vestiges de la coque (la quille, 24 fragments de varangues, 22 éléments de genoux – pièces faisant partie de la membrure –, quelques restes du bordé et du vaigrage, quelques débris de la carène) ont suffi aux archéologues pour préciser le niveau technique atteint par la construction navale hollandaise à cette époque. Construit avant même que n'existe la V.O.C., 76e East Indiaman hollandais à revenir d'Asie, le *Mauritius* a encore le caractère « expérimental » des premiers vaisseaux lancés à la conquête de l'Extrême-Orient. Mais déjà apparaissent dans sa construction des procédés, comme le « bordé premier », qui seront typiques des chantiers navals de Hollande.

Quant à sa cargaison, elle soulève quelques interrogations. Des tonnes de poivre qui devaient constituer le fret majoritaire on n'a retrouvé que quelques milliers de grains. Mais, compte tenu du caractère « volatil » du poivre, cela ne contredit pas les archives qui annoncent 140 tonnes embarquées. Beaucoup plus curieux sont les quelque 20 000 lingots de zinc (122 t) qui couvraient le site et qui, selon les analyses, provenaient peut-être du Japon. On sait qu'un autre bâtiment, perdu en 1613, a livré des lingots de zinc identiques. Mais aucun document de la V.O.C. ne porte trace d'un tel chargement...

Il n'y avait pas à proprement parler de cargaison de porcelaines dans le *Mauritius* : d'après les tessons, moins de 250 pièces, rapportées soit comme échantillon, soit au titre du « private trade » des officiers du bord.

Enfin, 28 pièces d'artillerie ont été remontées, dont 9 en bronze portent encore la marque des fondeurs. 12 de ces canons étaient, semble-t-il, en batterie à bord du vaisseau, les autres devaient servir de lest en fond de cale.

Le produit des fouilles du *Mauritius* est exposé au Musée national de Libreville (Gabon).

Perdu, en 1629, au large de l'Australie, le *Batavia* est, aujourd'hui, en partie reconstitué

Vaisseau amiral de 600 tonnes de la V.O.C., le *Batavia* avait appareillé des Pays-Bas à destination des Indes néerlandaises en 1628. Séparé de ses compagnons de route dans l'océan Indien, il se perdit sur les récifs des Houtman Abrolhos, au large de la côte occidentale de l'Australie, à l'époque pratiquement inconnue.

Alors que rien dans les archives de la compagnie hollandaise ne permet de situer précisément l'emplacement du naufrage, l'épave du *Batavia* est enfin repérée en 1964.

L'exploration, faite par une équipe du Western Australian Maritime Museum de Fremantle, dure quatre ans, de 1972 à 1976, et se déroule dans des conditions très difficiles. Une forte houle balaye régulièrement le site, ne rendant possibles les fouilles que pendant les périodes d'accalmie de un à dix jours. Le gisement est, en outre, très éloigné de tout établissement humain.

Mais les moyens importants mis en œuvre permettent, néanmoins, de recueillir un matériel considérable qui facilite tout travail.

Le principal intérêt de la prospection réside dans les 30 tonnes de charpente remontées à la surface : 1/6 de la coque du navire a été arraché à la gangue de corail, de sable et de blocs de rocher qui l'enchâssait. Aussitôt sorti de l'eau, le bois, profondément dégradé et fragile, est plongé dans un bain de polyéthylèneglycol.

Après ce traitement de conservation étalé sur dix ans, les spécialistes du musée de Fremantle ont entrepris de reconstituer la coque du *Batavia*. Pour cela, ils s'appuient sur les mosaïques photographiques prises sous l'eau, sur un enregistrement photogrammétrique en vraie grandeur de chaque pièce du puzzle, accompagné d'un relevé de plans pour chaque membrure et chaque planche du bordé. Une maquette de la coque du *Batavia*, réalisée à l'échelle 1/10 par l'Institute of Nautical Archeology de la Texas A & M University, leur sert de modèle.

Cette reconstitution d'un East Indiaman est actuellement unique au monde par l'ampleur des vestiges

Reconstruction de la coque subsistante de l'East Indiaman hollandais *Batavia,* au Western Maritime Museum de Fremantle (Australie-Occidentale). Près de 30 t de charpente ont été récupérées. Après ceux du *Wasa,* ce sont les vestiges les plus importants sauvés de la destruction d'un navire du XVIIe siècle. La reconstitution mesure plus de 6 m de long sur 7 m de haut et 5 m de large. Le premier élément de charpente préservé a été mis en place sur le gabarit en juin 1986.

Actuellement en cours de construction dans un chantier de Lelystad (Pays-Bas), la réplique grandeur nature du *Batavia,* perdu sur la côte occidentale de l'Australie, prend lentement forme. Avec l'*Amsterdam,* ce sera la plus grande reconstitution jamais entreprise d'un navire ancien. La construction du nouveau *Batavia* a commencé au début de 1987. Le premier voyage du vaisseau aura pour destination les Indes néerlandaises, comme son infortuné ancêtre, dont il suivra l'itinéraire.

Des répliques du *Batavia* et de l'*Amsterdam* construites aux Pays-Bas

On connaît dans le monde des dizaines d'épaves de navires des Compagnies des Indes française, britannique et surtout néerlandaise. Les routes maritimes qui reliaient l'Europe à l'Asie étaient pleines de périls : tempêtes, courants violents, zones côtières plus ou moins bien connues – et pirates aussi. Entre 1595 et 1795, la seule V.O.C. a perdu 104 navires au cours de 4 722 voyages aller et 140 autres pour 3 359 voyages de retour. La plupart des épaves jusqu'à présent fouillées sont plus intéressantes pour leur cargaison que pour les vestiges de leur coque. Mais le *Batavia* et l'*Amsterdam* sont assez bien préservés pour qu'on tente de construire des répliques de ces East Indiamen.

Après avoir travaillé pendant plusieurs années à la restauration des monuments anciens et à la construction de bateaux traditionnels en bois, Willem Vos se passionne pour les East Indiamen de la V.O.C. Pendant cinq ans, il se plonge dans les archives, rassemble le maximum d'informations, s'intéresse aux épaves retrouvées, à l'étude des matériaux... Il veut construire une réplique du *Batavia*. En 1985, son entreprise est devenue un véritable complexe à Lelystad (capitale du Zuider-

zee), incluant un musée, des ateliers de construction navale, des bureaux... Il veut tout à la fois développer le tourisme, la recherche scientifique et l'éducation. La reconstitution du nouveau *Batavia* sera poussée si loin qu'on y pratiquera des exercices de tir avec des copies de canons du XVIIe siècle, l'équipage sera habillé en tenue d'époque et on pourra goûter à des mets qui constituaient l'ordinaire des marins de la V.O.C.

Une autre réplique de vaisseau de la Compagnie des Indes néerlandaise, le *Prinz Willem* (51,5 m de long, 14 m de large, 3,8 m de tirant d'eau), a déjà été construite aux Pays-Bas. Commandée par le Japon, elle lui fut livrée sur barge en 1985. Son port d'attache est aujourd'hui la petite île de Deshima en face de Nagasaki où s'établit en 1598 une communauté hollandaise qui a toujours entretenu d'excellentes relations avec les Japonais. C'est pour commémorer ces siècles de vie en bonne intelligence que les Nippons ont financé la construction de ce navire.

Troisième réplique d'un East Indiaman, celle de l'*Amsterdam* est en cours de construction sous la responsabilité de la ville d'Amsterdam.

récupérés. Elle le restera jusqu'à ce qu'on parvienne enfin à sauver un autre vaisseau de la V.O.C., du XVIIe siècle : l'*Amsterdam*.

Parmi les divers éléments récupérés autour de l'épave du *Batavia* se trouvait un chargement insolite : 134 blocs de pierre, pesant ensemble plus de 37 tonnes, entreposés dans la cale du vaisseau. Une fois remontés à terre, on s'aperçut, au bout d'un certain temps, que ces blocs de pierre n'étaient que les différents éléments d'un portique soutenu par des colonnes. Après enquête, on suppose qu'il était destiné à orner la porte nord du château de Batavia (aujourd'hui Djakarta) à Java. Aujourd'hui, remonté, il encadre la porte du musée où est exposé le produit des fouilles du navire de la V.O.C.

Les cargaisons de porcelaines du *Prince-de-Conty* et du *Griffin*

Construit en 1743 par Gilles Cambry fils à Lorient, le *Prince-de-Conty* s'échoua, le 3 décembre 1746, au large de Belle-Île. De retour de son premier voyage en Chine, il n'était qu'à quelques milles nautiques de son port d'attache.

C'est, jusqu'à présent, le seul vaisseau de la Compagnie française des Indes orientales à avoir été

l'évolution des productions chinoises au début du règne de Qianlong (1736-1795), époque fortement marquée par l'influence européenne.

Du reste de la cargaison, on n'a découvert que quelques traces de thé, alors importé en grandes quantités, trois petits lingots d'or chinois, témoignages du trafic d'or avec l'Empire céleste qui tenait à la disparité du rapport or-argent en Chine (de 1 à 10) et en Europe (de 1 à 15), et du bois de Caliatour utilisé comme produit tinctorial.

Après quelques mois d'exploration, en juin 1985, un coup de vent, des déferlantes détruisent toutes les structures mises en place pour la fouille et recouvrent le gisement de plusieurs dizaines de tonnes de galets.

Les plongeurs du groupe privé d'archéologie sous-marine World Wide First, avec le concours du musée national des Philippines, ont découvert les restes du vaisseau marchand *Griffin* de l'East India Company anglaise, sous six mètres de sable.

fouillé de façon méthodique par une équipe de spécialistes.

Il reste malheureusement peu de vestiges de l'épave complètement disloquée et éparpillée par les courants violents, la houle quasi quotidienne, les tempêtes et les récifs. Quant à sa cargaison, une partie en a été récupérée dès octobre 1747, la Compagnie avait fait tailler des escaliers à flanc de falaise pour accéder à la crique où avait eu lieu le naufrage. À l'époque, on a dû remonter des canons, des gueuses de lest et sans doute des lingots d'or, bien que sur ce point les documents de la Compagnie restent silencieux. Les terribles tempêtes bretonnes avaient déjà dispersé et réduit en mille morceaux les cargaisons de thé et de porcelaines.

Quand, en 1985, Michel L'Hour entreprend de fouiller le site, il doit d'abord faire intervenir de gros moyens et des techniques complexes pour dégager l'épaisse couche de galets et de concrétions métalliques qui recouvrent le gisement. Mais, dessous, c'est un « véritable tapis de porcelaine ». Des centaines de milliers de tessons... Ce n'est pas étonnant, car, à l'époque où le *Prince-de-Conty* revient de Chine, l'importation de porcelaines en France atteint son point culminant. De 1740 à 1749, près de 2,5 millions de pièces auraient été débarquées par la seule Compagnie des Indes orientales sur les quais de Lorient ! L'examen des tessons retrouvés à Belle-Île va révéler une grande variété de décors et de formes, précieuse pour étudier

Les Compagnies des Indes anglaise et française

En 1600, une charte royale d'Élisabeth Ire accorde l'exclusivité du commerce par le cap de Bonne-Espérance et le détroit de Magellan à un groupe de marchands londoniens conduits par Thomas Smith. Ce faisant, elle entérine la naissance de la Company of Merchants of London trading to the East Indies qu'on surnommera l'Old Lady et qui deviendra, après diverses fusions, l'East India Company. À la faveur d'un prodigieux essor, l'EIC détenait, dès la fin du XVIIe siècle, le quasi-monopole des échanges maritimes entre l'Inde et l'Europe. Grâce aux prêts considérables qu'elle accordait à la Couronne à des taux dérisoires, l'East India Company s'en assura les faveurs et le soutien : la monarchie britannique n'hésita pas à intervenir militairement pour soutenir les intérêts de ses négociants londoniens en Inde quand la rivalité commerciale française devint une menace. Ses relations privilégiées avec l'État valurent à la compagnie anglaise la tutelle sur les anciennes possessions hollandaises tandis qu'elle continuait son expansion à Singapour, en Afghanistan, en Birmanie, au Siam, à Aden. Si bien que, au XIXe siècle, la petite compagnie de marchands était devenue un véritable empire, administrant des territoires de la taille d'un continent, disposant d'un pouvoir politique, militaire et financier énorme. Tant et si bien que la Company finit par inquiéter la monarchie britannique qui, après l'avoir soutenue dans son ascension, s'efforça de casser son influence. Elle lui supprima le monopole sur le commerce des Indes en 1813, celui du commerce « à la Chine » en 1833 et, à la faveur d'une mutinerie indienne, récupéra, en 1858, toutes ses possessions territoriales. En 1874, la charte accordée à l'honorable East India Company ne fut pas renouvelée. Mais, avec deux siècles et demi d'existence, la compagnie anglaise avait battu le record de durée. Les Français sont les derniers à suivre l'exemple des Pays-Bas. Après diverses tentatives pour instaurer des sociétés de commerce avec l'Asie, il faut attendre Colbert pour que soit créée, en 1664, la Compagnie des Indes orientales. Mais, alors qu'en Hollande et en Angleterre les principaux actionnaires sont des marchands, en France, l'intervention de l'État donne à la gestion de la compagnie un caractère souvent plus politique que commercial, qui l'empêche de prospérer. Passant par des phases de récession et d'expansion, la Compagnie des Indes orientales subsistera sous des noms différents jusqu'en 1769. Bien qu'elle ait donné à la France Pondichéry et Chandernagor, ce fut, comme l'écrit L. Dermigny, « ... la moins efficace et la moins durable des entreprises capitalistes que l'Occident ait projetées sur l'Asie »... Elle était d'ailleurs victime du manque d'intérêt des gouvernements pour le commerce maritime.

La proue ornée à profusion de dorures et de sculptures de la flûte *Massiac,* de la Compagnie française des Indes. Cette magnifique maquette à l'échelle 1/24 du musée de la Compagnie des Indes (citadelle de Port-Louis) mesure près de 3 m.

Un plongeur dégage des céramiques chinoises faisant partie de la cargaison du *Griffin*.

Un an plus tard, à l'autre bout du monde, le *Griffin*, un navire de la Compagnie anglaise des Indes orientales, échoué en 1761 au sud des Philippines, livre des caisses entières de porcelaines de Chine dont certaines, rarissimes, sont encore remarquablement conservées...

Construit vers 1747 par les chantiers de Blackwall, sur la Tamise, le *Griffin* avait quitté le port de Canton le 31 décembre 1760 et faisait voile vers l'Angleterre, escorté de plusieurs autres East Indiamen. À son bord : 3 967 caisses de thé, 200 caisses de porcelaines chinoises, des soieries, des cotonnades... le contenu habituel d'un « return-ship » du XVIIIe siècle. Soudain, au matin du 20 janvier 1761, le vaisseau heurte un rocher et sombre rapidement. L'équipage est sauvé par les autres navires, mais la cargaison est abandonnée pour le plus grand bonheur de ceux qui, 225 années plus tard, vont l'arracher aux flots.

Quand il entreprend de rechercher le *Griffin*, Frank Goddio, président de l'Institut européen d'archéologie sous-marine, sait déjà que l'épave devrait se trouver dans l'une des quatre zones de 30 km² déjà déterminées par des recherches en archives. Reste à découvrir le site exact. Magnétomètres, sonar latéral et sondeur à sédiments sont alors mis en œuvre et permettent de repérer, en quelques semaines, une « anomalie significative ». Un sondage, réalisé à l'aide de puissantes suceuses à air, révèle alors, sous 4,50 m de sable, un tesson de porcelaine de Chine, bleu et blanc, typique de la production du milieu du XVIIIe siècle... Deux campagnes de fouilles menées en 1986 et 1987 par une équipe de 25 personnes, dont des spécialistes du Musée national des Philippines, ont permis de remonter 24 plats à décor bleu, d'innombrables tasses à thé, des assiettes plates et des soucoupes, quelques très belles pièces d'un service à thé et même une pile entière de bols à punch, à décor bleu, encore empaquetés dans leur caisse cylindrique, ainsi qu'une caisse presque complète d'assiettes octogonales avec, pour superbe motif, un crabe et une crevette. Les décors bleus « sous couverte » des porcelaines sont parfaitement conservés, tandis que les émaux qui venaient les rehausser ne sont plus visibles qu'à l'état de traces. Comme celle du *Prince-de-Conty*, la cargaison de porcelaines du *Griffin* devrait permettre d'approfondir la connaissance dans le domaine des porcelaines chinoises de l'époque Qianlong. Certaines pièces, au décor complexe de reliefs, d'incisions, de bleu sous couverte et d'émaux, sont d'ailleurs à l'étude au laboratoire de la Manufacture de Sèvres. Les autres sont exposées au Musée national des Philippines.

Du thé qui constituait à l'époque 70 à 90 p. 100 de la cargaison, il ne reste quasiment plus rien, si ce n'est quelques amas noirâtres que l'on retrouve parfois même dans les caisses de porcelaines.

Enfin, la carène a été dégagée, en bon état, sur une longueur de 29 m ainsi que les 2/3 de la quille et des parties substantielles du vaigrage et du bordé. En revanche, il manque les flancs et l'arrière du bâtiment. Relevés méthodiques, mosaïques photographiques, prélèvements d'échantillons de bois permettront d'étudier ces vestiges d'un des rares Indiamen de l'East India Company jusqu'à présent retrouvés.

Réplique grandeur nature du vaisseau *Nonsuch*. Ce navire avait été construit en 1650.

L'*Amsterdam*, aspiré par les sables

Un certain dimanche maussade de janvier 1749, un puissant vaisseau de la V.O.C., vogue vers Batavia, l'actuelle Djakarta. C'est son premier voyage. Au large d'Hastings, sur la côte sud-est de l'Angleterre, une tempête de sud-ouest le drosse brusquement à la côte, près d'Hastings. En dépit des éléments déchaînés, la coque, de 46 m de long, n'est pas démantelée au moment où elle s'échoue violemment sur la plage. Au contraire, elle est littéralement aspirée par les sables.

L'équipage – 191 marins, 128 soldats, 11 artisans et 3 passagers – réussit à regagner la terre ferme en emportant 28 coffres remplis de lingots d'argent.

Moins de dix jours après le désastre, John Collier, secrétaire du duc de Newcastle – nouveau propriétaire de l'épave puisque celle-ci s'est échouée sur ses terres – constate que le navire hollandais est déjà profondément enfoncé dans le sable. Deux mois plus tard, il est enfoui jusqu'à la batterie basse.

Dès le mois de mars, la V.O.C. renonce à récupérer le restant de la cargaison et le matériel de valeur. Bientôt

Le bordé supérieur de l'épave de l'East Indiaman hollandais *Amsterdam* apparaissant à marée basse sur la plage de Hastings, à 300 m environ de la ligne atteinte par la mer. À marée haute, la coque est recouverte par plus de 8 m d'eau. On distingue bien sur ce document, au premier plan, la partie incurvée correspondant à l'avant du vaisseau et au support de proue.

La V.O.C., Compagnie hollandaise des Indes orientales

Armer un navire pour aller chercher, en Extrême-Orient, thé et épices, porcelaines, mousselines, soieries ou « indiennes » qui font fureur en Europe suppose un investissement considérable et une prise de risque importante. Mais les bénéfices escomptés ne sont pas moins conséquents. Cela explique la mise en place, à partir du début du XVIIᵉ siècle, de compagnies chargées de réunir des capitaux publics ou privés, d'assurer l'organisation maritime et commerciale de l'opération et d'obtenir, par des fusions et par des arrangements avec l'État, le monopole de ce marché.

Fondée à Amsterdam en 1602, la Vereenigde Oost-Indische Compagnie, plus connue sous le sigle V.O.C., connut une fulgurante expansion et la plus grande prospérité. « ... Allons partout où il y a de l'argent à gagner, sur toutes les mers et tous les rivages. Par amour du gain... explorons les ports du vaste monde... », cette ode du poète hollandais Joost Van den Vondel à Marie de Médicis, lors de sa visite à Amsterdam en 1639, résume bien cette philosophie qui va donner naissance au capitalisme commercial européen. À son apogée, dans le troisième quart du XVIIᵉ siècle, la V.O.C. domine toutes les autres compagnies : elle est installée aux Indes, à Ceylan, à Batavia devenue Djakarta, à Formose et même à Deshima dans la baie de Nagasaki... C'est la seule compagnie à entretenir des relations économiques avec le Japon. Mais, dans le dernier quart du siècle, les Anglais et les Français, s'inspirant de ses méthodes, vont progressivement grignoter ses parts du marché. Moins florissante, la situation de la V.O.C. reste cependant enviable au XVIIIᵉ siècle jusqu'à la quatrième guerre anglo-hollandaise (1780-1784) qui signe son déclin. Après plus de 8 000 voyages aller et retour « à la Chine », la V.O.C. sera dissoute en 1795.

les lames détruisent toutes les superstructures, la coque est ensevelie sous le sable jusqu'au sommet des membrures et du bordé. Mais, à marée basse, les contours du navire sont encore clairement discernables.

En 1969, des chercheurs de trésors endommagent la carène en pillant l'intérieur de la coque. Ce faisant, ils attirent sur l'*Amsterdam* l'attention du public et de quelques historiens. Parmi eux, l'archéologue britannique Peter Marsden, qui va se faire le chantre du sauvetage du vaisseau hollandais prisonnier des sables. La fouille de sondage qu'il organise « à pied sec », lors des marées basses, confirme l'intérêt scientifique de l'épave.

Quand, en 1970, des pilleurs viennent de nouveau dévaster le navire, l'*Amsterdam* devient le symbole de la nécessité de protéger les épaves historiques. C'est pourquoi il est un des premiers à bénéficier de ces lois qui vont être votées trois ans plus tard : les Protection of Wrecks Acts (lois de protection des épaves historiques).

L'épave suscite désormais un intérêt considérable, tant en Grande-Bretagne qu'aux Pays-Bas, intérêt qui se concrétise par la création de la V.O.C. Ship Amsterdam Foundation en 1975.

Une opération archéologique de grande envergure est lancée en 1984. Les fouilles se font sous l'eau, un batardeau entoure les vestiges du navire, surmonté d'une plate-forme de travail sur pilotis. L'équipe est composée d'archéologues et de plongeurs anglais et hollandais – parmi lesquels des vétérans de l'aventure de la *Mary Rose*, dont Margaret Rule.

Inclinée sous un angle de 20°, sur babord, la coque a conservé son bordé babord jusqu'au niveau de la batterie haute, tandis que celui du tribord est interrompu au niveau de la batterie basse.

Dans une première étape, les fouilleurs envisagent de dégager la batterie basse sur toute sa longueur afin de mieux se rendre compte de l'état de la coque dans sa partie la plus abîmée. On pourra alors renforcer les points les plus fragiles. Mais l'entreprise est périlleuse car la pression des sables risque, en particulier, de faire éclater les sections du bordé excavées, ou de les enfoncer davantage.

La seconde étape prévoit le dégagement de la carène. Pour l'instant, on ne sait pas encore quel est le degré exact de conservation de la coque de l'*Amsterdam*. Son relevage complet est aussi à l'étude, mais les techniques envisagées sont toutes très coûteuses et plus ou moins hasardeuses.

En attendant cet éventuel sauvetage, les chercheurs appliquent à l'étude scientifique du navire les méthodes de prospection les plus modernes, dont un système de relevage automatisé D.S.M. (Direct Survey Method) des points de référence servant au lever du plan des vestiges. Expérimenté pour la première fois avec la caraque *Mary Rose*, ce système, relié à un ordinateur, permet d'établir tout un faisceau de coordonnées parfaitement précises et exemptes d'erreurs.

Unique Indiaman aussi bien conservé, l'*Amsterdam* devrait contribuer à combler les lacunes des archives de la V.O.C. touchant la construction et l'architecture navales et améliorer notre compréhension des Compagnies des Indes et de la société du XVIIIᵉ siècle, à travers cet univers complet et complexe qu'est un vaisseau conçu pour naviguer sur de longues distances à travers les océans.

LES PLUS ANCIENS NAVIRES DE GUERRE DES XVIIIe ET XIXe SIÈCLES SAUVÉS DE LA DESTRUCTION

Le XVIIIe siècle et le premier quart du XIXe siècle sont, dans l'histoire maritime, des périodes non de grandes innovations, mais surtout de perfectionnements. Le gréement voit ainsi son efficacité améliorée grâce à quelques modifications judicieuses, telles que la prolongation du beaupré par un bout-dehors de foc et la disparition de la hune à voile à livarde, celle-ci étant dorénavant fixée sous le bout-dehors de foc.

Mais le plus grand changement consiste dans le passage d'une construction navale, encore souvent très empirique au XVIIe siècle, à une véritable science. Matthew Baker en avait annoncé les prémices dès le XVIe siècle. À la fin du XVIIIe, il n'est plus question de construire un navire sans avoir au préalable défini de façon rigoureuse ses caractéristiques principales, sans en

avoir dessiné les plans. Les constructeurs ne sont plus seulement des maîtres charpentiers, des hommes de l'art, ils deviennent des ingénieurs constructeurs de la marine de plus en plus instruits sur le plan théorique, en particulier dans le domaine des mathématiques et de la physique.

En France, ces hommes nouveaux sortent, à partir de 1740, de l'École des constructeurs de la marine. Ils sont recrutés par concours et appréciés selon leur mérite réel et non plus, comme cela se faisait auparavant, parce qu'ils font partie d'une dynastie de constructeurs qui a acheté sa charge ou bénéficie des faveurs du ministre de la Marine ou du roi lui-même.

Rationalisation, standardisation supposent une évolution des mentalités, révolutionnaire pour l'époque, qui ne se fait pas sans résistances. Il faut attendre la

Le port militaire de Brest, au XVIIIe siècle. De 1778 à 1782, le plus grand arsenal français du Ponant connut une importante activité du fait de la guerre d'Amérique. Il arma les flottes de D'Orvilliers, de Ternay et de Grasse. Peinture de Jean-François Hue, musée de la Marine, Paris.

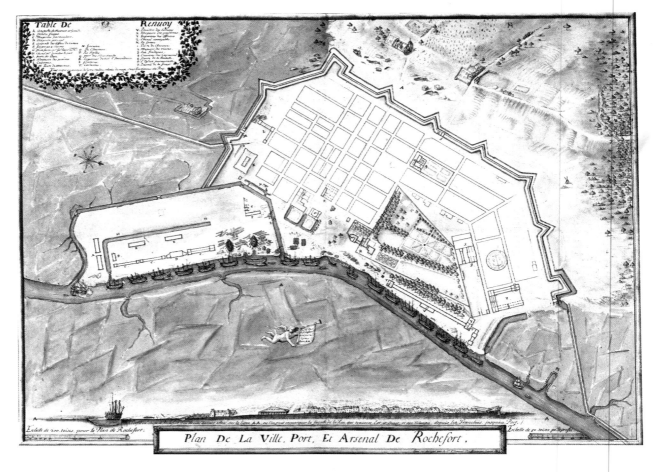

Plan De La Ville, Port, Et Arsenal De Rochefort.

Plan de l'arsenal de Roche-fort en 1677. À droite, le long de la Charente, on distingue le bâtiment de la Corderie. À gauche, également sur les bords du fleuve : la tonnellerie (rectangle vertical supérieur), les magasins (longs rectangles parallèles à la rivière) et le chantier de construction navale. Bibliothèque du Service historique de la Marine, Vincennes.

Rochefort et les arsenaux français

Regroupant toutes les activités qui concourent à la construction, à la réparation et à l'armement des navires, les arsenaux voient se développer de véritables villes à l'intérieur de leurs enceintes.

À Rochefort, par exemple, dans le grand arsenal créé par Colbert, une foule de corps de métiers s'active sur tout le périmètre du complexe. Les charpentiers de navire tracent sur le sol, en vraie grandeur, dans la salle des gabarits, les formes de toutes les pièces de la coque du navire. Plus loin, sur des cales inclinées, se dressent les membrures des vaisseaux et frégates en construction, tels d'immenses squelettes d'animaux préhistoriques. À proximité, d'autres artisans s'affairent à la manipulation des bois de charpente, empilés à l'air ou sous des hangars, ou immergés dans des fosses pleines d'eau afin d'éviter leur dessèchement et leur déformation. Adjacents au chantier s'élèvent des ateliers de menuiserie et de sculpture, de confection des mâts et des espars.

La corderie, longue de 390 m, utilise longtemps des forçats enchaînés pour ce travail pénible et dangereux dans la fumée et l'odeur du goudron qui brûle les poumons, tandis que la torsion du cordage expose les hommes au risque d'un retour brutal de manivelle.

Le danger règne aussi dans la poudrière et le magasin de salpêtre qui jouxtent le parc d'artillerie et la fonderie de canons qui, en 1750, parvient à couler plus de 4 000 pièces d'artillerie.

Les accidents du travail sont nombreux. Beaucoup de femmes et d'enfants, ces derniers recrutés dès l'âge de six ans, exercent des activités aussi pénibles que celles des hommes. Les salaires sont misérables. Le paiement de la solde se fait parfois attendre plusieurs mois. Maîtres charpentiers, calfateurs et fondeurs sont les corps de métier les plus qualifiés.

L'arsenal abrite encore d'immenses cuisines où sont préparés le pain, la viande séchée et salée et, surtout, les biscuits qui constituent la nourriture de base des marins. Il recèle également d'innombrables magasins et entrepôts d'accessoires et d'approvisionnements en tous genres ; et même des fabriques de tonneaux, l'emballage le plus usité de l'époque.

Dans l'enceinte se trouvent les casernes, où séjournent les troupes en garnison, et un hôpital pour les malades et les estropiés assez chanceux pour survivre aux conditions de vie en mer, si terribles que, avant même de combattre, la moitié des équipages est déjà, souvent, hors de combat.

En France, Colbert attache son nom à la fondation des arsenaux de Brest, Lorient et Port-Louis, Rochefort surtout, tout en développant considérablement celui de Toulon, fondé sous Henri IV en 1599. De celui de Toulon, détruit par les guerres de la Révolution et la Seconde Guerre mondiale, il ne reste plus aujourd'hui que les fortifications de Vauban. Il en va de même pour ceux de Brest et de Lorient. Seule la citadelle de Port-Louis a été à peu près épargnée. Elle abrite, actuellement, les musées du Ponant et de la Compagnie des Indes. Malgré les ravages qu'il a subis en 1944, l'arsenal de Rochefort est celui qui évoque le mieux de nos jours l'aspect d'un arsenal français du temps de Louis XIV. De sa construction, entreprise entre 1666 et 1690, subsistent l'immense corderie, restaurée de façon exemplaire, des formes de radoub et d'autres bâtiments qui attendent leur remise en valeur.

nomination, en 1740, du chevalier de Borda comme inspecteur général des constructions navales, pour que soit réellement mis en pratique un programme de simplification et de normalisation qui sonnera le glas des marines d'échantillons.

Les autres marines européennes vont suivre l'exemple français. D'autant que le classement en trois catégories des vaisseaux de guerre, 118, 80 et 74 canons, s'appuie sur des plans excellents, mis au point, notamment, par un grand ingénieur constructeur : Jean-Nicolas Sané. Les coques des bateaux de guerre dessinées par Sané, plus fines, mieux proportionnées, ont des qualités hydrodynamiques, vitesse et louvoiement, en particulier, supérieures à celles de leurs rivales britanniques. En revanche, ces dernières sont plus robustes et plus endurantes.

En Suède, Frédéric Henri de Chapman (1721-1808) conçoit, lui aussi, des navires fins et élégants, avec de grandes qualités manœuvrières et une bonne tenue de mer. Après avoir étudié les travaux de Newton et de d'Alembert, les traités du mathématicien Euler (*Scientia navalis,* 1749), de Duhamel du Monceau (*Eléments de l'architecture navale*, 1752), de Murray (*Treatise on Shipbuilding*, 1754), Chapman publie, en 1768, son *Architectura navalis mercatoria*, considéré comme un des meilleurs recueils de plans du XVIIIe siècle.

La construction de très grands vaisseaux, tels que le *Ville-de-Paris* (120 canons) ou l'espagnol *Santissima Trinidad* (130 canons), le plus grand navire construit depuis l'avènement de la marine à voile, témoigne de la maîtrise à laquelle sont parvenus les charpentiers en bois. Mais c'est le vaisseau de 74 canons qui reste le symbole de ces transformations techniques et scientifi-

Lancement du vaisseau *HMS Buckingham* à l'arsenal de Deptford, sur la Tamise, près de Londres. Peinture de John Cleveley (v. 1712-1777). National Maritime Museum, Greenwich.

ques, tandis que se développent aussi d'autres navires de guerre plus légers comme les frégates, les bricks, les corvettes, les chaloupes et les cotres.

De ces navires de guerre du XVIIIe siècle, il reste quelques prestigieux témoins, les premiers à avoir été sauvés de la destruction : le *Victory*, navire amiral de Nelson, la *Constitution* et la *Constellation*, premières frégates de l'US Navy, le *Foudroyant* et l'*Unicorn*, frégates de la Royal Navy. Tout ce qui nous manque, ou presque, sur le *Wasa*, la *Mary Rose*, l'*Amsterdam* et tant d'autres épaves célèbres, découvertes au fond de l'eau, existe sur ces navires préservés jusqu'à nous.

Le *Victory,* vaisseau amiral de Nelson à Trafalgar

Surnommé « l'abbaye de Westminster de la marine anglaise » par l'historien anglais Philip Watts, le *Victory* a une valeur historique et sentimentale considérable pour le peuple britannique. C'est une partie de son âme tellement marquée par la mer et un immense héritage de traditions maritimes.

Entretenu avec amour, ce vénérable bateau, le plus célèbre monument flottant du monde, reçoit chaque année quelques centaines de milliers de visiteurs.

En 1758, l'Amirauté britannique décide de faire construire d'urgence un trois-ponts, plus grand, plus stable et plus rapide que tous ses prédécesseurs. Sept ans plus tard, le *Victory* sort des chantiers de John Lock et Edward Allin à l'arsenal de Chatham. Il aura fallu six mois pour faire l'étude, les calculs et les dessins

Les arsenaux anglais

L'Angleterre possède un patrimoine d'arsenaux beaucoup mieux conservé que le nôtre, en dépit de multiples modernisations et altérations qu'il a subies au cours des siècles.

À l'époque où éclate, en 1652, la première d'une série de guerres avec la Hollande, l'Angleterre entretient quatre arsenaux : Portsmouth, fondé en 1496, le plus ancien, Woolwich (1512) et Deptford (1513), tous deux sur les bords de la Tamise, Chatham (vers 1570), en bordure de la rivière Medway. Trois autres viennent s'y ajouter au XVIIe siècle : Harwich en 1652, Sheerness en 1655 et Plymouth-Devonport, le plus important, en 1691.

Les guerres avec la France entraînent le déclin relatif de Chatham et le développement de Portsmouth, Plymouth-Devonport, Woolwich et Deptford, qui vont encore s'agrandir et se moderniser au cours des deux siècles suivants.

À Woolwich, non loin du Musée maritime de Greenwich, on peut admirer la magnifique demeure de l'amiral superintendant, surmontée d'une élégante tour horloge (XVIIIe siècle), ainsi que deux cales inclinées et une colonnade. L'arsenal de Woolwich ne fonctionne plus depuis le milieu du XIXe siècle.

À Deptford, un important complexe industriel occupe l'emplacement de l'ancien arsenal, dont il ne subsiste que deux cales ouvertes et la résidence du maître charpentier, qui daterait du XVIIe siècle. Seules une vieille grue de 1667 et une cloche fondue en 1666 rappellent le passé d'Har-

wich, tandis qu'à Sheerness, également fermé de nos jours, existent encore six bâtiments et trois cales sèches du XIXe siècle. Plymouth-Devonport est l'arsenal anglais qui a conservé le plus grand nombre d'installations antérieures au XIXe siècle, dont une forme de radoub, construite en 1693, la plus ancienne cale de ce type en Angleterre.

Le patrimoine historique de Portsmouth est à peine moins important que le précédent. Il est, en outre, valorisé par la présence des navires historiques la *Mary Rose*, le *Victory* et le *Warrior*.

Mais c'est Chatham, désaffecté depuis 1984, qui a le plus exploité son patrimoine en ouvrant l'année suivante au public, tout l'arsenal, soit 47 bâtiments et installations. Chatham possède aussi son navire historique, l'aviso *Gannet*, construit en 1879. Sa restauration se poursuit dans l'une des formes de radoub du vieil arsenal. La corderie, qui demeure la seule de son genre, en Grande-Bretagne, fabrique encore des cordages pour le plus grand intérêt des visiteurs. La fabrique de voiles et de pavillons fonctionne toujours. Plus loin s'étale une impressionnante collection de canons de marine. Au Steam Center fonctionnent aussi diverses machines à vapeur, dont une grue et une locomotive. Avec leur impressionnante charpente, les formes couvertes (1836-1855) sont de véritables cathédrales industrielles. Du printemps à l'automne, les touristes peuvent se promener sur la Medway et la Tamise à bord d'un bateau à roues à aubes, le *Kingswear Castle*.

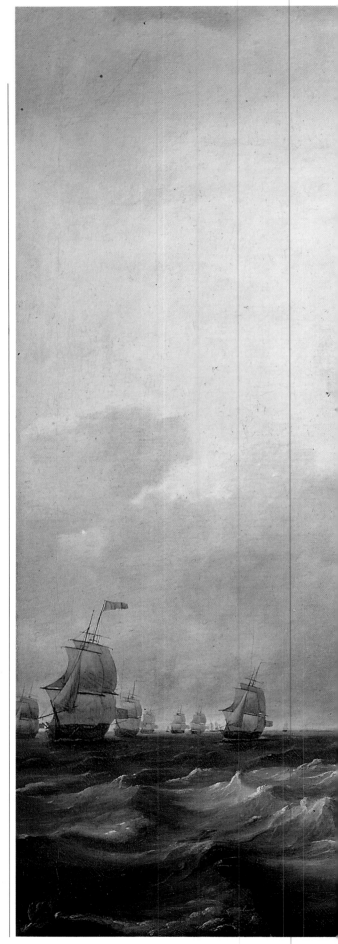

préparatoires, mais six ans pour la construction que plus rien ne pressait puisque l'Angleterre était de nouveau en paix. Six ans qui vont permettre au bois de sécher parfaitement avant de connaître la mer. C'est une des raisons pour lesquelles le *Victory* a pu parvenir jusqu'à nous sans pourrir comme tant d'autres navires.

Long de 56,7 m, large de 15,8 m, le vaisseau a une profondeur de cale de 6,5 m, et un port en lourd de 2 200 tonnes. À la différence des précédents navires de premier ordre, ses sabords de batterie sont situés à cinq pieds au-dessus de la ligne de flottaison, au lieu de deux ou trois habituellement. Rien que pour construire le corps du vaisseau, soit 8 500 m³ de bois d'œuvre, il a fallu l'équivalent de 8 hectares de forêt de chênes ; pour la quille, 7 troncs d'ormes. Le grand mât mesure presque 1 m de diamètre (99 cm). La pomme de mât, au sommet du mât de perroquet, se situe à 61 m au-dessus de l'eau.

Le jour de son lancement, le 7 mai 1765, le *Victory* est armé de 100 canons. Mais il attendra 1777 et que l'Angleterre soit de nouveau en guerre pour prendre la mer, en tant que vaisseau amiral de l'amiral Keppel. C'est au large d'Ouessant et contre des Français que, en 1778, ses canons entrent pour la première fois en action.

Après avoir participé à de nombreuses batailles où il va s'illustrer à Ouessant, de nouveau en 1781, à Gibraltar l'année suivante, à Toulon, en 1793, lorsque éclatent les guerres de la Révolution française, au large de la Corse en 1794, au cap Saint-Vincent, en 1797, contre des navires espagnols... le *Victory* rentre à Chatham, où il est désarmé. Le brillant navire amiral devient ponton-prison. Pas pour longtemps, heureusement.

En 1799, on décide de lui redonner du service, mais aussi, auparavant, de le transformer. De retour en cale sèche, il est presque entièrement reconstruit. Les galeries arrière ouvertes sont supprimées ainsi que la plupart des ornements dorés. Une corne remplace le long espar d'artimon...

Lorsque, en avril 1803, le *Victory* est de nouveau armé avec 104 canons, des pièces de 32 ayant remplacé les pièces de 42, son aspect a considérablement changé. C'est celui qu'on lui connaît aujourd'hui.

Quand Nelson embarque à son bord, le 18 mai 1803, sa mission est simple : détruire totalement la flotte de Bonaparte. Deux ans plus tard, avec le *Victory*, le grand amiral va mener l'Angleterre à l'une de ses plus éclatantes victoires, Trafalgar.

Le 21 octobre 1805, au matin, Nelson décide d'affronter les forces franco-espagnoles commandées par les amiraux Villeneuve et Gravina. Mais, comme la longue flotte ennemie, plus puissante que la sienne, s'étire sur plusieurs miles, l'amiral britannique choisit d'éviter la bataille rangée en attaquant en deux points distincts, par l'arrière et par le centre. Et, juste avant le combat, il fait envoyer au moyen du code télégraphique de Popham ce message passé à la postérité : « L'Angleterre compte que chaque homme fera son devoir. »

Tandis que, sur le *Royal Sovereign*, le vice-amiral

Bataille de Trafalgar, le 21 octobre 1805. La flotte franco-espagnole avait la supériorité en nombre et en armement sur la Royal Navy (34 vaisseaux et 2 666 canons contre 27 vaisseaux et 2 226 canons aux Anglais). Mais la marine britannique, mieux commandée, plus soudée, compensait largement cette infériorité. Gravure de W.J. Huggins, 1837.

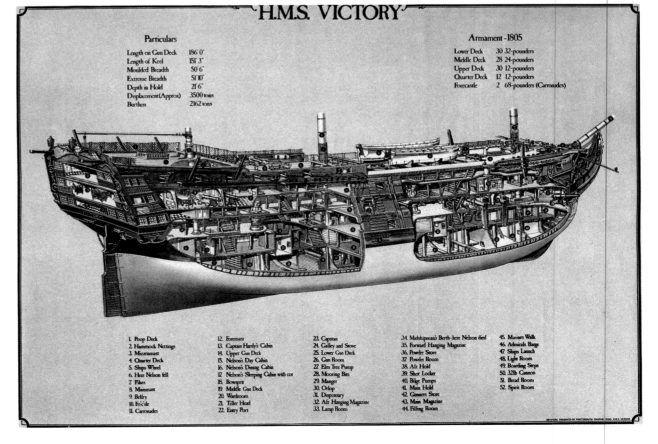

H.M.S. VICTORY

Particulars

Length on Gun Deck	186' 0"
Length of Keel	151' 3"
Moulded Breadth	50' 6"
Extreme Breadth	51' 10"
Depth in Hold	21' 6"
Displacement (Approx)	3500 tons
Burthen	2162 tons

Armament -1805

Lower Deck	30	32-pounders
Middle Deck	28	24-pounders
Upper Deck	30	12-pounders
Quarter Deck	12	12-pounders
Forecastle	2	68-pounders (Carronades)

1. Poop Deck
2. Hammock Nettings
3. Mizzenmast
4. Quarter Deck
5. Ships Wheel
6. Here Nelson fell
7. Pikes
8. Mainmast
9. Belfry
10. Fo'c'sle
11. Carronades

12. Foremast
13. Captain Hardy's Cabin
14. Upper Gun Deck
15. Nelson's Day Cabin
16. Nelson's Dining Cabin
17. Nelson's Sleeping Cabin with cot
18. Bowsprit
19. Middle Gun Deck
20. Wardroom
21. Tiller Head
22. Entry Port

23. Capstan
24. Galley and Stove
25. Lower Gun Deck
26. Gun Room
27. Elm Tree Pump
28. Mooring Bits
29. Manger
30. Orlop
31. Dispensary
32. Aft Hanging Magazine
33. Lamp Room

34. Midshipman's Berth-here Nelson died
35. Forward Hanging Magazine
36. Powder Store
37. Powder Room
38. Aft Hold
39. Shot Locker
40. Bilge Pumps
41. Main Hold
42. Gunners Store
43. Main Magazine
44. Filling Room

45. Marines Walk
46. Admirals Barge
47. Ships Launch
48. Light Room
49. Boarding Steps
50. 32lb Cannon
51. Bread Room
52. Spirit Room

Dessin écorché en perspective du vaisseau *Victory*.

Collingwood commande la colonne méridionale, Nelson, sur le *Victory*, arrive lentement sur la ligne ennemie. Sous le tir concentré de la *Santissima Trinidad*, du *Redoutable* et du *Héros*, le *Victory* perd, en quelques minutes, 20 hommes et en compte 30 autres, blessés. Mais, soudain, le navire amiral traverse comme un coin la ligne franco-espagnole et prend en enfilade sur son arrière le *Bucentaure*, vaisseau amiral de Villeneuve, avec une caronade de 68 livres chargée à mitraille. Quelques instants plus tard, le navire français a plus de 400 hommes hors de combat et 20 canons démontés...

La lutte va être sauvage, le *Victory* sera gravement endommagé, Nelson blessé à mort par une balle de mousquet, mais sa stratégie triomphera et, vers la fin de la journée, Napoléon aura perdu sa flotte et avec elle toutes ses chances d'envahir la Grande-Bretagne.

Après avoir subi d'importantes réparations, le *Victory* va reprendre encore quelques années de service. Mais, en 1811, le glorieux navire est menacé de démolition. On veut le vendre pour son bois. Un vent de protestation s'élève, déclenché par John Poole, un écrivain amoureux du navire qui réussit à empêcher sa destruction. Le *Victory* devient, à partir de 1824, la base de commandement de l'amiral en chef à Portsmouth et le mémorial permanent de Nelson.

Un siècle plus tard, on craint de nouveau pour le navire. Maintenu au mouillage, il commence à se détériorer gravement. La Society for Nautical Research lance, en 1922, une nouvelle croisade pour sa préservation. Le succès en est total. De tout le Royaume-Uni affluent des fonds qui vont permettre une restaura-tion, à grande échelle, du navire désormais placé dans la cale sèche n° 2 du port de Portsmouth. En juillet 1928, le *Victory*, réarmé et regréé, a retrouvé sa splendeur.

Si aujourd'hui, après les refontes et les restaurations, un grand nombre de matériaux d'origine ont été remplacés, plus de 40 p. 100 du bois d'œuvre du navire date encore de l'époque des campagnes napoléoniennes et 10 à 15 p. 100 de celle de sa construction.

La visite du *Victory* doit être complétée par celle du vieux bâtiment où étaient entreposés les mâts, transformé en Royal Naval Museum. Ce musée, fondé en 1906, présente de nombreux souvenirs personnels de l'amiral Nelson et des batailles navales des guerres de la Révolution et de l'Empire, et de Trafalgar, en particulier. Il abrite aussi une barque royale à avirons du XVIIIᵉ siècle, des documents sur le *Victory* et un département sur la fin de la marine à voile (1815-1860).

Constellation et *Constitution*, les plus anciennes frégates de l'US Navy encore à flot

Le 27 mars 1794, le Congrès américain vote un décret relatif à « l'armement naval ». Véritable acte de naissance de l'US Navy, il autorise le secrétaire à la Guerre, Henry Knox, à faire construire six navires de guerre. Ce seront les frégates *United States*, *Constellation*, *Constitution*, *President*, *Congress* et *Chesapeake*.

La frégate américaine *Constitution* remorquant la frégate anglaise *Cyane* qu'elle a, après un combat acharné, capturée en même temps que le sloop *Levant*, le 28 février 1815. Gravure de Max William, New York, d'après une peinture de A. Edward Mueller, XIXᵉ siècle.

La décision n'a pas été facile à emporter – deux voix de majorité seulement. La jeune nation américaine tient à sa neutralité.

Quand la guerre de l'Indépendance s'est terminée, onze ans plus tôt, il ne restait plus aux Américains qu'un seul navire de guerre sur les 35 bâtiments qu'ils avaient construits ou transformés pour s'opposer aux Anglais. Tous les autres avaient été capturés par la Royal Navy ou s'étaient sabordés pour ne pas tomber aux mains de l'ancien colonisateur.

Mais, depuis lors, les hommes politiques américains sont bien obligés de constater que cette neutralité est illusoire si elle n'est pas soutenue par une marine de guerre suffisamment puissante pour imposer le respect. La marine marchande américaine, en plein développement, est une proie facile et tentante pour les pirates et les corsaires de toutes nationalités. Quant aux hostilités dont l'Europe est le théâtre avec la Révolution française et qui vont durer jusqu'à la fin de l'Empire, elles ont déjà un caractère de guerre mondiale. Tous les continents et tous les océans, excepté l'Antarctique, connaîtront des combats. Il paraît bien difficile de rester totalement à l'écart.

Constitution

Frégate à deux ponts continus et trois mâts	Déplacement : 1 677 t
Architecte : Joshua Humphrey	Armement : 30 canons de 24 livres (1re batterie), 22 caronades de 42 ou 32 livres (pont principal, gaillard d'avant, tableau arrière)
Construction : 1794-1797 au chantier George Claghorn de Boston	
Longueur : 52,70 m	Équipage : 540 à 700 hommes
Largeur : 13,50 m	Préservée à flot, transformée en musée à Charlestown (Boston), Massachusetts, USA.
Tirant d'eau : 6,90 m	

Constellation

Frégate à deux ponts continus et trois mâts	Tirant d'eau : 5,90 m à la construction ; 6,10 m après refonte
Architecte : Joshua Humphrey.	Déplacement : 1 140 t à la construction ; 1 960 t après refonte
Construction : 1796-1798 au chantier David Stodder de Baltimore	
Grande refonte à l'arsenal de Norfolk en 1854-1855	Armement : 30 caronades de 24 livres (1re batterie), 22 caronades de 42 livres (2e batterie)
Longueur : 53,70 m à la construction ; 79,17 m après refonte	Équipage : 368 hommes
Largeur : 13,50 m à la construction ; 12,73 m après refonte	Préservée à flot, transformée en musée à Baltimore, Maryland, USA.

C'est un célèbre maître charpentier de Philadelphie, le quaker Joshua Humphrey, qui impose ses idées pour la construction des navires : il conseille de fabriquer des frégates d'une puissance de feu égale ou supérieure à celle de vaisseaux de 50 à 60 canons, mais plus rapides, plus manœuvrantes et moins onéreuses que ce type de bâtiment. Le genre de navire de guerre qu'il conçoit doit être capable d'assurer, pendant longtemps, un avantage aux États-Unis, aussi longtemps du moins que les autres flottes ne sauront pas le copier.

Les quatre frégates Constitution, President, United States et Chesapeake devaient porter 44 canons, la Constellation et le Congress seulement 36. Six chantiers différents furent chargés de les construire sur les mêmes plans. Les formes de carène et de proue s'inspirent des meilleures frégates françaises de l'époque, de celles de Sané, principalement. Mais les coques sont plus longues, le bordé est renforcé, l'armement plus puissant. L'innovation majeure consiste à placer à bord des canons de 24 livres et des caronades de 42 et 32 livres. Ces dernières sont des canons courts inventés à l'arsenal de la société écossaise Carron et introduits dans la Royal Navy en 1778. Plus légères, plus maniables, ces pièces de gros calibre avaient l'avantage de se pointer avec plus de rapidité et de facilité. Leur portée, inférieure à celle de l'artillerie classique, était largement compensée par les boulets creux chargés de mitraille qu'elles tiraient à des cadences très supérieures à celles des armes conventionnelles. Ces boulets, en éclatant dans les batteries ou sur le pont supérieur d'un navire, pouvaient occasionner à ce dernier d'énormes ravages en quelques instants.

La Constellation est la première prête, le 30 mai 1798. Un an plus tard, elle affronte, au large de la Guadeloupe, la frégate française l'Insurgente, de 40 canons, considérée comme la plus rapide des unités de ce type dans la flotte du Directoire. La première salve du navire américain balaye le faux-pont de son adversaire, réduisant au silence ses caronades. Alors, bord à bord, le navire américain lance une nouvelle bordée : le carnage est terrible dans les batteries de l'Insurgente, qui n'a plus d'autre ressource que de tenter de profiter de son avantage numérique en passant à l'abordage. Mais la manœuvre échoue. La frégate française, criblée de coups, avec 70 hommes tués ou blessés, doit amener pavillon.

C'est la première victoire navale remportée par un véritable navire de guerre américain. Ce ne sera pas la seule. Quelques mois plus tard, le 1er février 1800, toujours près de la Guadeloupe, la Constellation endommage gravement une autre frégate française, la Vengeance, qui n'échappe à la destruction que par la fuite.

En Méditerranée, contre les barbaresques et pendant la guerre de 1812-1815 qui met aux prises les États-Unis et la Grande-Bretagne, la Constellation domine facilement tous ses rivaux étrangers. Il en sera de même de la Constitution et des autres frégates issues des théories d'Humphrey. Aptitude au combat et solidité de construction vont leur assurer, à toutes, de longues années de service.

La Constitution, notamment, a une carrière bien remplie. Mis à part quelques périodes de désarmement, de refonte et d'immobilisation pour réparation, ravitaillement ou tout simplement en temps de paix, elle montre le pavillon américain partout où le besoin s'en fait sentir. Pendant le conflit de 1812-1815, elle domine de manière écrasante les deux frégates anglaises Guerrière et Java. Corsaires barbaresques et navires négriers la redoutent plus que tout.

Puis, en 1871, l'US Navy décide sa transformation en navire-école pour les cadets d'Annapolis. Sept ans plus tard, on la retrouve, entre New York et Le Havre, en compagnie de la Constellation, toutes deux chargées de transporter outre-Atlantique les marchandises américaines qui vont être présentées à l'Exposition universelle de Paris. Les deux valeureuses frégates comptent alors plus de quatre-vingts ans d'existence.

La dernière croisière de la *Constellation* a lieu pendant l'été 1893. L'heure de la retraite sonne en septembre suivant. Désarmée définitivement, mouillée à Newport (Rhode Island), elle sert de base d'entraînement et d'hébergement aux recrues en transit.

Mais le vieux navire se dégrade lentement. En septembre 1914, le jeune Franklin D. Roosevelt, alors secrétaire adjoint à la Marine, se préoccupe de sa restauration. Quelques mois plus tard, la frégate est remorquée à Norfolk, où on la débarrasse des adjonctions modernes qui la défiguraient. Un lent processus de restauration commence. Il dure encore aujourd'hui.

Après après été pendant plus de vingt ans ouvert à la visite, dans le port de Newport, le vieux *Yankee Racehorse* (« cheval de course yankee ») – ainsi surnomme-t-on la *Constellation* – reprend, malgré son grand âge, de nouveau du service en 1940. Il va servir de base d'entraînement aux nouvelles recrues qui rejoignent l'US Navy en pleine crise de croissance.

Le 20 mai 1941, insigne honneur, le glorieux bateau devient navire amiral d'Ernest J. King, commandant en chef de la flotte américaine de l'Atlantique. Les puissantes installations radio montées à son bord en feront un véritable centre nerveux de la lutte anti-sous-marine dans l'Atlantique. Le 19 janvier 1942, le vice-amiral Royal E. Ingersoll remplace l'amiral King à ce poste. La *Constellation* va demeurer son Q.G. jusqu'à la fin de la guerre.

En 1947, la frégate est transférée à l'arsenal de Boston pour « final disposition », c'est-à-dire démolition. L'infamie va lui être évitée de justesse. Sous la pression d'un groupe de personnalités, le Congrès s'engage à financer 75 p. 100 de sa restauration. Mais il faudra attendre 1954 avant que les différentes souscriptions lancées auprès du peuple américain ne parviennent à réunir les 25 p. 100 complémentaires. L'idée de préservation du patrimoine maritime n'est pas encore entrée dans les mœurs.

Dans ces conditions, l'état de la frégate se dégrade rapidement. En 1951, on doit enlever les mâts et le gréement délabrés. Ils menaçaient de tomber.

En 1953, l'US Navy propose de saborder la *Constellation*. C'est un tollé général. Les membres du Congrès s'opposent avec indignation à un tel sacrilège. Une association de citoyens de Baltimore, la Star Spangled Banner Flag House Association, reprend le flambeau de la lutte. Pour sauver définitivement *Yankee Racehorse*, cette organisation à but non lucratif propose de transporter par dock flottant le navire jusqu'à Baltimore et de se charger de sa restauration ainsi que de sa présentation au public. En 1954, l'US Navy cède enfin le glorieux vétéran à cette association. Trois ans plus tard, la *Constellation* voit célébrer son 160ᵉ anniversaire à son poste d'amarrage : quai nº 4, Pratt Street, dans le port de Baltimore. Aujourd'hui, après de gros travaux, la *Constellation* a retrouvé l'aspect qu'elle avait au moment de sa mise en service.

Depuis son désarmement, la *Constitution*, surnommée *The Old Ironsides*, « la Vieille aux flancs de fer »,

dans un poème d'Olivier Wendell Holmes, a subi moins de vicissitudes que sa « compagne ». Dès 1830, une campagne d'opinion assure sa préservation en tant que navire historique. Depuis lors, elle a subi différentes restaurations qui se sont appliquées à la maintenir scrupuleusement dans l'état qui était le sien au début du XIXᵉ siècle. Toujours propriété de l'US Navy, la *Constitution*, amarrée dans un bassin de l'arsenal de Boston est, avec la *Constellation*, le plus ancien navire de guerre encore à flot. Une fois par an, la coque retourne en cale sèche pour inspection et réparations éventuelles. C'est l'occasion pour la vieille frégate de faire une promenade triomphale dans le port de Boston, où tous les bateaux présents la saluent par un concert de sirènes.

La frégate américaine *Constellation* dans le port intérieur de Baltimore (Maryland).

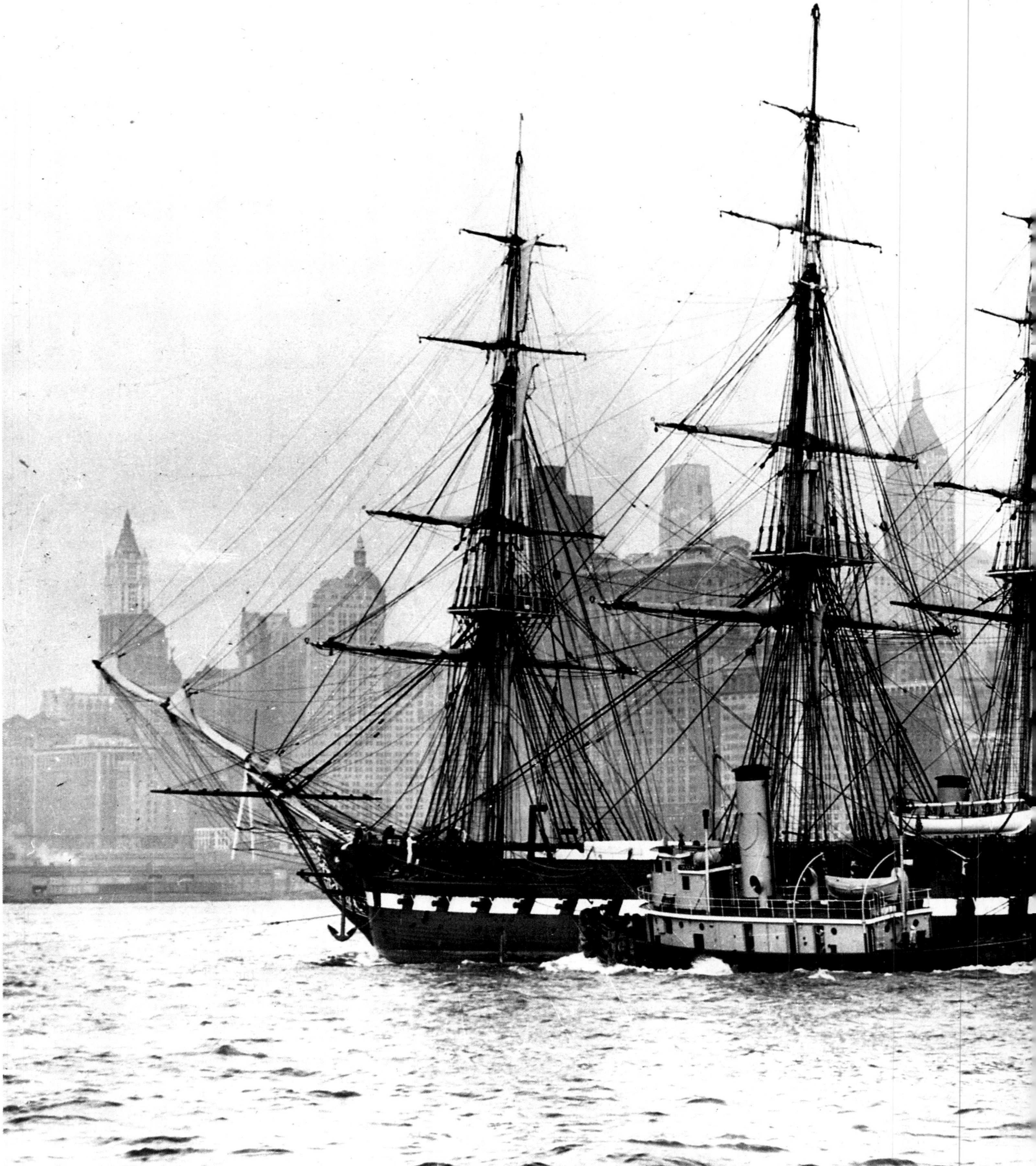

Foudroyant et *Unicorn*, deux frégates anglaises du XIXe siècle

En 1782, au cours de la guerre de l'Indépendance américaine, le *Rainbow*, un vaisseau anglais de 44 canons, capturait l'*Hébé*, une frégate française dessinée par Sané.

Très admirateurs des créations du grand architecte naval français, les Anglais n'hésitèrent pas à copier l'*Hébé* pour construire certaines de leurs frégates dont le *Trincomalee*, rebaptisé le *Foudroyant*, et l'*Unicorn*. Ces deux unités, livrées à la Royal Navy respectivement en 1817 et 1824, présentent néanmoins certaines améliorations par rapport à leur modèle français, en particulier un renforcement de la charpente en bois par des pièces métalliques : un réseau de poutres en fer, disposées en diagonales à partir du grand mât, vient accroître la résistance longitudinale et transversale de la carène et du bordé. D'autre part, les genoux – ces pièces de charpente courbes en bois qui soutiennent la retombée des poutres supportant les planchers et qui assurent leur liaison avec le bordé – sont remplacés par des ferrures de forte section.

Foudroyant

Frégate à deux ponts	Tirant d'eau : 4,11 m
Construction : 1815-1817 au Wadya Shipyard, Bombay, Inde	Déplacement : 1 447 t
Longueur : 54,86 m	Transformée en musée à Gosport (près de Portsmouth).
Largeur : 12,27 m	

Unicorn

Frégate à deux ponts	Armement : 28 canons de 18 livres (pont principal), 2 canons longs de 9 livres, 2 caronades de 32 livres (gaillard d'avant), 2 canons longs de 9 livres, 12 caronades de 32 livres (gaillard d'arrière)
Architecte : sir Robert Seppings	
Construction : 1822-1824 à l'arsenal de Chatham	
Longueur : 50,60 m	
Largeur : 12,17 m	
Tirant d'eau : 4 m	Équipage : 300 hommes
Déplacement : 1 465 t	Transformée en musée à Dundee (Écosse).

Annonciatrices de la révolution industrielle de la fin du premier quart du XIXe siècle, ces innovations sont l'œuvre de l'architecte anglais sir Robert Seppings, contrôleur de la Royal Navy. Ce remplacement du bois par le fer, encore timide, porte en germe les bouleversements radicaux de l'architecture et de la construction navales à partir de 1840-1850.

Le *Foudroyant* et l'*Unicorn* n'ont jamais eu l'occasion d'éprouver la solidité de leur structure dans des batailles navales. Mais le fait que ces deux frégates aient survécu jusqu'à nos jours dans un excellent état de conservation en dit déjà long sur la qualité de leur construction.

En grande partie dégréé – il ne subsiste que le grand mât, diminué de quelques mètres de hauteur –, le *Fou-*

La frégate américaine *Constitution* dans le port de New York. Elle est le plus ancien navire de guerre encore à flot dans le monde.

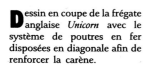

La frégate anglaise *Foudroyant* (ancienne *Trincomalee*), en cale sèche pour réparations et restauration à Southampton (10 février 1972). Les grands travaux de restauration ont commencé à Hartlepool à la fin de 1989. Le vieux navire y sera plus tard exposé en permanence.

droyant, mouillé à Gosport, à côté de Portsmouth, n'a guère souffert des modifications qu'il a subies en 1835 et 1845. Toujours bien entretenu et peu affecté par ces refontes, le navire est dans un état proche de son état d'origine. Il est aujourd'hui la propriété du *Foudroyant* Trust, émanation de la Marine Society, qui s'est occupé de sa restauration et de son ouverture au public.

Amarré dans le port de Dundee en 1873, l'*Unicorn* a servi de base fixe à la Royal Naval Volunteer Reserve, devenue la Royal Naval Reserve après la Seconde Guerre mondiale. Mais, en 1961, le Earl Grey Dock, où se trouve la frégate, devant être fermé pour laisser la place à un nouveau pont routier lancé sur la rivière Tay, on envisagea de la démolir. Le capitaine Anderson, l'un de ses commandants, va se battre pour la sauver ; il n'y réussira qu'au tout dernier moment. Mais la frégate, déplacée sur un autre quai, sera de nouveau menacée en 1967. Il faudra alors l'impulsion du capitaine Stewart

pour que soit fondée, l'année suivante, une société chargée de son sauvetage, l'*Unicorn* Preservation Society.

Depuis lors, sa restauration se poursuit. La coque est dans un état exceptionnel, mais, pour lui redonner son aspect d'origine, il a fallu débarrasser le pont supérieur du toit qui le couvrait et l'intérieur de toutes sortes d'aménagements ajoutés par la Royal Navy. Les deux petits mâts de signalisation ont été supprimés. Depuis 1981, la proue s'orne de nouveau d'un beaupré et d'une licorne, répliques fidèles des originaux disparus. Il en est de même pour les canons, remplacés par des copies en fibre de verre. Figurent aussi deux caronades, refondues récemment par la société écossaise Carron. Carron est l'inventeur, en 1776, de ce canon court.

Comme toutes les actions en faveur de la préservation du patrimoine maritime, celle de l'*Unicorn* Preservation Society reçoit le soutien du prince Charles et de son père, Philippe d'Édimbourg.

Dessin en coupe de la frégate anglaise *Unicorn* avec le système de poutres en fer disposées en diagonale afin de renforcer la carène.

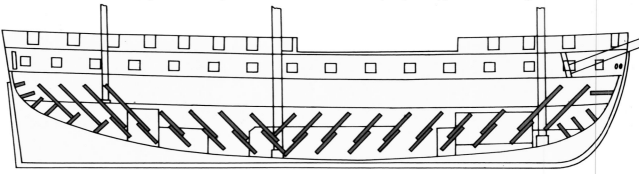

Modèle réduit de l'*Endeavour,* le bateau du capitaine Cook. Tout à fait adapté à sa mission d'exploration, ce charbonnier de 366 t n'était autre que l'ancien *Earl of Pembroke,* dont Whitby était le port d'attache. National Maritime Museum, Greenwich.

Copies en fibre de verre de quelques canons de 18 livres de la batterie principale de la frégate *Unicorn.* Les 28 pièces originales groupées dans l'entrepont pesaient 2 t et nécessitaient chacune 9 artilleurs. Le document montre bien les genoux en fer imaginés par Robert Seppings pour assurer le soutien du pont supérieur et sa liaison avec le bordé.

Les derniers navires anglais coulés à Yorktown à la fin de la guerre de l'Indépendance américaine

Déclenchée par la fermeture, par les Anglais, du port de Boston (1774) au boycottage de leurs marchandises par les colons, la guerre de l'Indépendance américaine se termine par la capitulation des Anglais dans un autre port, celui de Yorktown (Virginie), le 19 octobre 1781.

Mais, avant de se rendre, le général anglais Cornwallis a sabordé plusieurs de ses navires, à l'embouchure de la rivière York, au bord de la baie de Chesapeake.

Assiégé du côté des terres par les forces américano-françaises de Washington et de Rochambeau, le commandant du camp retranché de Yorktown est aussi bloqué du côté de la mer par l'escadre française de l'amiral de Grasse, embossée à l'entrée de la baie. Il ne peut recevoir aucun renfort et craint même un débarquement.

Aussi, se résout-il, le 16 septembre, à saborder 10 ou 12 de ses navires de petit ou moyen tonnage à quelques encablures de la plage afin d'empêcher toute

tentative de débarquement. Mais ces épaves vont plus gêner les assiégés, dont elles bouchent en partie le champ de tir avec leurs mâtures et leurs agrès qui dépassent de l'eau, que les assaillants, qui en profitent pour s'abriter derrière.

Il ne reste plus qu'une quarantaine de bateaux à Cornwallis. Il en sacrifie encore cinq qu'il lance sur la flotte française, transformés en brûlots. Nouvel échec.

Et, pour finir, c'est sa plus grosse unité, le *Charon*, un vaisseau de 44 canons, qui, touché à boulet rouge par une batterie française, prend feu, chavire et coule, le 10 octobre. Dix jours plus tard, Cornwallis capitule...

Depuis 1980, John D. Broadwater, spécialiste d'archéologie sous-marine a localisé les restes de neuf de ces bateaux coulés en 1781, dont le *Charon*. La fouille de ces navires devrait permettre d'éclairer l'un des épisodes les plus saillants de cette bataille décisive de la guerre de l'Indépendance.

L'épave la mieux conservée est celle d'un charbonnier d'environ 170 tonnes. Les fouilleurs ont déjà mis au jour les montants d'une double porte et d'une fenêtre qui provenaient de la cabine du capitaine, ainsi que les vestiges d'une table en acajou, le bras d'un fauteuil de style et une douzaine de bouteilles intactes.

À l'avant, ils sont tombés sur un amas de bûches et de chutes de bois. Certaines billes de bois étaient encore recouvertes d'écorce et beaucoup étaient émondées aux deux extrémités. S'agissait-il d'un de ces bateaux que les Anglais voulaient transformer en brûlot pour tenter de disperser l'escadre française bloquant l'entrée de la baie ? En réalité, après approfondissement de l'enquête, il s'avéra que le charbonnier devait plutôt servir d'atelier flottant aux forces de Cornwallis. Les poutres, planches et autres éléments en bois retrouvés étaient sans doute fabriqués à bord pour d'autres navires ou pour les fortifications terrestres. Les Britanniques contrôlant la rivière York sur environ 30 miles en amont de Yorktown et le bois étant peu abondant autour du camp retranché, l'équipage du charbonnier devait en couper le long de la rivière, puis le transporter sur le navire jusqu'à Yorktown, où il trouvait toutes sortes d'utilisations.

Les fouilleurs ont aussi découvert des boutons d'uniforme anglais avec, sur certains, l'inscription du numéro du régiment de celui qui les portait, et une quantité impressionnante de barils en bois qui contenaient, les uns, 10 000 balles de plomb pour mousquets, d'autres des restes de grains infestés de charançons, et d'autres encore, du rhum, du vin ou de l'eau.

John D. Broadwater a, par ailleurs, identifié les trous rectangulaires de sabordage pratiqués sous la ligne de flottaison par un charpentier expérimenté.

Quoique de petites dimensions, ce bateau était conçu pour transporter, grâce à ses formes ventrues et trapues, un maximum de marchandises. Il s'agit, vraisemblablement, d'un brick charbonnier construit sur la côte est de l'Angleterre. Rappelons que l'*Endeavour*, le navire du grand explorateur anglais James Cook, était également un charbonnier, tout comme le célèbre *Bounty*. On préférait souvent ces bateaux, lents mais robustes, aux grands voiliers à cause de leur capacité de chargement et de leur faible tirant d'eau.

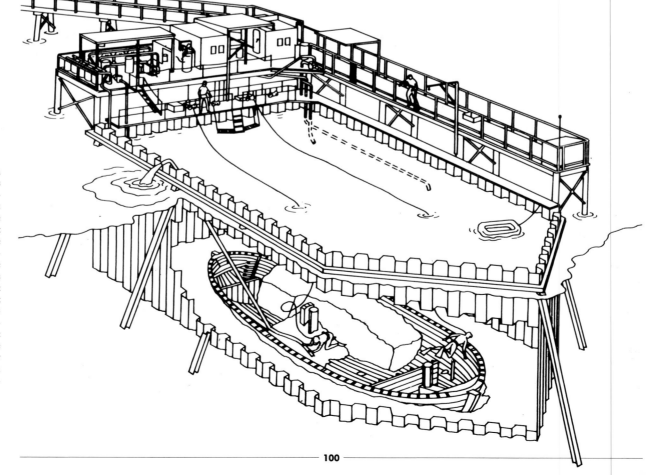

Fouilles sous-marines d'un navire charbonnier anglais de la flottille du général Cornwallis, sabordé au moment du siège de Yorktown (1781). Le batardeau qui sert à l'étude et au sauvetage de ce petit navire marchand présente une double originalité : il est mobile et rempli d'eau afin que le bois ne se dessèche pas au fur et à mesure de son dégagement du sable. Découvert en 1974 par des plongeurs autochtones, ce charbonnier est fouillé depuis 1976 par le Virginia Research Center for Archaeology et l'American Institute of Nautical Archaeology.

L'ÉPOPÉE DES CLIPPERS
AU XIXe SIÈCLE

Le clipper anglais *Elize Youlton* servant au transport de la laine entre l'Australie et la Grande-Bretagne. Peinture anonyme, musée du Long Cours et des Cap-Horniers, Saint-Malo.

Avec leur voilure immense, leurs lignes élégantes, leurs records sans cesse battus, les clippers représentent l'apogée et le chant du cygne de la marine à voile. Filant sur les vagues jusqu'à près de 20 nœuds, ils sont la plus parfaite expression de cette nouvelle mentalité qui se développe aux États-Unis au début du XIXe siècle : le culte de la vitesse.

Esprit sportif, goût du risque, désir de profit poussent armateurs et marins à faire naviguer des bateaux de plus en plus rapides en raison de leur forme effilée, leur aptitude à garder toutes leurs voiles et à remonter au vent. De Honkong à Londres, de Canton à Boston, de New York à San Francisco, ces grands voiliers, aux allures d'oiseaux de mer, rivalisent de vitesse dans les courses du thé ou au moment de la ruée vers l'or.

Dès le début du XIXe siècle, Baltimore, haut lieu de la construction navale américaine, est réputé pour ses goélettes qui prennent le nom de clippers de Baltimore. Mais c'est à partir de 1840 qu'apparaissent, aux États-Unis, les véritables clippers que vont bientôt imiter les Anglais. Ces « bêtes de course » sont l'aboutissement des recherches constantes, menées depuis des siècles, en vue d'affiner toujours davantage les coques des voiliers pour obtenir une meilleure pénétration dans l'eau, un défilement plus hydrodynamique.

Modèle réduit du clipper-goélette corsaire de Baltimore *Chasseur.* Ce voilier, surnommé *Pride of Baltimore* par les habitants de Baltimore, est parti en juillet 1814 pour écumer les côtes des îles Britanniques. Son capitaine, Thomas Boyle, avait prévenu à l'avance les Anglais de sa visite, en adressant par la poste au café du Lloyd's à Londres une proclamation insolente qui déclarait l'Angleterre en état de strict et rigoureux blocus. Maquette exécutée par S.S. Rable, 1948. Maryland Historical Society, Baltimore.

Image symbolique de l'activité d'un chantier naval américain vers 1840. Gravure sur cuivre.

Pride of Baltimore II, la réplique du clipper-goélette américain du xixᵉ siècle *Pride of Baltimore*, par bonne brise.

Les clippers-goélettes de Baltimore

Certains voiliers construits au début du xixᵉ siècle sur la côte est des États-Unis, et plus particulièrement sur les bords de la baie de Chesapeake, sont si bien conçus et si rapides qu'on les désigne sous le nom de clippers de Baltimore – clipper signifiant à la fois qui « coupe » (les flots) et, en argot, « chose excellente en son genre » ou « qui va à vive allure ».

Toutefois, ces bâtiments qui n'excèdent pas 30 mè-

tres de longueur et 200 tonneaux de jauge sont, par leur forme et par leur gréement de goélette ou de brick-goélette, plus proches des goélettes, des bricks, des brigantins, des sloops et des cotres européens de la même époque que de ces lévriers de la mer que seront plus tard les grands clippers. Mais leur conception répond déjà à ce même critère : la vitesse à tout prix.

Cette rapidité va leur valoir de s'illustrer pendant la guerre entre les États-Unis et la Grande-Bretagne comme corsaires et forceurs de blocus, et d'être ensuite très recherchés par les négriers.

150 clippers-goélettes, armés par les citoyens de Baltimore, le grand port de la baie de Chesapeake, lancèrent pendant la guerre de 1812-1815 des raids dévastateurs contre les navires anglais jusque dans la mer d'Irlande et dans la Manche. À tel point que l'Amirauté britannique fut obligée d'organiser la navigation en convois fortement escortés pour assurer sa protection contre les agressions de ces « moustiques ». En dépit de ces mesures, les goélettes américaines avaient 1 700 navires marchands anglais à leur tableau de chasse à la fin du conflit.

Le clipper-goélette *Chasseur*, commandé par le capitaine Boyle, fut l'un de ces hardis corsaires. En juillet 1814, il appareilla de Baltimore, avec 150 hommes à son bord, pour aller traquer le trafic maritime anglais dans la Manche. Ses attaques étaient si fréquentes et si redoutables que l'Angleterre dut établir un réseau de tours de guet le long de sa côte est et interdire tout déplacement de navire de commerce isolé – ce qui n'empêcha pas Boyle de capturer les bateaux adverses

Mise à l'eau de *Pride of Baltimore II*, la réplique du clipper-goélette américain du XIXᵉ siècle, à Baltimore (Maryland), le 30 avril 1988.

les uns après les autres et de les envoyer en Amérique avec un équipage de prise. Il ne s'arrêta que par manque d'hommes, au moment où il lui resta à peine assez de marins pour manœuvrer son propre navire.

À son retour aux États-Unis, il fut triomphalement accueilli par la population de son port d'attache, qui surnomma son navire *Pride of Baltimore* (« Fierté de Baltimore »).

De tels exploits paraissent étonnants si l'on songe que le *Chasseur*, comme la plupart de ses semblables, ne disposait que d'un armement réduit à huit canons de 24 livres (quatre sur chaque bord) et à deux pièces de chasse de 6 livres. Bien des navires de commerce étaient mieux armés qu'eux.

Sur des embarcations aussi petites où l'espace était compté avec parcimonie, les conditions de vie étaient très dures. Les hommes d'équipage dormaient dans des hamacs, par roulement. La promiscuité était totale, le confort inconnu. Seul le commandant disposait d'une cabine sous le pont balayé en permanence par les embruns. Surentoilés, ces frêles esquifs gîtaient fortement au moindre souffle de vent. Une vigilance de tous les instants s'imposait.

Une fois les hostilités avec l'Angleterre terminées, la plupart des clippers-goélettes furent désarmés ou durent se reconvertir dans des activités beaucoup moins honorables comme la contrebande ou la traite des Noirs. La rapidité qui leur avait tellement rendu service pendant la guerre faisait merveille dans ces trafics illicites.

Pride of Baltimore I

Clipper-goélette à deux mâts
Architecte : Thomas Gillmer
Longueur hors tout : 41 m (27 m à la ligne de flottaison)
Largeur maximale : 7 m
Tirant d'eau : 2,95 m
Déplacement : 123 t (dont 30 t de lest en cuivre, fer et pierres de Belgique)

Quille en *lignum vitae,* poutres en chêne Bullitt du Honduras, planches de bordé et du pont en pitchpin, mâts en pin Douglas, espars en spruce de Sitka (îles Aléoutiennes)
Surface de voilure : 885 m²
Équipage : 12 hommes
Coulé en 1986 au large des îles Vierges.

Pride of Baltimore II

Clipper-goélette à deux mâts
Architecte : Thomas Gillmer
Longueur hors tout : 47,26 m (29 m à la ligne de flottaison)
Largeur maximale : 7,81 m
Tirant d'eau : 3,72 m

Déplacement : 185 t
Mêmes qualités de bois pour la coque et le gréement que sur le *Pride of Baltimore I*
Surface de voilure : 940 m²
Équipage : 12 hommes
Port d'attache : Baltimore

Aujourd'hui, il ne subsiste, malheureusement, aucun de ces clippers-goélettes. Leur construction relativement frêle, leur gréement complexe et fragile ne les prédestinaient pas à une longue vie. Par contre, la ville de Baltimore, soucieuse de faire revivre son riche passé, a financé deux reconstitutions grandeur nature du *Pride of Baltimore*.

L'affaire ne fut pas facile, car il n'existait pas de plans originaux de ces voiliers, les constructeurs américains de l'époque traçant sur le sol des gabarits qu'ils détruisaient après usage et se servant d'ébauches

plus ou moins grossières de modèles réduits en bois.

Les seuls documents disponibles se trouvaient en Angleterre ou en France. Les Anglais avaient en effet examiné avec soin les rares clippers-goélettes qu'ils avaient pu capturer. Ils en avaient fait des dessins minutieux et constitué sur chacun des dossiers d'évaluations. Par ailleurs, un rapport adressé en 1829 au gouvernement du roi Charles X par l'ingénieur naval français M. Marestier décrivait en détail les quinze clippers qu'il avait longuement visités aux États-Unis.

L'examen de ces archives a duré plusieurs mois

à l'issue desquels l'architecte Thomas Gillmer et le maître charpentier Melbourne Smith ont pu définir avec une précision proche de la réalité les caractéristiques du *Pride of Baltimore*.

Construit à l'ancienne avec, autant que possible, des outils et des matériaux traditionnels, le nouveau *Pride of Baltimore* est prêt en 1977. Dès ses premiers essais, il montre des qualités de coureur exceptionnelles, étant capable de filer à 11 nœuds pendant 24 heures de suite avec des pointes à 13 nœuds. Mais son surentoilage le rend très difficile à barrer ; il exige une attention constante et un grand doigté. Le bateau remonte très vite au vent, même par légère brise, et se montre très ardent à toutes les allures.

Le clipper-goélette visite alors la plupart des grands ports de la côte atlantique des États-Unis ainsi que les Bermudes, puis Halifax en Nouvelle-Écosse (Canada). Il a déjà parcouru 125 000 miles nautiques quand il entreprend, en 1985, un long périple jusqu'en Europe. Après avoir relâché aux Bermudes, aux Açores, à Cork (Eire), il sort victorieux d'une course amicale, dans la Manche, contre la goélette-école britannique *Sir Winston*

Les « clippers de l'opium »

En s'implantant aux Indes, les Anglais s'attribuèrent, dès le XVIIe siècle, le monopole du commerce de la graine de pavot d'où est extrait l'opium. Du nord de l'Inde, ils l'exportaient en Chine où l'opium était depuis très longtemps considéré comme un remède.

Mais, voyant leur balance commerciale déficitaire du fait qu'ils achetaient de grandes quantités de porcelaines, de soieries et de thé, ils eurent l'idée de la rééquilibrer en accroissant leurs ventes d'opium à la Chine. Pour cela ils se firent complices de marchands locaux chargés de répandre l'utilisation de cette fumée enivrante non plus comme un remède, mais comme une drogue. On a pu estimer à quelque 20 000 caisses la quantité d'opium débarqué sur les côtes de l'Empire céleste, en 1838.

Quand, en 1833, la Compagnie anglaise des Indes s'était vu supprimer ce monopole ainsi que celui du commerce avec la Chine en général, les voiliers américains étaient, eux aussi, venus prendre part à ce trafic. La rivalité était intense.

Pour l'emporter sur les concurrents, affronter les terribles pirates malais, échapper aux autorités chinoises, il fallait des bateaux très rapides, faciles à manœuvrer, aptes à l'esquive, et des équipages qui n'avaient peur ni des typhons ni des récifs nombreux en mer de Chine. On parle souvent de clippers à propos de ces voiliers qui assurèrent le trafic de l'opium. Mais leur proue et leur poupe n'étaient pas encore assez élancées ; la proportion entre le maître bau et la longueur de leur coque, l'ampleur de leur gréement n'étaient pas comparables à ce qu'elles allaient devenir sur les authentiques clippers à partir de 1840.

La première guerre de l'opium (1839-1842), provoquée par la saisie à Canton d'une grande quantité d'opium livré par les Anglais, fut suivie par une seconde en 1856-1860 à laquelle participèrent, outre l'Angleterre, plusieurs nations européennes, les États-Unis et le Japon. Malgré un renchérissement du prix de cette denrée, la rentabilité de ce commerce finit par diminuer vers 1850 mettant fin aux beaux jours du trafic de l'opium. Mais la Chine sortit vaincue de ces deux conflits : elle avait dû céder Hongkong à la Grande-Bretagne, ouvrir les portes de Canton, Amoy, Foutcheou, Ning-po et Shanghai au commerce européen tout en abaissant ses droits de douane.

Churchill. Au cours de l'été 85, il montre son pavillon à Londres, en Norvège, au Danemark, en Suède, en Pologne, en R.F.A., à Dunkerque, Vigo, Lisbonne.

En route vers Baltimore, le 14 mai 1986, à proximité des îles Vierges américaines, une brusque rafale de vent couche le voilier sur babord. L'équipage n'a pas le temps de réduire la voilure, l'eau s'engouffre à gros bouillons par la fosse d'accès à la cabine, qui est restée ouverte. Quatre marins, dont le capitaine Armin Elsaesser, disparaissent dans le chavirement. Les huit survivants seront recueillis cinq jours plus tard par un pétrolier norvégien. Ni l'équipage ni le capitaine ne sont responsables de l'accident.

Deux ans plus tard, un nouveau *Pride of Baltimore* va être lancé. Un peu plus gros que le précédent, il est l'œuvre du même architecte. Mais il tient compte de l'expérience accumulée par son aîné malchanceux et est équipé de dispositifs de sécurité supplémentaires ultra-modernes.

Baltimore commence à faire des émules puisque Saint-Malo a construit, à son tour, une réplique de cotre corsaire pour perpétuer le souvenir des marins qui firent sa gloire entre le XVIIe et le XIXe siècle.

Les premiers clippers

Le commerce du thé de Chine et la découverte de l'or en Californie en 1848, et en Australie deux ans plus tard, vont être à l'origine de la construction des grands clippers capables de très longues traversées en des temps record.

L'*Ann McKim*, construit en 1832 à Baltimore pour l'armateur Isaac McKim, est parfois considéré comme le premier clipper. Mais, en réalité, ce voilier de 493 tonneaux, long de 43,60 m et large de 9,45 m, n'était encore qu'une version, gréée en trois-mâts, carrée et agrandie, du clipper-goélette de Baltimore.

Les deux hommes véritablement à l'origine de la conception des clippers sont l'architecte naval John Willis Griffiths et le capitaine Nathaniel B. Palmer.

Quatre clippers prenant forme au chantier de Donald McKay d'East Boston (Massachusetts). McKay fut le plus prolifique et le plus célèbre constructeur de clippers. Il en mit à l'eau pas moins de 32 entre 1850 et 1869, parmi lesquels le *Great Republic*, le *Sovereign of the Seas*, le plus grand de tous, le *Westward Ho* ou encore le *Stag Hound*. Fils de fermiers de Shelburne (Nouvelle-Écosse, Canada), Donald McKay arriva aux États-Unis en 1826, âgé de 16 ans et déjà marin accompli. Après avoir fait son apprentissage de charpentier au chantier d'Isaac Webb de New York, il conçut 12 des 13 clippers qui réussirent à couvrir 400 milles nautiques en une seule journée.

Clipper américain, à la fin des années 1840. Gravure de l'époque.

Après avoir étudié les lignes de l'*Ann McKim*, Griffiths conclut que c'est à la courbure de sa quille et à l'étroitesse de sa proue que ce voilier doit d'êtres plus rapide que tous ses contemporains. Les essais qu'il fait ensuite en bassin des carènes du chantier Smith & Dimon de New York l'amènent à démontrer que les coques des voiliers de l'époque sont beaucoup trop ventrues, trop rondes à l'avant et à l'arrière, et qu'elles gagneraient à être plus effilées avec des proues plus élancées. Publiées dans la presse, ses conceptions sont vivement contestées par nombre de constructeurs et de capitaines qui estiment qu'un bateau tel qu'il le préconise ne tiendrait pas la mer.

Trois ans plus tard, une compagnie new-yorkaise, Holland & Aspinwall, qui veut un voilier rapide pour rapporter de Chine du thé frais dont raffolent les Américains les plus raffinés, commande à Smith & Dimon un navire, le *Rainbow*, construit selon les nouvelles théories de Griffiths.

Tandis que l'architecte naval new-yorkais s'appuie sur une grande connaissance de la physique et des mathématiques et dessine des plans très élaborés, le capitaine Nathaniel B. Palmer arrive aux mêmes conclusions sans le recours d'aucune équation ni le calcul d'aucun coefficient.

Fils d'un charpentier naval du Connecticut, Palmer a grandi au milieu des coques de bateau. Mousse à 14 ans, il commande à 21 ans son propre sloop, le *Hero*, avec lequel il est un des premiers à apercevoir les terres de l'Antarctique. Après avoir longtemps assuré le transport du coton entre New York et La Nouvelle-Orléans, il se rend pour la première fois en Chine en janvier 1843, sur le packet *Paul Jones*. C'est pendant ce voyage qu'il imagine un bateau beaucoup plus rapide pour assurer cette longue traversée et qu'il sculpte dans le chêne le profil de sa quille.

Quand le *Rainbow* est enfin lancé, le 22 février 1845, il a déjà un concurrent qui lui ressemble fort, le *Houqua*, mis à l'eau le 3 mai 1844 pour le compte de la compagnie A.A. Low & Bross. Son commandant est justement le capitaine Palmer qui le mène aussitôt à Canton en un temps record : 90 jours.

En dépit de plusieurs avaries et de mauvaises conditions de navigation liées à la mousson, le *Rainbow* effectuera le trajet New York-Hongkong en 100 jours et le retour en 102 jours avec une vitesse de pointe de 14 nœuds. Lors de son second voyage sur la même route, il mettra 99 jours à l'aller et 84 au retour.

La compétition est ouverte. Elle ne cessera pas pendant plus de trente ans.

En 1845, Griffiths trace les plans du *Sea Witch*, le premier véritable clipper. Lancé le 8 décembre 1846, il constitue son chef-d'œuvre. Long, effilé, avec un gréement optimisé au maximum, il a néanmoins une vaste cale pour le transport des marchandises. Son commandant, Robert Waterman, a participé à son élaboration. Surnommé Bully la Brute, à cause de ses manières rugueuses et de sa poigne de fer, Waterman est l'homme idéal pour les défis les plus insensés à la voile. Qu'il est un marin expérimenté, il l'a prouvé quelques années auparavant en réussissant avec le voilier *Natchez*, vieux de quatorze ans, le temps fabuleux de 78 jours entre New York et Macao.

Lors de son premier voyage à bord du *Sea Witch*, le terrible capitaine procède aux réglages nécessaires et effectue la traversée New York-Chine en 104 jours, malgré la persistance d'un temps déplorable tout au long du voyage. Le retour est beaucoup plus rapide : 81 jours seulement. Ce n'est qu'un début.

Dès son deuxième voyage, Bully bat son propre record et ne met plus que 77 jours pour relier New York à Macao. Toujours avec le *Sea Witch*, il fait mieux encore la fois suivante et parvient à doubler le sémaphore de Sandy Hook, à l'entrée sud de la baie de New York, le 25 mars 1849, 74 jours et 14 heures après son départ de Chine. Record absolu. Sur cet itinéraire, personne ne fera mieux après lui avec un voilier de commerce.

Waterman n'a pas son pareil pour trouver le vent et exploiter la moindre risée. Il sait à merveille équilibrer son gréement en fonction de l'état de la mer, de la force et de la direction du vent. N'ayant peur de rien, il pousse son navire et son équipage à leurs limites extrêmes. Il ne réduit la voilure qu'en dernier ressort, lorsqu'il ne peut faire autrement.

Beaucoup de capitaines de clippers s'obstineront comme lui à braver les éléments déchaînés en ne déviant pas de leur route et en conservant toutes leurs voiles. Ils ne seront pas tous aussi chanceux que Waterman. Plus d'un entraînera son bateau et ses matelots dans une catastrophe aux conséquences plus ou moins graves. Le commandant du *Natchez*, lui, mourra dans son lit, riche et comblé.

Une vie très dure à bord

Les conditions de vie à bord des clippers sont très dures. Et nombreux sont ceux qui embarquent sans aucune expérience de la mer. Le recrutement s'apparente encore souvent, en cette seconde moitié du XIXe siècle, aux enrôlements forcés des siècles précédents. Les recruteurs ne sont pas regardants sur les qualités physiques et morales de ceux qu'ils embauchent. Les cabarets louches des ports les attirent davantage que les rares officines existantes pour l'emploi. Les pochards et les endettés sont leurs proies d'élection.

Les nouveaux marins de fortune plus souvent que de profession doivent s'adapter en quelques heures à des situations très éprouvantes physiquement et moralement auxquelles rien ne les a préparés : grimper dans la mâture à 40 ou 50 m au-dessus du pont supérieur par des vents violents ; ou même, tout simplement, acquérir le pied marin afin de vivre à peu près normalement à bord d'un esquif qui roule, tangue et gîte violemment presque en permanence.

Tout cela pour un salaire dérisoire : 12 dollars par mois en moyenne, alors qu'à terre les saloons et les boutiques de San Francisco en offrent 50 à l'époque de la ruée vers l'or.

Tout cela aussi dans un inconfort total : des hamacs pour dormir, quelques coffres pour ranger ses effets personnels à l'intérieur d'un poste d'équipage étroit et toujours humide, agrémenté d'une table pour prendre des repas pas toujours mangeables ou pour jouer aux dominos, au trictrac ou aux cartes pendant les rares moments de détente.

Les heures de repos sont comptées, car les équipages sont très réduits à bord des clippers : en moyenne 35 à 40 marins. Un clipper qui marche à vive allure, toute la journée, poussé par une bonne brise, mobilise en permanence plus de la moitié de ses matelots.

Confrontés à tant de contraintes, les hommes sont mûrs pour toutes les rébellions. Les capitaines vivent pendant des mois dans une atmosphère de sourde hostilité. Leur tension nerveuse est constante. Sans cesse aux aguets, ils doivent veiller à tout, car la moindre faiblesse du maître après Dieu peut tourner à la catastrophe...

Les courses du thé

Depuis la suppression, en 1833, du monopole de l'East India Company sur « le commerce à la Chine », et avec l'engouement de l'Europe et des États-Unis pour ce nouveau breuvage, les armateurs qui affrètent des navires pour le transport du thé, réalisent de fructueux bénéfices. Mais, pour accroître encore les profits, il faut abaisser la durée des voyages, construire des navires toujours plus rapides menés par des équipages toujours plus performants.

Aux *Rainbow*, *Sea Witch* et *Houqua* des débuts vient s'ajouter une liste impressionnante de clippers construits à un rythme accéléré par des chantiers de New York et de Nouvelle-Angleterre, surtout. Les principaux constructeurs sont Smith & Dimon, et William Webb sur les bords de l'East River, à New York, et Donald McKay à Boston, le plus productif de tous avec 137 clippers sortis de son chantier entre 1849 et 1863. Les plus célèbres de ces grands voiliers ont pour noms *Flying Cloud*, *Sovereign of the Seas*, *Stag Hound*, *Lightning* ou encore *Great Republic*, un quatre-mâts, qui, avec un déplacement de plus de 4 000 tonnes, 98,77 m de long, 16,16 m de large, 7,6 m de tirant d'eau, restera le plus grand clipper jamais construit.

Au début, les clippers américains n'ont pas de concurrents étrangers pour le trafic du thé à destination des États-Unis. En revanche, en 1849, l'abrogation des « Navigation Acts » par le Parlement britannique leur ouvre le commerce maritime du Royaume-Uni.

Ils ne tardent pas à profiter de l'occasion. Le 3 décembre 1850, l'un des plus rapides voiliers de la marine marchande américaine, l'*Oriental*, commandé par le fameux capitaine Palmer, décharge sa cargaison de thé au West India Dock de Londres, après 97 jours de mer au départ de Hongkong. L'émotion est considérable en Grande-Bretagne. Les Anglais réalisent brusquement que leur suprématie maritime est battue en brèche par ce clipper aux incroyables performances. Ils réagissent aussitôt. À la demande de l'Amirauté, l'*Oriental* est mis en cale sèche à Blackwall, sur les bords de la Tamise, et sa coque examinée attentivement pour en saisir toutes les subtilités.

Vue en perspective montante des nouveaux docks et entrepôts de Londres (West India Docks) sur l'île aux Chiens, en bordure de la Tamise. Cette immense zone portuaire était réservée aux marchandises en provenance de l'Inde et de l'Extrême-Orient. Lithographie de W. Daniell, 15 octobre 1802.

Cette photographie exceptionnelle prise en 1862 montre les directeurs et le personnel du chantier Alexander Hall & Sons d'Aberdeen (Écosse), posant, en costume du dimanche, devant les squelettes de deux coques de voiliers en construction.

Jonques et sampans se profilant devant les comptoirs des compagnies étrangères à Canton, au bord de la rivière des Perles (Chine). Canton est un haut lieu d'exportation des produits tropicaux – et du thé de Chine, en particulier. Peinture chinoise de la fin du XVIIIe siècle, musée maritime Prins-Hendrik, Rotterdam.

Les Anglais ne tardent pas à produire, à leur tour, des clippers aussi performants, sinon plus que leurs rivaux américains. Plus petits et plus étroits, ils sont mieux adaptés aux ports des mers de Chine. Ils sont aussi plus résistants, car leur coque associe un bordé en bois de teck birman longuement séché à des membrures et des barrots en fer. La construction mixte bois et fer, puis bois et acier permet d'affiner encore les coques tout en ayant une contenance de cale accrue.

Dès 1850, les chantiers anglais lancent le *Stornoway*, de 506 tonnes, suivi, en 1851, du *Chrysolite*, de 471 tonnes, qui effectue le parcours Londres-Canton en 80 jours, lors de son premier voyage.

Les plus fameux s'appellent ensuite *Ariel, Taeping, Sir Lancelot* et *Cutty Sark*, le dernier à survivre encore aujourd'hui. Les chantiers les plus réputés sont Alexander Hall & Henry Hood à Aberdeen (Écosse) ; Connell & Robert Steel et Pile à Sunderland ; Chaloner à Liverpool ; Laurie à Glasgow.

La passion du thé

Cultivé essentiellement en Extrême-Orient, principalement en Chine, aux Indes et à Ceylan, le thé est consommé en Chine depuis l'Antiquité. Mais, pendant longtemps, il resta considéré, tel l'opium, comme un médicament.
Quand il fait son apparition en Europe, importé par les Néerlandais, on s'en sert, tout d'abord, uniquement contre la migraine et les aigreurs d'estomac.
Mais, à partir du moment où, dans les années 1660, l'East India Company anglaise se met à en importer directement d'Asie, le commerce de cette petite plante se développe de façon fulgurante. Le thé devient, avec le café, le principal produit d'importation de l'ensemble des compagnies comme en témoigne cette instruction de l'East India Company datée de 1718 :
« ... charger autant de thé que le navire pourra en contenir... »
Des coffee houses (les cafés anglais), le thé gagne les salons des ladies. Puis le rite de la « cup of tea », du « five o'clock tea » atteint les familles anglaises les plus modestes. Il gagne toute l'Europe, puis les États-Unis. De 90 000 livres en 1700, l'importation annuelle de thé en Europe passe à 240 000 livres en 1720 et atteint plus de 5 millions de livres à la fin du XVIIIe siècle...

À partir de 1860, avec les effets de la récession économique puis de la guerre de Sécession, les clippers américains seront beaucoup moins nombreux à aller chercher du thé en Chine, tandis que les clippers anglais seront nombreux à en rapporter aux États-Unis.

Longtemps, les clippers embarquent le thé à Canton sur la rivière Whampoa. Puis le principal port d'exportation devient, vers 1860, Fou-tcheou, sur la rivière Min, parce que le thé est récolté deux mois plus tôt dans la province de Fou-kien, voisine. Les voiliers emportent aussi des ivoires, de la porcelaine, des éventails, des meubles en laque et toutes sortes de chinoiseries qu'on s'arrache en Europe et aux États-Unis. Mais rien ne vaut la demande sur le thé. Elle devient si élevée que les armateurs offrent des primes substantielles aux capitaines et aux équipages qui ramèneront leurs clippers le plus vite.

La rapidité du voyage est d'autant plus importante que le trajet Chine-États-Unis représente plus de 30 000 milles nautiques à travers l'Atlantique, l'océan Indien et la mer de Chine. Pendant ce temps, le thé a toutes chances de perdre une partie de son arôme et de prendre de l'amertume, voire de moisir. Et, même si le trajet Chine-Grande-Bretagne est moins long, les Anglais ne supportent plus, comme aux temps des Indiamen, de consommer du thé qui a déjà un an d'âge quand il arrive chez eux. Ils veulent du « thé nouveau » et attachent de plus en plus d'importance à sa fraîcheur.

Ces primes suscitent les fameuses « courses du thé » pour lesquelles se passionnent le public anglais et le public américain. Il n'y a pas d'année sans que ne se déroule au moins une de ces grandes courses, plus ou moins officielles. Mais, à partir de 1859, les navires anglais restent les seuls en lice. En 1863, 15 clippers y participent. Ils sont 15 aussi en 1866, 23 en 1867, 18 en 1868, 23 en 1869 et, enfin, 27 en 1870.

La plus célèbre course se déroula en 1866. Comme chaque année à la fin de mai, le mouillage de la Pagode, sur la rivière Min, à Fou-tcheou n'était qu'une forêt de mâts. Les élégants clippers chargeaient le thé tout frais cueilli. Le lundi 28 mai, le *Fiery Cross* (888 t), l'*Ariel* (853 t), le *Serica* (708 t), le *Taeping* (767 t) et le *Taitsing* (815 t) appareillèrent successivement en l'espace de 30 heures, laissant derrière eux les autres clippers qui n'avaient pas fini de charger. Après avoir pris une journée d'avance sur ses concurrents, le *Fiery Cross* la perdit vers le cap de Bonne-Espérance. 99 jours après leur départ, le 5 septembre 1866, le *Taeping* et l'*Ariel* arrivèrent presque ensemble, à 13 h 30, en vue de Dungeness, sur la côte sud-est de l'Angleterre. À 22 h, le *Taeping* s'amarrait à l'East India Dock à Londres. Il avait battu l'*Ariel* de 55 minutes seulement après un voyage de 15 000 milles nautiques. Une différence insignifiante sur une telle distance.

Les 15 clippers ayant participé à la course débarquent à Londres d'un seul coup 15 241 202 livres de thé frais. Le marché déjà déprimé est au bord de l'effondrement avec un afflux aussi massif. Les marchands ne soutiendront plus jamais un pareil match. C'est la dernière course officielle, mais pas la dernière course entre clippers : deux ans plus tard, l'*Ariel* prendra sa revanche sur le *Teaping*.

Les moyennes atteintes par les clippers tiennent souvent du prodige : 300 milles nautiques et davantage parcourus en une journée à 14 ou 16 nœuds ne sont pas rares. Le *Sovereign of the Seas* aurait même soutenu 22 nœuds pendant quelques heures, le *James Baines* réalisant des pointes de 21 nœuds. Le *Lightning*, pour sa part, aurait parcouru 436 milles nautiques en 24 heures, soit une moyenne de 18 nœuds, battu par le *Champion of the Seas* avec 465 milles nautiques...

En fait, ces performances fantastiques sont quelque peu exagérées par les méthodes de mesure de la vitesse sur l'eau au loch ou au sablier, dont la marge d'erreur peut aller jusqu'à 5 nœuds. Même si, en réalité, la vitesse moyenne des clippers était plutôt de 6 à 10 nœuds, le progrès était encore considérable : de 30 à 50 p. 100 par rapport aux époques précédentes.

La ruée vers l'or en Californie (1849)

Avril 1847-avril 1848 : 13 navires, seulement, desservent San Francisco depuis les ports américains de la côte est. 1849 : aussitôt connues les découvertes de filons aurifères en Californie, ce sont, cette année-là, 775 bateaux qui partent de la côte atlantique des États-Unis pour aller relâcher dans le grand port californien.

Le premier clipper à participer au Gold Rush, le *Memnon*, bat tous les records en mettant 122 jours pour faire le trajet côte est-côte ouest. Il fallait, en moyenne, 200 jours auparavant pour parcourir les 15 000 milles nautiques que constituent la longue descente des côtes de l'Atlantique, la non moins longue remontée des côtes du Pacifique et le passage du cap Horn si redouté.

Un nombre considérable d'aventuriers est prêt à payer n'importe quel prix pour rejoindre au plus vite la Californie. La ruée vers l'or est l'occasion de bénéfices phénoménaux pour les armateurs qui retirent du commerce du thé la plupart des clippers qui étaient alors en service entre Canton et New York pour les affecter au transport, infiniment plus rémunérateur, des émigrants et des marchandises vers la Californie.

Le 6 mai 1850, le clipper *Samuel Russel* arrive à San Francisco 109 jours après son départ de New York.

Les célèbres clippers anglais *Ariel* et *Taeping* aux prises, pendant la plus fameuse course du thé, en 1866. Afin de bien prouver qu'il s'agit d'une compétition, la gravure montre les deux rivaux pratiquement bord à bord. Mais, en réalité, plusieurs milles nautiques les séparaient pendant le voyage. Deux ans plus tard, l'*Ariel* prit sa revanche sur le *Taeping*. Les deux plus rapides coursiers anglais de l'époque disparurent dans des naufrages quelques années après la course de 1866.

1853. 71 d'entre eux déplacent plus de 1 500 tonnes, et 13, plus de 2 000 tonnes.

En 1856, le Gold Rush californien se termine. Jamais plus les voiliers ne connaîtront une conjoncture économique aussi favorable à leur développement. Mais, après les aventuriers, ce sont les fermiers qui s'implantent en Californie, important encore par bateau des bois de charpente, et toutes sortes d'équipements et de matériel nécessaires pour l'exploitation des vastes terres de l'Ouest.

La ruée vers l'or, ajoutée au développement économique continuel du Nouveau Monde, a provoqué un accroissement spectaculaire de la flotte marchande américaine qui de 2 900 000 tonnes en 1850 passe à 4 400 000 tonnes en 1860, surpassant pour la première fois la flotte britannique de voiliers qui, dans le même temps, n'est passée que de 3 400 000 tonnes à 4 200 000 tonnes. Quant aux autres nations maritimes, elles sont loin derrière.

La guerre de Sécession (1861-1865) va mettre fin à la grande époque des clippers américains. Nombre d'entre eux seront détruits par les corsaires confédérés.

Ceux qui subsisteront iront ensuite, comme les clippers anglais, charger la laine d'Australie, de Nouvelle-Zélande et de Tasmanie. Ils transporteront aussi des émigrants en nombre croissant vers ces terres de peuplement nouvelles. Mais, toujours, ils continueront à tenter de battre des records de vitesse : en 1889-1890, certains clippers réussiront ainsi à accomplir le parcours Sydney-Londres en 75 jours.

Le *Cutty Sark,* dernier témoin survivant de cette grande époque

En 1868, lors de son voyage inaugural, le grand clipper anglais, *Thermopylae,* effectue la traversée Londres-Melbourne en 60 jours. Aucun voilier ne fera mieux. Ce magnifique bateau, dessiné par l'architecte Bernard Weymouth et construit par le chantier Walter Hood d'Aberdeen, sera l'un des plus rapides du monde. Mais les beaux jours du commerce du thé sont déjà passés. L'ouverture du canal de Suez, le 17 novembre 1869, raccourcit considérablement les routes maritimes Europe-Asie et États-Unis-Asie en évitant le long détour par le cap de Bonne-Espérance. Toutefois, son étroitesse et les droits de péage ne le rendent intéressant que pour les vapeurs, qui rapidement vont supplanter les voiliers.

Le *Thermopylae* est donc longtemps affecté au commerce de la laine avec l'Australie avant de se contenter du transport du charbon, du bois de charpente ou des céréales. Transformé en navire-école de la marine portugaise, il sera radié des listes en 1907 et coulé à coups de canon par deux unités portugaises dans l'estuaire du Tage.

Conçu pour rivaliser avec le *Thermopylae*, le *Cutty Sark* eut un destin plus enviable, puisqu'il est aujourd'hui le dernier témoin survivant de cette grande époque de la marine à voile.

Le célèbre clipper américain *Flying Cloud* en cours de chargement dans le port de New York, avec, dans sa mâture, une publicité géante pour une destination qui évoque l'espoir d'une fortune rapide pour des milliers d'individus : San Francisco, porte de la ruée vers l'or. Gravure sur bois, 1851.

Publicité pour les voyages par clippers à destination de San Francisco. Lithographie de 1850.

Record qui va être battu par tous les autres clippers engagés sur la nouvelle ligne. Le *Sea Witch*, notamment, deux mois après le *Samuel Russel*, abaisse le temps de la traversée à 97 jours, malgré les violentes tempêtes qu'il a dû affronter au cap Horn. Sa cargaison valait 84 626 dollars à New York, elle en vaut 275 000 à San Francisco : près de quatre fois le coût de la construction du bateau !

Avec la demande de navires que suscitent ces profits fabuleux, la construction navale américaine connaît un essor fulgurant. Les rivages de l'East River, à New York, se couvrent d'une nébuleuse de chantiers navals sortis du néant en quelques mois, entre 1849 et l'automne 1850. Plus de 10 000 personnes y travaillent fiévreusement dans le bruit infernal des marteaux et des masses, des treuils et des moutons à vapeur. 16 clippers sont livrés en 1850, 44 en 1851, 61 en 1852, 125 en

En 1869, un armateur écossais, ancien capitaine au long cours, John Willis, commande au chantier Scott & Linton, à Dumbarton, un navire capable de battre le *Thermopylae*. Le vieux loup de mer est aussi un habile homme d'affaires : il veut le meilleur navire au prix le plus bas possible. C'est pourquoi il choisit cette société qui vient juste de se créer à Dumbarton, sur les bords de la Clyde.

Le jeune architecte naval qui dessine les plans, Hercules Linton, s'inspire pour la conception du *Cutty Sark* de la frégate marchande *Tweed* de 1 745 tonnes qui fait partie de la flotte de Willis, de voiliers côtiers appelés smacks, réputés pour leur rapidité, et des principales caractéristiques des clippers les plus réussis.

Mais le chantier, qui n'a encore jamais construit de clipper et a serré ses prix pour arracher un contrat aussi prestigieux, est bientôt obligé de travailler à perte. Le résultat en est que, juste après le lancement du clipper, le 22 novembre 1869, il est mis en liquidation. C'est un autre chantier de la Clyde, William Denny à Leven, qui est chargé de l'achèvement du *Cutty Sark* – aménagement intérieur, garnissage de la coque, gréement, etc.

Douze semaines après son lancement, le *Cutty Sark* appareille de Londres pour la Chine, où il doit embarquer une cargaison de thé. Malheureusement, comme pour le *Thermopylae*, sa mise en service intervient trop tard pour permettre à son armateur de réaliser d'importants

bénéfices. La concurrence des vapeurs désormais plus rapides, plus réguliers et plus sûrs va entraîner la disparition progressive des clippers, condamnés à la démolition ou perdus dans des naufrages. Le *Cutty Sark* sera un des derniers à être construit.

Le clipper de John Willis n'effectuera que huit voyages, entre 1870 et 1877, avec des cargaisons de thé de Chine. Ses temps sont honorables et oscillent entre 109 et 122 jours de la Chine au sud de l'Angleterre avec une traversée record de 107 jours entre Shangai et North Foreland (près de Plymouth). D'autres clippers ont fait mieux sur les mêmes parcours.

En 1872, le *Cutty Sark* et le *Thermopylae* quittent Shangai le même jour. Le premier transporte 1 303 000 livres de thé, le second, 1 196 460 livres. Les deux grands clippers vont pouvoir s'affronter !

Au début, le *Cutty Sark* mène, mais, en arrivant à la hauteur du détroit de la Sonde, le *Thermopylae* le rattrape. De nouveau, les vents favorisent le *Cutty Sark*, qui prend quelque 400 miles d'avance sur son rival. Très fier, son capitaine se voit déjà gagner. Soudain, pendant un coup de vent, le gouvernail casse. Tout l'équipage se mobilise et parvient au prix d'efforts frénétiques à installer, en pleine tempête, un gouvernail de fortune. Mais c'est déjà trop tard, la réparation a pris trop de temps. Quand le *Cutty Sark* arrive à Londres, le *Thermopylae* y est parvenu depuis une semaine. Sans cette avarie, il serait sans doute arrivé le premier...

La silhouette racée du magnifique clipper anglais *Thermopylae* survit sur cette très rare photographie prise vers 1870-1875. Lancé en 1868, ce clipper, considéré comme le plus rapide du monde, avait été spécialement conçu pour la navigation dans les zones de vents forts – tels que ceux rencontrés dans les « quarantièmes rugissants ». Il pouvait transporter toutes sortes de cargaisons : du thé, du riz, des balles de laine, des lingots de chrome et de nickel, des poutres métalliques.

La légende de *Cutty Sark*

Quand il l'appela *Cutty Sark*, l'armateur écossais John Willis voulait-il donner à son nouveau clipper des pouvoirs magiques pour vaincre le *Thermopylae* ?

Nous n'en savons rien. Toujours est-il que la légende écossaise d'où est tiré ce nom raconte l'histoire d'un fermier, Tam O'Shanter, qui, après une soirée bien arrosée, rentre chez lui sur sa jument grise quand, tout à coup, il aperçoit une bande de sorcières dansant dans le cimetière. Elles sont toutes vieilles et affreuses sauf une, ravissante, qui porte pour seul voile sur son corps sensuel une « cutty sark », une courte chemise transparente. Tam arrête sa jument et contemple fasciné cette jeune beauté ondulant avec tant de grâce. Soudain, transporté d'admiration, il ne peut s'empêcher de crier : « Bravo, Cutty Sark ! »

Aussitôt, la lumière irréelle qui baignait la scène fait place à l'ombre la plus noire. Terrifié, Tam lance sa jument au triple galop et s'enfuit au plus vite pour échapper aux sorcières furibondes. Ses poursuivantes l'ont presque rattrapé, l'infernale tentatrice a déjà empoigné la queue de sa jument quand, décochant une ruade, l'animal se libère. La sorcière ne garde dans la main qu'une poignée de crins. Une seconde plus tard, Tam est sauvé, il a passé le pont sur le Doon que les sorcières ne peuvent franchir...

De cette légende mise en poème par Robert Burns, il reste une peinture, le nom du bateau, la figure de proue représentant la belle sorcière et l'emblème du navire : une chemise en fer qui était hissée au grand mât. Sauvée du démâtage du clipper en 1916, cette « cutty sark » a été retrouvée et rachetée dans une vente publique par la Fondation *Cutty Sark* en 1960.

En 1877, le *Cutty Sark* embarque son dernier chargement de thé à Han-k'eou. Dès lors, pendant cinq ans, le glorieux clipper fait du « tramping », c'est-à-dire qu'il charge des marchandises au plus offrant, là où elles sont proposées. Il devient, comme beaucoup de ses semblables, un vagabond des mers. Il transporte du fret divers entre Londres et Sydney, repartant de ce port australien avec du charbon qu'il va livrer à Shangai, avant de repartir à Sydney, lège, c'est-à-dire à vide.

1880 le voit transporter de la laine entre Melbourne et Sydney. Cela vaut mieux que de pourrir lentement à la chaîne, oublié au fond de quelque port ou vasière.

Ces nouveaux chargements n'exigent pas, comme le thé, des livraisons particulièrement rapides. Aussi réduit-on son immense voilure en raccourcissant les bas mâts et en supprimant les perroquets et les bonnettes.

En 1881, le *Cutty Sark* est à Cebu (Philippines), où il embarque des balles de jute pour New York. À Madras (Inde), 3 310 sacs de jaggery (sucre de palme) et 100 tonnes de bois prennent place dans ses cales à destination de Bimlipatam (toujours sur la côte de Coromandel). Le sucre s'étant liquorisé à fond de cale, un pompage et un long nettoyage s'imposent. Dans le même port, 6 240 sacs de myrobalans, sorte de noix tinctoriale, et 4 163 cornes de buffles prennent place à

son bord. À Londres, il reçoit 1 290 tonnes de ferraille pour Shangai, son plus lourd chargement.

En 1883, le *Cutty Sark* est affecté au trafic régulier de la laine d'Australie. Il fera douze voyages aller et retour jusqu'en 1894-1895. Lors du premier, entre Newcastle en Australie (Nouvelle-Galles du Sud) et Deal (Kent), il réalise le temps exceptionnel de 82 jours, qu'il abaisse encore de deux jours l'année suivante.

En 1889-1890, il fera même le trajet Sydney-Londres en 75 jours. Précisons que, depuis 1885, il est commandé par le capitaine Richard Woodget. Sous la férule de ce marin expérimenté et excellent meneur d'hommes, le *Cutty Sark* accomplit pendant dix ans des

Le *Cutty Sark* dépassant le paquebot *Britannia*, sur la route de l'Australie, en 1888. Peinture de David Cobb, musée Cutty Sark.

Le *Cutty Sark*, dans la baie de Sydney. Photographie prise en 1889.

exploits. Il a plusieurs fois l'occasion de rencontrer sur sa route son vieux rival *Thermopylae* qu'il bat à chaque fois. Celui qui fut le meilleur commandant du *Cutty Sark*, Richard Woodget, était aussi un homme passionné de photographie, qui nous a laissé les seuls documents authentiques montrant le clipper dans les années 1885-1895.

Quand le *Cutty Sark* revient à Londres en 1895 avec 5 304 balles de coton, sa plus volumineuse cargaison, son armateur John Willis estime que son exploitation n'est vraiment plus rentable et il décide de s'en débarrasser.

C'est la compagnie portugaise J.A. Ferreira qui l'achète et le conserve, sous le nouveau nom de *Ferreira*, avant de le céder, en 1920, à un autre armement lusitanien, la Companhia Nacional de Navegação de Lisbonne.

Le bateau vieillit, mais il est entretenu avec amour par ses nouveaux propriétaires. Regréé en barquentine (avec une voile carrée et deux voiles auriques) en 1915, il continue vaillamment son service actif. À deux reprises, il perd son gouvernail. D'abord dans un ouragan aux Antilles en 1909, puis en 1915, à dix jours de mer de Lisbonne, en route pour Mossamedes (Angola). Peu après, il est démâté en quittant la baie de Delagoa avec 1 142 tonnes de charbon pour Mossamedes. Remorqué au Cap, il va y être réparé et transformé définitivement en barquentine, car il s'avère difficile en ces temps de guerre de remplacer ses espars cassés.

Manœuvré par un équipage de 12 cadets détachés pour la circonstance du vaisseau-école anglais du XIXe siècle *Worcester*, le *Cutty Sark* arrive à Greenhithe (Kent), en provenance de Falmouth, le 18 juin 1938. Perchés dans les haubans et sur le pont supérieur du *Worcester*, d'autres cadets saluent le vénérable voilier. Resté vingt ans à Falmouth, le *Cutty Sark* va demeurer à Greenhithe jusqu'à son remorquage définitif à Greenwich, sur les bords de la Tamise, près de Londres, le 10 décembre 1954. Le public peut désormais l'admirer, restauré dans toute sa splendeur d'antan et transformé en musée, dans sa forme de radoub.

Cutty Sark

Clipper à trois mâts : mât de misaine, grand mât, mât d'artimon
Trois ponts en teck, ossature en fer forgé
Architecte : Hercules Linton
Construction : 1869 au chantier Scott & Linton à Dumbarton (Écosse) ; achevé par le chantier William Denny à Leven (Écosse)
Longueur : 85,34 m

Largeur : 10,97 m
Tirant d'eau : 6,40 m
Déplacement : 2 133 t
Surface de voilure : 2 972 m²
Équipage : 32 hommes
Port d'attache : Greenwich (près de Londres).

Le sauvetage du clipper

Quand, en 1922, le vieux clipper, de nouveau rebaptisé *Maria do Amparo*, décharge des marchandises à Londres, on en profite pour lui faire subir une refonte dans l'Union Dry Dock.

À son retour vers le Portugal, une tempête dans la Manche l'oblige à se réfugier à Falmouth. Il est à peine entré dans le port que le capitaine Wilfred Dowman le reconnaît. C'est bien ce fameux *Cutty Sark* qu'il a jadis aperçu en mer, alors qu'il était apprenti à bord du *Hawksdale*. Le vieux capitaine est tout ému, il a tant rêvé de ce fabuleux clipper, aujourd'hui transformé en barquentine... Sa décision est vite prise : il veut à tout prix le sauver. La négociation ne sera pas très difficile. On le lui cède pour 3 750 livres sterling. Et, jusqu'en

1924, Dowman va s'acharner à restaurer le *Cutty Sark* dans son état originel.

À sa mort, en 1936, c'est l'Incorporated Thames Nautical Training College qui en hérite et le fait naviguer jusqu'en 1938, puis le remorque jusqu'à Greenhithe (Kent), où il rejoint un navire-école, le *HMS Worcester*.

Lorsque, après la Seconde Guerre mondiale, le College achète un nouveau navire-école en acier plus moderne et plus grand, il envoie à la démolition le *Worcester* et propose le *Cutty Sark* à la vente. Mais, à l'époque, le vieux clipper n'intéresse personne.

Conscient de l'intérêt historique du *Cutty Sark*, le secrétaire du College le propose alors au National Maritime Museum de Greenwich. Mais ce musée aurait été incapable d'en accepter la charge sans l'aide de trois mécènes, sir Isaac Hayward et les frères Morrison.

Un comité de défense du *Cutty Sark* décide de transférer le clipper à Greenwich pour le placer en cale sèche à côté du Royal Naval College. Encore faut-il trouver les fonds nécessaires. Ce sera la première tâche de la *Cutty Sark* Society, fondée en 1952, qui va ensuite s'occuper de faire restaurer, regréer, puis remorquer le clipper à Greenwich dans la cale sèche où on peut aujourd'hui l'admirer.

Le 25 juin 1957, la reine Élisabeth II et le prince Philippe d'Édimbourg ouvrent solennellement le vieux voilier au public.

L'intérieur a été restauré dans l'état où il était lorsque le clipper se livrait au commerce du thé : mobilier en acajou ou en teck dans le salon des officiers et la cabine du capitaine, simples paillasses sur des couchettes superposées dans le quartier de l'équipage beaucoup plus fruste. Divers objets et documents rappellent l'histoire des clippers et principalement celle du *Cutty Sark*. De superbes figures de proues sont également exposées, dépôt du Musée maritime de Gravsend.

La reconstitution du *Cutty Sark* a demandé de longs et patients efforts. Les plans originaux du navire avaient été détruits à Glasgow peu après la Seconde Guerre mondiale. Heureusement, Mr. John Rennie, fils du chef du bureau de dessin du chantier Scott & Linton, avait conservé à Mombasa les plans d'aménagement du clipper et il les a offerts au Musée maritime de Glasgow. La petite-fille de l'architecte Hercules Linton a fourni de son côté les plans originaux de la voilure et du gréement. D'autres documents ont également été très utiles, tel le carnet de notes du maître charpentier de Scott & Linton donnant, notamment, les dimensions de tous les mâts et de toutes les vergues.

Réussissant le plus parfait compromis entre les formes hydrodynamiques des coques, la capacité des cales, l'ampleur du gréement, la taille et la vitesse, les clippers représentent l'apogée de la marine à voile. Leur beauté faisait l'admiration des foules, leurs records leur valaient la première page des journaux. Pourtant, ils ne représentaient qu'une part infime du tonnage total des voiliers, soit 1 p. 100 pour les clippers britanniques (20 000 tonnes sur 4 200 000 tonnes en 1860) et 10 p. 100 pour les clippers américains.

La collection Long John Silver de figures de proues de navires, exposée à l'intérieur du *Cutty Sark*, est la plus belle existant dans le monde. Ces sculptures proviennent toutes de voiliers de commerce aujourd'hui disparus.

LE *GREAT BRITAIN* (1843), PROTOTYPE DES PAQUEBOTS MODERNES

Dans les années 1820-1840, la traversée de l'Atlantique entre l'Europe et les États-Unis ou les voyages entre le Vieux Monde et l'Australie, ou le Canada, constituent une effroyable épreuve pour les émigrants qui sont, chaque année, des milliers à tenter l'aventure. Défiant l'Angleterre qui, depuis le début du XVIIIe siècle, règne en maîtresse absolue sur les mers, les Américains ont accaparé le quasi-monopole du trafic voyageurs vers les États-Unis. Ils arment à cette fin de petits paquebots à voiles, les packets, qui vont grossir progressivement pour devenir dans les années 1840 des clippers.

Dès 1816, la compagnie américaine Black Ball Line décide de mettre en service quatre voiliers de 500 tonnes sur le trajet Liverpool-New York. Innovations majeures : les bateaux partiront au jour et à l'heure prévus, qu'ils soient pleins ou vides ; et, pour un prix fixe de 40 guinées, les passagers ont lit, couvertures, nourriture et vin compris.

Le 5 janvier 1818, malgré la tempête de neige qui sévit, le premier packet de la Black Ball Line, le *James Monroe*, appareille à l'heure fixée. Les services réguliers sur l'Atlantique sont nés. Le succès est immédiat. La formule est si populaire qu'on en fait même une chanson :

> For once there was the Black Ball Ships
> Hurrah for the Black Ball Line
> That fourteen knots an hour could slip
> Hurrah for the Black Ball Line !
> (Car il y avait les navires de la Black Ball
> Hourra pour la Black Ball Line
> Qui pouvaient filer quatorze nœuds à l'heure
> Hourra pour la Black Ball Line !)

Le navire anglais à vapeur et à roues à aubes *John Bull* fendant les flots. Peinture d'Édouard Adam, 1834. Musée de la Marine, Paris.

En réalité, la chanson exagère un peu, car les voiliers de l'époque atteignaient rarement une telle vitesse et, même si c'était le cas, ils ne la soutenaient pas longtemps.

D'autres compagnies s'engagent alors sur la voie tracée par leur devancière : en 1821, la Red Star Line, puis, peu après, les Swallostail, Dramatic et Black X Lines. Bien évidemment, ces compagnies sont encore très modestes, sans comparaison avec celles qui prendront leur essor vers 1850-1870, les Cunard, White Star Line, NordDeutscher Lloyd, Compagnie générale transatlantique et autres géantes.

En 1836, vingt packets desservent la route New York-Liverpool et vingt autres, celle de New York-Londres-Le Havre. Certaines unités dépassent même 1 000 tonnes.

Au milieu du siècle, quelque quatre millions d'émigrants, en majorité britanniques, ont déjà franchi l'Atlantique pour débarquer à New York.

Mais les packets ont de graves défauts : leur dépendance totale vis-à-vis du vent les empêche d'arriver à date fixe. Surtout, ils n'offrent le plus souvent qu'un confort très succinct à leurs passagers.

Les dures conditions de vie des émigrants britanniques vers le Nouveau Monde sont décrites avec un grand effet dramatique, mais néanmoins juste, par cette gravure parue dans la revue anglaise *The Graphic*, le 12 mars 1870. Entrepont obscur et insalubre, promiscuité et entassement, maladies et abattement : les émigrants sont soumis aux plus rudes épreuves.

Le dur voyage des émigrants

Traverser l'Atlantique à bord d'un paquebot voilier est, au milieu du XIXᵉ siècle, une épreuve épouvantable. Le confort y est réduit à sa plus simple expression. Les voyageurs sont parqués dans un entrepont obscur et insalubre où la lumière ne pénètre que par quelques hublots et écoutilles. Les rares cloisons assurent très peu d'intimité, la promiscuité est permanente.

Bagages, marchandises, animaux et humains s'entassent dans un capharnaüm indescriptible. Cet espace confiné concentre tous les bruits et toutes les odeurs qu'on peut imaginer sur un bateau de ce genre. Il faut vraiment avoir le cœur bien accroché pour supporter les senteurs nauséabondes engendrées par le mal de mer ou par tous les autres maux qui s'abattent sur des individus affaiblis par les privations, la mauvaise nourriture, l'eau avariée : typhus, choléra, grippe, tuberculose, dysenterie, fièvres en tout genre... Les animaux, la crasse et la sueur mêlés ont également leur part de responsabilité. Le manque d'hygiène est désastreux. Il n'y a pas de toilettes et encore moins de salles de bains. Les vases de nuit constituent l'équipement de base.

Quant à aérer quotidiennement un gros esquif balayé en toute saison par des paquets de mer, il ne faut pas y songer. Impossible d'ouvrir les écoutilles par temps de bonne brise ou de tempête : le bateau se remplirait comme une baignoire !

Impossible, non plus, de monter prendre l'air sur le pont supérieur, cela gênerait les manœuvres de l'équipage. Et c'est de plus fort dangereux pour qui n'a pas le pied marin, car ces navires surentoilés gîtent, tanguent et roulent violemment par vent fort.

En hiver, il fait glacial ; en été, étouffant de chaleur. Certains émigrants déjà démoralisés avant même d'embarquer supportent très mal ces conditions déplorables. Les suicides ne sont pas rares et s'ajoutent aux décès par accident ou par maladie.

La durée du trajet laisse pourtant aux malheureux passagers tout le temps de s'habituer à ces multiples désagréments. La traversée dure de 15 à 40 jours dans le sens Europe-États-Unis et de 13 à 23 jours, ou plus, dans l'autre sens. Il n'est pas rare qu'au cours du voyage près du tiers ou de la moitié des passagers décèdent. Tel bateau arrive à New York allégé de 80 vies. Personne ne s'en offusque.

Les survivants de ces effroyables équipées qui débarquent sur la « terre promise » mettent, en général, un certain temps à s'en remettre.

Pourtant, le nombre de candidats prêts à partir pour le Nouveau Monde, le Canada ou l'Australie ne cesse de s'accroître. Les packets, dont la capacité d'hébergement se réduit à 150-250, voire 300 passagers au maximum, ne suffisent pas à transporter ce flot humain toujours plus abondant. Et il devient indispensable d'améliorer les conditions aussi déplorables des voyages pour les rendre plus supportables et moins coûteux en vies humaines.

Les débuts de la vapeur

Entre 1815 et 1835, il n'y a pas d'autre moyen que la voile pour se rendre en Amérique ou ailleurs au-delà des mers. Les premiers bateaux à vapeur ont bien fait leur apparition dans le dernier quart du XVIIIᵉ siècle, mais ce sont encore des curiosités qui suscitent davantage d'effroi et de moqueries qu'ils n'inspirent confiance ou respect.

Le *pyroscaphe* de Jouffroy d'Abbans qui remonte la Saône en juillet 1783 n'est qu'une grosse barque dotée d'une machine à mouvement alternatif et de roues à aubes. Il en est de même du *Charlotte Dundas* qui réussit, en mars 1802, à remorquer deux chalands de 70 tonnes sur la rivière Clyde. Le 9 août suivant, l'inventeur américain Robert Fulton fait évoluer sur la Seine un autre monstre cracheur de fumée, un peu plus gros. Mais il faut attendre encore quelques années avant qu'il ne fasse parcourir 240 km en 32 h sur la rivière Hudson au *Clermont* qui s'impose par sa performance, mais terrifie les riverains par son bruit et sa fumée. Il n'est pas encore question pour ces fragiles bateaux d'affronter l'océan.

En 1819, le voilier à vapeur *Savannah* parvient enfin à traverser l'Atlantique jusqu'à New York. Il a mis seize jours, mais n'a utilisé la vapeur que pendant 85 h, naviguant à la voile tout le reste du trajet. L'événement passe presque inaperçu.

Les packets continuent à régner en maîtres pour le transport des passagers outre-Atlantique. Les plus récents d'entre eux, comme le *Shakespeare*, le *Garrik*, le *Sheridan* ou le *Roscius* de la Dramatic Line, sont plus rapides et offrent davantage de confort que leurs aînés. Plus grands (entre 800 et 1 000 tonnes), plus fins, plus chargés de toile, ils établissent de nouveaux records pour la traversée de l'Atlantique : 13 jours, et même 12 jours et quelques heures pour le *Garrick*. Pourtant leurs beaux jours sont comptés, car ils ne peuvent se départir de ce défaut majeur : l'impossibilité de garantir une date et une heure d'arrivée.

Le packet à voiles et à vapeur *James Watt* affrontant une violente tempête dans la nuit du 23 novembre 1824. Gravure de J. Rofs parue dans *A Treatise on navigation by steam*, de John Ross, Londres, 1824. Service historique de la Marine, Vincennes.

Le packet ship *Charles Cooper*

De ces « packet ships » américains qui dominaient le trafic transatlantique au milieu du XIXᵉ siècle, un seul survit de nos jours : le *Charles Cooper*, réduit à l'état d'épave bien délabrée et échoué à Port Stanley (îles Falkland) depuis 1978.
Construit en 1856 par les chantiers William Hall, près de Bridgeport dans le Connecticut, pour la compagnie Layton & Hurlbut de New York, ce voilier à coque en bois, long de 50,6 m, large de 10,67 m et d'un déplacement de 977 tonnes devait assurer la liaison New York-Le Havre.
Lors d'un trajet Philadelphie-San Francisco, en 1866, le *Charles Cooper* dut effectuer une escale forcée à Port Stanley pour réparations. Son état était si défectueux qu'il ne devait jamais quitter ce refuge. Sa coque, protégée par plusieurs roofs installée sur le pont supérieur, a servi d'entrepôt pendant plus d'un siècle.
Ce vénérable voilier démâté est, depuis 1968, la propriété du South Street Seaport Museum de New York. Son bordé est disjoint en différents endroits, sa carène est trouée et déformée. Mais une restauration est possible, comme l'ont démontré les trois expéditions d'études envoyées par son propriétaire à Port Stanley, pour envisager les mesures conservatoires à prendre.

Beaucoup de Britanniques supportent difficilement ce quasi-monopole des Américains sur le trafic transatlantique. Parmi eux, le grand ingénieur Isambard Kingdom Brunel, constructeur de la voie ferrée Londres-Bristol, propriété de la Great Western Railway Company.

Aussi, vers la fin de 1833, lors d'une réunion avec les directeurs de cette société, Brunel lance-t-il cette boutade dont les répercussions seront incalculables : « Pourquoi ne pas prolonger la voie ferrée Londres-Bristol jusqu'à New York avec un bateau à vapeur ? »

Les dirigeants de la compagnie ferroviaire prennent la plaisanterie très au sérieux. Une commission d'étude est aussitôt créée qui, dans le rapport qu'elle va rendre début 1836, recommandera l'utilisation de grands navires afin de réaliser proportionnellement des économie plus substantielles. On reconnaît là l'influence de Brunel qui émet à cette occasion des théories nouvelles dont l'exactitude n'est plus à démontrer. Un : la consommation relative de carburant décroît avec l'augmentation de la puissance du moteur et des dimensions de la coque. Deux : la résistance à l'avancement d'une coque dans l'eau n'est pas directement proportionnelle à l'accroissement du tonnage ; si l'on triple le tonnage d'un navire, sa résistance dans l'eau ne fait que doubler.

Convaincus et enthousiastes, les responsables de la compagnie créent, dès 1836, la Great Western Steamship Company et mettent un premier bateau, le *Great Western* en construction au chantier William Patterson de Wapping, faubourg de Bristol. Son lancement a lieu en 1837. Long de 78,15 m, large de 10,39 m, le nouveau vapeur à roues à aubes déplace 1 320 tonnes, un tonnage considérable pour l'époque qui fait de lui, pour peu de temps, le plus grand navire de commerce du monde.

Le 23 avril 1838, un événement décisif se produit qui sonne le glas de la voile : le *Great Western* et le *Sirius*, un autre navire à vapeur, entrent dans le port de New

Les vapeurs *Great Western* (au premier plan) et *Sirius* (au second plan) entrant dans le port de New York le 23 avril 1838, après leur traversée record de l'Atlantique. Gravure de Lebreton, parue dans *les Merveilles de la science*, de Louis Figuier.

York à quatre heures d'intervalle, sous les acclamations de la foule. Partis d'Angleterre, ils ont traversé l'Atlantique en 15 jours pour le premier et 17 jours pour le second, parti avant son concurrent, sans le moindre recours à la voile. Pour arriver à bon port quatre heures avant son adversaire, le *Sirius* a dû, toutefois, brûler les cloisons des cabines, tous ses meubles et quatre tonneaux remplis de résine. Nous touchons là une des limites à l'emploi des navires à vapeur sur de longues distances : ce sont des dévoreurs de charbon et d'eau qui mobilisent un espace considérable à bord pour le stockage des combustibles nécessaires au franchissement des milliers de milles nautiques qui séparent les États-Unis, le Canada, l'Australie et la Nouvelle-Zélande des pays d'émigration européens.

Néanmoins, les vapeurs viennent de démontrer qu'ils sont capables de franchir les océans. Il ne leur reste plus qu'à prouver, au cours des traversées suivantes, qu'ils sont plus réguliers, plus confortables, plus sûrs que leurs concurrents les voiliers.

Premier vapeur conçu spécialement, dès la planche à dessin, pour la traversée de l'Atlantique, le *Great Western* va rester détenteur du Ruban bleu jusqu'à ce que son trophée lui soit ravi par le paquebot *Britannia* de la Cunard Steamship Company en 1840. Mais, entre-temps, la Great Western Steamship Company aura déjà mis en chantier un second transatlantique encore plus grand, encore plus rapide, le *Mammoth*, plus tard rebaptisé *Great Britain*.

Le *Great Britain*, premier paquebot à coque en fer, à machines à vapeur et à hélice

Le 29 septembre 1838, le *Bristol Mirror* dévoile l'existence du projet Mammoth. La nouvelle fait sensation, mais suscite aussitôt un tollé général parmi les partisans de la tradition qui estiment qu'un bateau de plus de 70 m se brisera entre deux vagues. Selon

Le paquebot anglais à vapeur et à roues à aubes *Great Western* appareillant de Bristol avec sept passagers, le 8 avril 1838. Premier navire conçu sur les plans d'Isambard Kingdom Brunel, le plus grand transatlantique de l'époque a accompli sa traversée inaugurale en 15 jours et quelques heures. Gravure de Reeve et Walter Joseph, 1840.

eux, un navire conçu pour traverser l'Atlantique ne doit en aucun cas déplacer plus de 800 tonnes pour une puissance nominale de 200 chevaux-vapeur et avec 400 tonnes de charbon en stock. Le docteur Dionysius Lardner, membre de l'Association britannique pour l'avancement des sciences, est le plus virulent de ces détracteurs...

D'abord baptisé *City of New York*, le futur paquebot prend progressivement de l'« embonpoint » au fur et à mesure des modifications sur la planche à dessin. Sa conception devient aussi de plus en plus audacieuse.

Quand le *Rainbow*, petit vapeur à roues à aubes, fait escale à Bristol, Brunel étudie attentivement sa coque en fer. Dès janvier 1839, la décision est prise : le nouveau transatlantique n'aura pas une coque en bois, comme prévu à l'origine, mais en fer. Six mois plus tard débute la fabrication des tôles.

La construction du grand paquebot a commencé depuis dix mois quand, en mai 1840, un autre petit bateau expérimental, l'*Archimedes*, de l'ingénieur Francis Pettit Smith, arrive dans le port et y fait des démonstrations d'un nouveau mode de propulsion par hélice. Fasciné, Brunel examine son fonctionnement dans tous ses détails. Après plusieurs mois d'expériences, il décide de remplacer les roues à aubes prévues sur son navire par une hélice.

Voilier à six mâts, le *City of New York,* qui changera encore de nom pour s'appeler *Great Britain*, va être le premier paquebot à coque en fer, machines à vapeur et hélice. Ses dimensions et son déplacement en feront le plus grand navire du monde. Sa largeur égalera presque celle des écluses qui font communiquer le port à flot avec le bassin de Cumberland, à Bristol. Sa longueur sera juste limitée par le profil de la rivière Avon qui relie Bristol à la mer.

Pour construire un navire d'une taille aussi exceptionnelle pour l'époque, Brunel fait aménager une cale sèche spéciale fermée par deux portes-écluses. Prête fin 1839, elle aura coûté 53 000 livres sterling, une coquette somme pour l'époque. C'est le premier chantier conçu spécifiquement pour l'assemblage des navires en fer.

Fin 1839, on procède à la pose de la quille. La coque, d'un poids de 1 040 tonnes, est constituée de membrures et d'un bordé à clins en fer rivetés.

Véritable révolution dans l'art de la construction navale, le *Great Britain* est une somme d'innovations. Premier navire de commerce à posséder un double fond au-dessus de la quille, il comporte aussi cinq ballasts à eau permettant de corriger à volonté son assiette, un gouvernail compensé, une hélice à six pales pesant près

Le gouvernail compensé, l'hélice et l'arbre porte-hélice du transatlantique anglais *Great Britain*. Dessin paru dans *les Merveilles de la science*, de Louis Figuier.

Great Britain

Paquebot à trois ponts et six mâts Coque en fer avec double fond, ballasts Architecte : Isambard Kingdom Brunel Construction : 1839-1843 au chantier William Patterson, Wapping (faubourg de Bristol) Longueur hors tout : 98,15 m Largeur maximum : 15,39 m Tirant d'eau maximum : 5,49 m Déplacement : 3 443 t, 3 675 t à pleine charge	Appareil moteur : machine à vapeur à quatre cylindres en V, puissance 1 600 ch à plus de 20 tr/min assurant une vitesse de croisière de plus de 11 nœuds. Gouvernail compensé, hélice à six pales (1845) Équipage : 130 hommes Passagers : 360 (en 1845) 26 cabines à un lit, 113 à deux lits (à l'origine) Exposé à Bristol (musée en cale sèche)

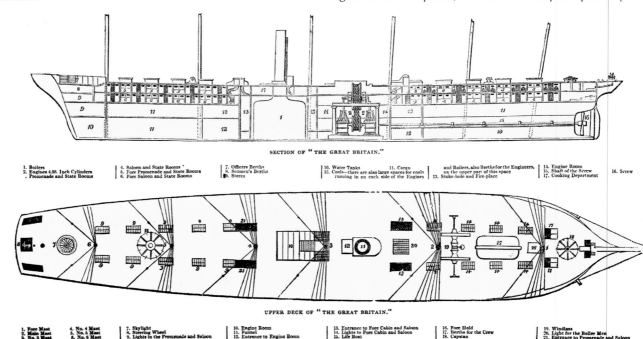

SECTION OF "THE GREAT BRITAIN."

1. Boilers 2. Engines 4.88. Inch Cylinders 3. Promenade and State Rooms | 4. Saloon and State Rooms 5. Fore Promenade and State Rooms 6. Fore Saloon and State Rooms | 7. Officers Berths 8. Seamen's Berths 9. Stores | 10. Water Tanks 12. Coals—there are also large spaces for coals running in on each side of the Engines | 11. Cargo and Boilers, also Berths for the Engineers, on the upper part of this space 13. Stoke-hole and Fire-place | 14. Engine Room 15. Shaft of the Screw | 16. Screw

UPPER DECK OF "THE GREAT BRITAIN."

1. Fore Mast 2. Main Mast 3. No. 3 Mast | 4. No. 4 Mast 5. No. 5 Mast 6. No. 6 Mast | 7. Skylight 8. Steering Wheel 9. Lights in the Promenade and Saloon | 10. Engine Room 11. Funnel 12. Entrance to Engine Room | 13. Entrance to Fore Cabin and Saloon 14. Lights to Fore Cabin and Saloon 15. Life Boat | 16. Fore Hold 17. Berths for the Crew 18. Capstan | 19. Windlass 20. Light for the Boiler Men 21. Entrance to Promenade and Saloon

Ci-dessus, coupe longitudinale de la coque du paquebot transatlantique *Great Britain*, à coque en fer et à hélice. Ci-dessous, vue du pont du même navire. *Illustrated London News*, 15 février 1845.

de 4 tonnes. Son appareil moteur, qui exploite un brevet de l'ingénieur sir Marc Brunel, père d'Isambard, est gigantesque. Il est constitué d'un moteur à vapeur à quatre cylindres en V, inclinés à 60° vers l'énorme roue d'entraînement de l'arbre à cames, d'une puissance de 1 600 chevaux-vapeur.

Tous ces choix technologiques sont extrêmement audacieux pour l'époque. On n'est, en 1840, qu'au tout début de l'ère industrielle et scientifique, les tâtonnements sont encore nombreux...

Les premiers essais d'adaptation d'hélice sur des bateaux datent du dernier quart du XVIIIe siècle, mais les progrès décisifs dans ce domaine ne sont accomplis qu'au cours des trente premières années du siècle suivant. Ericsson, l'ingénieur suédois naturalisé américain, n'adapte son hélice sur le *Francis B. Ogden* qu'en 1837. Francis Pettit Smith en fait de même sur l'*Archimedes* en 1839. L'invention d'un nouveau type d'hélice, vis à spirale entière, pour la propulsion des bateaux, par le Français Frédéric Sauvage remonte à la même période.

À l'époque de la pose de la quille du *Great Britain*, en 1839, la construction navale en fer est encore balbutiante. Les plus anciens bateaux métalliques sont, sans doute, des péniches fluviales utilisées dans la région de Birmingham vers 1787. Le premier bâtiment en fer à affronter la mer est le petit navire de plaisance construit, en 1815, par Thomas Jevons de Liverpool. Jusque vers 1820, la plupart des navires en fer qui sortent des rares chantiers capables de les assembler sont de taille modeste. Ils naviguent surtout sur les canaux, les rivières et les lacs. En 1821, la mise en service de l'*Aaron Manby* ouvre l'ère de la navigation maritime des navires métalliques, mais il faut attendre 1839 pour qu'une

embarcation à coque de métal, l'*Ironside*, un petit voilier de 264 tonnes, traverse l'Atlantique. À la même époque, le plus grand navire en fer, le *Rainbow*, ne déplace pas 500 tonnes. C'est dire le progrès considérable que représente, en ce domaine, le *Great Britain*.

Très vite, les armateurs vont s'apercevoir que les réparations des navires en fer sont moins coûteuses que celles des bateaux en bois. Plus tard, dès que l'acier sera disponible en quantités suffisantes et à un prix raisonnable, il supplantera le fer de la même façon.

Bien qu'il reste beaucoup plus longtemps en usage dans les autres pays, le bois va presque totalement disparaître de la construction navale britannique en l'espace de trente-cinq à quarante ans.

D'après les statistiques du British Register of Shipping, seulement 10 p. 100 du tonnage de navires neufs livrés par les chantiers du Royaume-Uni était en fer en 1850. Dix ans plus tard, les navires en fer représentaient déjà 30 p. 100 du total, et 60 p. 100 en 1870. Après la mise en service du *Great Britain*, la plupart des grandes compagnies de navigation anglaises en introduiront elles aussi, mais timidement, dans leurs flottes. En 1842, le *Lacha* de la Peninsular and Oriental Line ne déplace encore que 592 tonnes. Il faut attendre 1853 pour que le paquebot *Himalaya* de la même compagnie approche le tonnage et les dimensions du navire de Brunel (4 690 t). Coulé à Portland par l'aviation allemande pendant la Seconde Guerre mondiale, l'*Himalaya*, ou du moins son épave, est encore visible sous la mer.

Avec ses 1 600 chevaux-vapeur, l'appareil moteur du *Great Britain* marque un progrès tout aussi décisif. Jusqu'alors, aucun moteur marin ne développait encore 1 000 chevaux-vapeur à plus de 120 tours/minute.

Le paquebot transatlantique anglais *Great Britain*, réduit à quatre mâts – au lieu des six qu'il possédait à l'origine – et muni de deux cheminées, naviguant vers l'Australie, après son rachat par la compagnie Gibbs, Bright & Company de Liverpool et les modifications qu'il a subies entre 1851 et 1852. Lithographie de C. Dickson Gregory WC, Mitchell Library, Sidney.

L'aménagement intérieur de la coque comporte lui aussi de nombreuses innovations. Les 360 passagers des 1re et 2e classes disposent pour la première fois de véritables cabines fermées par des cloisons et une porte. Suprême attention : entre chaque bloc de quatre cabines, il y a un boudoir pour les dames. Des sanitaires dignes de ce nom font même leur apparition, mais, en revanche, il n'y a encore aucune salle de bains.

La décoration intérieure rappelle celle des riches demeures victoriennes. Trumeaux, glaces encastrées dans des médaillons, lambris avec dorures, fines colonnes, lampes à huile en appliques, lustres finement galbés, tapis sont dispensés à profusion, sans qu'il se dégage, toutefois, de l'ensemble cette impression de lourdeur ostentatoire que l'on trouvera plus tard sur de nombreux paquebots.

Seule l'immense salle à manger commune, avec trois grandes tables et six grands bancs, a encore cet air spartiate qui est de rigueur sur les voiliers transatlantiques de l'époque.

La distribution de la lumière a également été étudiée avec soin. Des sortes de panneaux d'écoutilles permettent au jour de pénétrer jusqu'au troisième pont inférieur.

Ces nouveautés inouïes pour l'époque expliquent la relative lenteur de la construction de ce géant. La coque ne commence à prendre forme qu'au printemps 1841 et il faut encore plus de deux ans avant qu'elle ne soit prête à flotter.

Le superbe paquebot à vapeur inspire quelque effroi

Le lancement du *Great Britain*, le 19 juillet 1843, fait la une de l'actualité. La date n'a pas été choisie au hasard. C'est celle de l'anniversaire du lancement du *Great Western*.

En réalité, il s'agit plutôt d'une mise à flot. Au lieu de faire glisser le navire sur un plan incliné, c'est l'eau qu'on fait monter dans la cale, en ouvrant les portes des écluses, jusqu'à ce que la coque flotte.

Le plus grand navire du monde est magnifique ce matin-là avec ses six mâts et son gréement décoré de pavillons, sa fine étrave de clipper, sa coque à livrée blanche et noire ponctuée de faux sabords, les sculptures dorées de sa proue et de son tableau arrière, sa ligne de flottaison rouge.

Depuis plusieurs jours, des milliers d'affiches annoncent l'événement dans tout Bristol et ses environs. La journée du lancement a été décrétée fériée. Des milliers de curieux en provenance de tout le Royaume-Uni et même de l'étranger se pressent aux abords du port et sur les collines avoisinantes.

Le prince Albert, époux de la reine Victoria, qui a tenu à honorer, en personne, la cérémonie, a pris de bonne heure, à Londres, le train qui le conduit à Bristol sur cette voie ferrée conçue par Brunel. Quand il arrive au grand Western Dock, l'énorme transatlantique repose encore au sec. À bord, sur le pont supérieur, la musique d'un régiment fait retentir ses cuivres et ses tambours. Le royal invité se promène alors sur ce chef-d'œuvre d'architecture navale que le monde entier admire. Il serre des mains, s'entretient quelque temps avec les officiels et en particulier avec le génial père du bateau : Isambard Kingdom Brunel. Puis, en compagnie des autres invités, il va déjeuner dans un des ateliers du chantier. Pendant ce temps, l'eau monte dans la forme de construction du paquebot.

Le repas terminé, Albert et sa suite remontent sur le navire qui flotte enfin. L'heure du baptême est arrivée. Émue, la marraine rate la proue avec la bouteille de champagne. Le prince saisit alors une autre bouteille et la fait, lui-même, éclater sur la coque de métal.

Halé dans le port où tous les navires arborent une floraison de pavillons, mouillé le long du quai des usines à gaz, le *Great Britain* est salué par un concert de sirènes, de carillons d'églises et par les clameurs de la foule.

Quelques jours plus tard, il réintègre sa cale inondable afin d'y être terminé.

Achevé l'année suivante, le colosse est tiré jusqu'à la haute mer par un remorqueur qui paraît lilliputien

Le grand salon du *Great Britain* après la reconstruction du navire en 1851-1852. Les aménagements intérieurs ont été profondément modifiés afin d'accueillir 730 passagers et un plus grand volume de marchandises. Gravure parue dans l'*Illustrated London News* du 12 juin 1852.

à côté de lui. Les essais dans le canal de Bristol s'avèrent tout à fait satisfaisants. L'« enfant » de Brunel dépasse tous les espoirs. L'absence de vibrations et de bruit frappe les observateurs. À l'issue des tests effectués à 4, puis à 11 nœuds, en janvier 1845, le bateau va mouiller pendant cinq mois sur la Tamise, à Londres. Des milliers de visiteurs dont le coupe royal montent à son bord.

Le 12 juin 1845, le *Great Britain* appareille pour Liverpool qui sera dorénavant son port d'attache. Bristol est trop difficile d'accès pour un navire de cette taille. C'est de Liverpool, premier port du monde à cette époque, que partent la majorité des émigrants pour le Nouveau Monde, l'Australie, la Nouvelle-Zélande et les autres colonies de l'immense Empire britannique.

Lors de son premier voyage transatlantique, le 26 juin suivant, le prestigieux paquebot n'a que 50 passagers à bord. La population admire le chef-

d'œuvre, mais elle demeure prudente, effarouchée par tant d'innovations. Que les téméraires essuient les plâtres, après on verra ! 14 jours et 21 heures plus tard, le grand voilier à vapeur arrive à New York sous les acclamations des spectateurs. Il a parcouru 3 300 milles à une vitesse moyenne de 9,4 nœuds, sans aucun incident. Les esprits chagrins qui avaient prédit la catastrophe en sont pour leurs frais.

Dès lors les traversées se succèdent, presque sans difficultés majeures, mais les passagers ne sont toujours pas très nombreux, le succès commercial tarde à venir, la méfiance persiste. Ironie du sort, la consécration se dessine au moment même où survient une catastrophe.

Pour son cinquième voyage outre-Atlantique, le *Great Britain* embarque 180 passagers, chiffre jamais atteint. Le grand paquebot commence à inspirer confiance. Mais, le 22 septembre 1846, à 10 heures du soir, il s'échoue brutalement dans la baie de Dundrum,

Lancement du *Great Britain* à Bristol, le 19 juillet 1843. Lithographie en couleurs, 1843. National Maritime Museum, Greenwich.

La poupe du *Great Britain*, échoué dans la baie de Dundrum, tirée sans succès par plusieurs dizaines d'hommes, à marée basse, en juillet 1847. Gravure de Smyth, parue dans l'*Illustrated London News* du 21 août 1847.

Le monstrueux paquebot transatlantique *Great Eastern*.

L'ingénieur britannique Isambard Kingdom Brunel posant devant les chaînes d'un treuil qui servit au lancement laborieux de son transatlantique géant *Great Britain*. On possède peu de photographies de cet homme à la forte personnalité.

sur la côte est de l'Irlande. Le capitaine et son équipage n'ont pas fait attention au phare de Chicken Rock sur l'île de Man et ont de ce fait mésestimé la position et la vitesse du navire. Par chance, la mer est calme et aucun passager n'est gravement blessé. Mais le paquebot en fer a prouvé sa solidité, car tout autre bateau en bois se serait brisé sous la violence du choc.

Il faut laisser passer l'hiver avant de tenter le renflouement. Brunel, accouru sur les lieux, furieux et consterné, se contente seulement d'arrimer solidement le navire avec un réseau de câbles et de faire dresser devant la coque, pour la protéger de la fureur des vagues,

un mur de fagots, de rochers et de poutres en bois.

Alexandre Brenner, le meilleur expert en sauvetage de l'époque, se rend également sur place. Au printemps suivant, on dégage la coque du sable, selon ses directives, afin de reconsolider les parties endommagées. Finalement, le 27 août 1847, après avoir été déhalé avec des treuils par deux navires de la Royal Navy, le *Great Britain* flotte de nouveau. Plusieurs mois de réparations et de modifications l'attendent aux chantiers Fawcett, Preston & Company de Liverpool.

La Great Western Steamship Company ne survit pas à l'accident. Les frais occasionnés par l'échouage et

le sauvetage ont été trop élevés – d'autant que le navire était insuffisamment assuré. Ses propriétaires doivent se résoudre à le vendre ainsi que le *Great Western*. Le premier transatlantique moderne va rester désarmé jusqu'à son rachat par Gibbs, Bright Company, de Liverpool, en décembre 1850.

Brunel n'en a pas terminé avec ses rêves de navires géants. Il va consumer ses dernières forces, entre 1853 et 1858, dans un projet encore plus fou pour l'époque : le monstrueux *Great Eastern*, de 28 500 tonnes, 211 mètres de long, prévu pour le transport de 4 000 personnes, dont l'échec sera retentissant.

Le *Great Eastern,* dernier rêve fou de Brunel

Petit homme à l'allure originale avec son chapeau haut de forme dans lequel il mettait en vrac son courrier et ses notes, Isambard Kingdom Brunel fut l'un des plus brillants ingénieurs de l'époque victorienne.

Se consacrant essentiellement aux travaux publics jusqu'en 1836, il travaille, avec son père Marc Brunel, au tunnel sous la Tamise (1829-1843) puis, seul, au pont suspendu de Clifton (commencé en 1831), à la voie ferrée du Great Western Railway entre Londres et Bristol (1833-1841), aux ponts de Chepstow et de Saltash et au chemin de fer atmosphérique du South Devon Railway qui lui vaut un coûteux échec.

À partir de 1836, Brunel s'engage dans un nouveau secteur d'activité en signant les plans de deux navires à vapeur révolutionnaires pour leur époque : le *Great Western*, l'un des deux premiers vapeurs à traverser l'Atlantique sans aucun recours à la voile et surtout le *Great Britain*, prototype des paquebots modernes avec sa coque en fer, sa propulsion à vapeur et à hélice.

Malgré le faible succès commercial du *Great Britain*, Brunel, poussé par la passion de la technique, rêve dès 1852 de faire encore plus grand : un navire deux fois plus long que le *Great Britain,* d'un déplacement neuf fois plus important, capable de transporter dix à douze fois plus de passagers et d'emporter suffisamment de combustible pour pouvoir naviguer jusqu'à l'hémisphère Sud et retour...

Son rêve va devenir réalité, même si, pour faire aboutir son projet grandiose, le génial constructeur en ruine sa santé.

Lancé en 1858, le *Great Eastern* restera le plus grand navire du monde pendant près d'un demi-siècle. Mais Brunel, victime d'une attaque, ne le verra jamais naviguer sur la mer. Entièrement en fer, propulsé par des roues à aubes et une hélice, pouvant transporter jusqu'à 4 000 passagers ou 10 000 hommes de troupe, le gigantesque bâtiment était une incroyable réussite technique. Pourtant, il n'eut aucun succès commercial et conduisit ses armateurs à la ruine. Pour équiper ce géant des mers, il eût fallu des moteurs beaucoup plus puissants et efficaces qui n'existaient pas encore à l'époque. Brunel était trop en avance sur son temps...

La coque du *Great Britain*, rasée comme un ponton, passant le 5 juillet 1970 sous un autre chef-d'œuvre de Brunel, le pont de Clifton, qui enjambe la rivière Avon. Le grand paquebot est enfin sauvé de la destruction et retrouve le lieu qui l'a vu naître, 127 ans plus tôt.

32 traversées Angleterre-Australie, puis l'oubli

Le 21 août 1852, le paquebot délesté de deux mâts, réaménagé pour le transport de 730 passagers, nanti d'une cheminée supplémentaire et de nouvelles machines vogue, pour la première fois de son histoire, vers l'Australie avec 630 passagers à bord. Jusqu'en 1876, il effectuera trente-deux traversées Angleterre-Australie.

La routine s'installe, à peine interrompue par le transport de troupes qui vont combattre en Crimée (1855-1856) ou réprimer la révolte des cipayes aux Indes, l'année suivante. En moyenne, ces voyages entre Liverpool et Melbourne durent 60-65 jours, un très bon temps pour l'époque.

À son retour à Liverpool, en 1876, le *Great Britain* est désarmé. Il restera à l'ancre à Birkenhead jusqu'à

son rachat par Antony Gibbs, Sons & Co. Renonçant à l'employer comme paquebot, ses nouveaux propriétaires décident de l'affecter au transport du charbon entre le pays de Galles, Panamá et San Francisco.

L'ancien paquebot à vapeur, désormais transformé en cargo et gréé en trois-mâts, ne naviguera plus qu'à la voile. Des cales sont aménagées à la place des cabines et des machines.

En novembre 1882, le grand voilier appareille pour sa nouvelle destination, San Francisco, qu'il n'atteindra qu'après 182 jours de mer et une escale à Montevideo afin d'y subir des réparations.

Le 6 février 1886, le navire quitte de nouveau le Royaume-Uni. Ce sera son dernier voyage en tant que cargo. Le 18 avril suivant, gêné par de violents vents contraires, il ne peut franchir le cap Horn. Victime d'avaries, il doit se réfugier à Port Stanley, capitale de l'archipel des Falkland, le 26 mai. C'en est fini pour lui du service actif. La Corporation of the Falkland Islands Company rachète l'ancien transatlantique et le transforme en dépôt flottant de charbon et de laine.

Le *Great Britain* va rester ancré à Port Stanley jusqu'en 1937. N'étant plus entretenu, soumis aux contraintes d'un climat très dur, il se dégrade lentement. Le plancher en bois des ponts pourrit, se disloque et s'effondre en de nombreux endroits. Une brèche s'ouvre dans le bordé ; la quille et la carène se déforment légèrement. La rouille s'installe partout. Les peintures et les sculptures ont disparu depuis longtemps. L'épave devient le refuge des oiseaux dont les excréments recouvrent tout. Sa saleté est repoussante. Pourtant quelques personnes viennent encore admirer de temps en temps ce fantôme de navire.

Le charbon et la laine ne sont plus entreposés à bord depuis longtemps lorsque les autorités de l'archipel font remorquer le vieux bateau à Sparrow Cove (Port William) à trois milles et demi de Port Stanley. Elles ont décidé de le saborder. Des ouvertures sont pratiquées dans sa coque qui s'échoue dès le lendemain au fond de l'eau. Nous sommes le 13 avril 1937. Auparavant, la Royal Navy avait refusé avec indignation de couler en pleine mer à coups de canon celui qui fit la fierté de l'Angleterre victorienne. Ce jour-là, c'est dans l'indifférence générale que le *Great Britain* poursuit sa lente agonie...

Des années d'acharnement pour sauver le paquebot victorien

Dans les années 1950, Karl Kortum, directeur du Musée maritime de San Francisco, grand historien et sauveteur de vieux bateaux, tente de sensibiliser l'opinion à la nécessité de sauver cette prestigieuse relique. Mais, aux États-Unis comme en Grande-Bretagne, les esprits ne sont pas encore préparés à cette idée de patrimoine maritime. Il faudra, pour cela, attendre encore une dizaine d'années.

L'historien américain ne se décourage pas pour

autant. En 1967, il se rend à Sparrow Cove pour examiner l'épave et prendre une série de photos qui joueront un rôle important dans la prise de conscience par l'opinion publique et les médias de la valeur de ce précieux témoin de l'histoire maritime.

Les Américains ont déjà dépensé quelques milliers de dollars pour déterminer comment sauver le *Great Britain* et le ramener à San Francisco quand ils s'aperçoivent que, de leur côté, des personnalités britanniques s'emploient elles aussi, activement, à étudier les possibilités de renflouement et de transfert en Angleterre du paquebot victorien. Très élégamment, les Américains se retirent, reconnaissant une priorité à l'Angleterre pour rapatrier le *Great Britain* dans son pays d'origine.

Chez les Britanniques, l'événement décisif s'est produit en 1967 quand le Dr Ewan Corlett, architecte naval très connu, a écrit au *Times* pour lui demander d'intervenir en faveur du paquebot. Quelques jours plus tard, le commander George Naish du Musée maritime de Greenwich appuyait dans les colonnes du grand journal londonien l'appel de Corlett. Puis ce fut à la BBC de transmettre à son tour sur les ondes le cri d'alarme en faveur du *Great Britain*. En mai 1968, l'association *Great Britain* Project voyait le jour.

Les animateurs du projet auraient eu matière à se décourager car le rapport du secrétaire colonial des îles Falkland sur l'état du navire était fort pessimiste. Mais ils s'obstinent. Avec raison : les clichés d'un photographe local montrent la coque dans un état plus rassurant. Pour en avoir le cœur net, Ewan Corlett plonge lui-même en compagnie des marins du patrouilleur brise-glace *Endurance* de la Royal Navy. Différents sondages renforcent la conviction de l'équipe qu'il est encore possible d'arracher le navire à son destin tragique.

En avril 1969, le prince Philippe d'Édimbourg adresse un message d'encouragement et des fonds à l'association. En juillet, le principal problème financier est réglé : Jack Hayward, un philanthrope britannique, installé aux Bahamas, promet les 150 000 livres sterling nécessaires à l'opération de sauvetage. L'année suivante, une nouvelle impulsion est donnée grâce à la fondation

Le *Great Britain* retrouvant le 19 juillet 1970 la cale sèche inondable où il a été construit, conçue par l'ingénieur Brunel. L'événement passionna tout le Royaume-Uni.

Cette vue impressionnante de la proue du *Great Britain* restauré permet d'admirer ses lignes élégantes de clipper. Le profil concave si caractéristique de l'avant de ces grands voiliers apparaît bien. La paire d'écubiers au-dessus de la ligne de flottaison date de 1843, tandis que celle de la partie supérieure a été ajoutée en 1882.

du Maritime Trust par le prince consort. Non content de s'occuper à l'époque de la restauration du clipper *Cutty Sark*, le prince Philippe milite aussi activement pour la conservation du *Great Britain*.

Vient enfin l'heure du sauvetage. Pour ne pas avoir à remorquer la coque en la faisant flotter jusqu'à Bristol, ce qui serait trop dangereux compte tenu de son état, il est prévu de la hisser sur un ponton submersible de 2 667 tonnes remorqué ensuite par un ancien chalutier, le *Varius II*.

Le 25 mars 1970, la petite flottille amenant l'équipe de sauvetage et les cameramen de la BBC qui doivent filmer tout le déroulement de l'entreprise arrive à Port Stanley. Dès le lendemain, l'équipe est à pied d'œuvre à Sparrow Cove. Un vent violent souffle. Les chances de réussite sont estimées à 80 p. 100.

La puissante grue installée à l'arrière du ponton soulève les mâts du navire et les dépose sur la plate-forme, tandis que des plongeurs rebouchent les trous de sabordage pratiqués sous la ligne de flottaison avec du ciment hydraulique et des planches. Pour obstruer la grande fissure dans le bordé, on utilise des plaques d'acier et une douzaine de vieux matelas. Ainsi, la coque peut de nouveau flotter après pompage d'une partie de l'eau stagnant dans les fonds. Le 12 avril, le navire est hissé à l'aide de treuils sur le ponton provisoirement immergé.

Le surlendemain le groupe de sauvetage rallie Port Stanley, le temps de régler les formalités administratives, notamment la cession du vieux bateau à l'association *Great Britain* Project, et d'effectuer les derniers préparatifs pour ce long voyage de plus de 7 000 milles nautiques. Il faut en particulier arrimer très solidement la coque sur le ponton.

Quand, après deux mois de traversée, la flottille arrive au large des côtes galloises, les remorqueurs du port de Bristol viennent prendre le relais du *Varius II* et conduisent le ponton avec sa cargaison aux docks d'Avonmouth. Un concert de sirènes donné par les navires du port salue l'arrivée des vestiges de celui qui fut le premier paquebot moderne.

Extraite du ponton, la coque du *Great Britain* remonte la rivière Avon jusqu'à Bristol. C'est un parcours triomphal sous les acclamations de plus de 100 000 personnes massées tout le long des berges encaissées et sinueuses de la rivière. Au passage, le rescapé croise un autre chef-d'œuvre de Brunel : le pont suspendu de Clifton d'où le contemplent plusieurs centaines de curieux.

Pendant deux semaines, le vieux transatlantique reste ancré au wharf Y dans les City Docks de Bristol, dans l'attente d'une marée assez haute pour pénétrer sans difficultés dans l'étroit et peu profond chenal d'accès au Great Western Drydock qu'il retrouve enfin le 19 juillet.

Coïncidence extraordinaire, c'est la date anniversaire de la pose de ses premières tôles en 1839 et de son lancement en 1843, c'est aussi celle du lancement du *Great Western*. Le *Great Britain* a retrouvé la cale où il est né 127 ans plus tôt !

L'association *Great Britain* Project a décidé de restaurer le navire dans son état originel de 1843, tel que l'avait conçu Brunel. En fait, il s'agit d'une véritable reconstruction, car la coque est vide. Même les ponts intérieurs ont disparu.

Mais, auparavant, il faut entreprendre un travail colossal de nettoyage et de consolidation des parties subsistantes. Le lavage de la coque au jet d'eau à haute pression, son grattage et son décapage au chalumeau et à la ponceuse électrique prennent déjà deux ans d'efforts. Il y a tellement de boue, de sable, de coquillages, d'algues et de saletés diverses accumulés ! Simultanément, on pompe l'eau stagnante dans les fonds pour assécher et assainir l'intérieur.

Il faut également consolider et réparer la coque, en changeant les tôles du bordé trop corrodées par la rouille. Une autre tâche prioritaire s'impose : remplacer la plus grande partie du pont, vermoulu, afin de mettre l'intérieur du bateau définitivement à l'abri des intempéries.

Repeint, de nouveau orné d'une figure de proue, réplique fidèle de l'ancienne, ayant retrouvé les fenêtres et les décorations de son tableau arrière, ses deux cheminées et ses mâts, le *Great Britain* a presque entièrement recouvré sa splendeur d'antan. L'intérieur est plus long à reconstituer, mais l'essentiel est fait. À travers lui, c'est tout le riche passé maritime victorien qui ressuscite.

LE *WARRIOR,* PREMIER CUIRASSÉ DE LA ROYAL NAVY

Premier d'une série de quarante-cinq cuirassés construits en Grande-Bretagne entre 1861 et 1877, le *Warrior* est aussi le seul à survivre aujourd'hui. En 1850, les Anglais ont déjà mis en service des paquebots transatlantiques modernes associant coque en fer, machines à vapeur et hélices. Pourtant, leur marine de guerre reste encore très traditionnelle. Sûre de sa supériorité navale, la Grande-Bretagne ne se soucie pas d'innover. Qu'a-t-elle à craindre, d'ailleurs ? Si une invention faite par un autre pays s'avérait vraiment intéressante, ses ressources industrielles lui permettraient de s'adapter en un rien de temps.

En France, le célèbre ingénieur naval Dupuy de Lôme a bien fait mettre en chantier à Toulon un vaisseau de guerre à hélice et à vapeur, le *Napoléon,* de

92 canons. Mais, malgré son étrave plus effilée et sa vitesse de pointe à 13,8 nœuds avec 1 100 chevaux-vapeur effectifs, il s'agit encore d'un vaisseau de conception relativement traditionnelle. Son lancement, le 18 mai 1850, n'inquiète nullement la Royal Navy qui s'inspire cependant de ce navire pour transformer quelques-uns de ses vaisseaux. Mais aucun d'eux n'est blindé et leur artillerie n'a guère évolué depuis les guerres napoléoniennes. Les seuls navires de guerre en fer dont dispose l'Angleterre sont cinq frégates construites entre 1845 et 1849, aux flancs si minces, si peu solides que les canons de l'époque, pourtant peu performants, les crèveraient comme des passoires.

Il faut reconnaître que la paix quasi absolue qui règne en Europe depuis 1815 n'incite pas à la modernisation des flottes de guerre européennes. L'expé-

Les cinq batteries flottantes cuirassées françaises, construites en quelques mois en 1854, se sont avérées très efficaces contre les forts russes. Cette maquette de musée de la Marine de Paris représente l'*Arrogante*. Elle fit naufrage le 10 mars 1879 dans la rade de Hyères.

Une dangereuse partie de cartes pour l'Entente cordiale. Napoléon III croyait abattre un atout maître avec la *Gloire*, mais lord Palmerston, le ministre des Affaires étrangères britannique, ennemi juré de la France, riposta avec une carte au moins aussi forte, appelée *Warrior*. Dessin satirique publié dans le journal *Punch* du 23 mars 1861.

dition française en Espagne, en 1823, les longs soubresauts de la guerre d'indépendance grecque ne mettent pas en danger l'équilibre des forces. Quant aux pirates et aux barbaresques, leurs ravages en Méditerranée sont bien moindres depuis que les Français ont débarqué en Algérie en 1830.

Cette ère de tranquillité relative ne favorise pas la course aux armements. Pourquoi se lancer dans un coûteux effort de rénovation, alors qu'aucune menace sérieuse ne le justifie ? Presque partout en Europe, les budgets militaires sont en baisse ou stagnants.

Brusquement, la guerre de Crimée, ce conflit qui oppose, de 1854 à 1855, la Russie à une coalition formée par la Turquie, la Grande-Bretagne, la France et la Sardaigne, va réveiller tout le monde. L'impuissance de l'artillerie navale à neutraliser les forts russes, la vulnérabilité des coques en bois face aux canons des citadelles adverses obligent Français et Britanniques à improviser une nouvelle catégorie de navires de guerre : les batteries flottantes cuirassées en fer, armées de canons qui tirent des boulets, puis des obus percutants et incendiaires. Ces projectiles explosifs ne sont pas une nouveauté. L'escadre française de l'amiral Baudin a déjà expérimenté leur terrifiante efficacité en détruisant complètement la forteresse mexicaine de Saint-Jean d'Ulloa en 1838. Mais la leçon a été un peu oubliée depuis lors. Il faut la destruction, en moins de deux heures, de la flotte turque par une escadre russe à Sinope, en 1853, pour rappeler aux stratèges navals la supériorité de cette nouvelle artillerie sur l'ancienne.

Très rapidement, les batteries flottantes françaises *Dévastation, Tonnante* et *Lave,* et anglaises de la classe « Aetna » administrent une preuve éclatante de leurs possibilités en contraignant les forts russes de Kinburn, à l'embouchure du Dniepr, à capituler le 17 octobre 1855.

Malheureusement, les qualités nautiques de ces « dinosaures marins » sont bien médiocres. Trop lents, trop bas sur l'eau, ils labourent la mer comme un soc de charrue. Mais, en faisant la preuve de leur efficacité en temps de guerre, ils ont imposé l'idée qu'il était temps de concevoir un nouvel armement naval.

La *Gloire,* premier cuirassé français

Le 1er janvier 1857, Dupuy de Lôme est nommé directeur des constructions navales françaises. Il a réussi à convaincre Napoléon III d'une idée qu'il défend en vain depuis dix ans : celle d'un navire cuirassé de haute mer, à franc-bord élevé, alliant des qualités nautiques correctes avec une vitesse de plus de 10 nœuds, un tonnage suffisant, une protection et un armement adéquats.

Mise en chantier en mars 1858, la *Gloire* est lancée vingt mois plus tard. La nouvelle frégate cuirassée a une coque en bois recouverte d'un blindage en fer de 120 mm d'épaisseur, longue de 80 m pour un déplacement de 5 600 tonnes. Son armement comporte 36 canons rayés de 160 mm dont 34 en batterie. Sa vitesse atteint 13 nœuds.

Dupuy de Lôme aurait voulu un bateau tout en fer, mais l'industrie française n'est pas encore capable d'assurer une production de métal à grande échelle. Malgré cela, la *Gloire* a une supériorité écrasante sur tous les navires de guerre traditionnels en bois qui, du jour au lendemain, se retrouvent totalement périmés, y compris les vaisseaux mixtes à vapeur et à voiles comme le *Napoléon*. Ils vont désormais être relégués à des tâches plus obscures : pontons, transports, navires-écoles.

Trois autres frégates cuirassées sont construites dans la foulée : l'*Invincible,* le *Normandie* et la *Couronne,* cette dernière ayant une coque en fer.

Les espoirs mis dans ces nouveaux bâtiments ne seront pas déçus. En 1862, le *Normandie* est le premier cuirassé à traverser l'Atlantique. Parti de Cherbourg, il rejoint Sacrificios, au Mexique, en 34 jours, dont 30 à la vapeur, soit à une vitesse moyenne de près de 9,5 nœuds.

En 1870, à la veille de la guerre franco-prussienne, la marine française arme déjà dix-sept frégates, plus six autres en construction et huit corvettes, plus trois en chantier.

En Grande-Bretagne, la mise en chantier de la *Gloire* provoque une émotion considérable. Dès mai 1858, des rapports secrets dévoilent les plans français. Avec de tels navires, la France met fin à la supériorité navale britannique. Des rumeurs de guerre circulent. Dans la presse et au Parlement, des campagnes sont engagées pour la défense du prestige national et la protection contre l'envahisseur potentiel.

Lors d'une visite en France, en 1858, pour tenter d'améliorer les relations franco-britanniques, la reine Victoria et le prince Albert découvrent avec effarement, à Cherbourg, la nouvelle flotte et les nouvelles fortifications qui dénoncent les intentions belliqueuses de Napoléon III. De retour dans son pays, le prince consort demande à l'Amirauté : « De quoi disposons-nous pour affronter ce nouvel engin de guerre ? »

En dépit des hésitations de certains responsables militaires, la réponse ne va pas se faire attendre. Elle porte un nom qui résume bien la détermination du Royaume-Uni à rester la première puissance navale du monde : le *Warrior,* le « Guerrier », un cuirassé à vapeur et à voiles, avec hélice et coque en fer, bientôt suivi de plusieurs sister-ships (navires-jumeaux).

Le *Warrior,* véritable navire de guerre moderne

Certains membres de l'Amirauté, comme l'amiral sir Baldwin Walker, contrôleur de la Royal Navy, ne sont guère convaincus des avantages réels que présentent ces nouveaux navires français. La majorité du corps des officiers de marine de Sa très Gracieuse Majesté reste imbue du sentiment de la supériorité totale de l'Empire britannique sur le reste du monde.

Certains esprits timorés ou conservateurs se montrent partisans d'une demi-mesure consistant à recouvrir de plaques en fer les œuvres vives des vaisseaux en service. Mais leur proposition ne fait pas long feu. Un simple examen critique démontre vite l'inanité de cette mesure qui alourdirait excessivement les vaisseaux de l'époque déjà peu manœuvrables ; cela ne ferait que ralentir leur allure et compromettre leur stabilité déjà sujette à caution.

Ce n'est pas ainsi que les Anglais pourraient empêcher les frégates cuirassées françaises de la classe « Gloire » de croiser impunément dans leurs eaux territoriales. La presse et diverses personnalités influentes, dont la moindre n'est pas le prince Albert,

La frégate cuirassée française *Gloire,* chef-d'œuvre de l'ingénieur Dupuy de Lôme, n'aura jamais l'occasion de combattre. Mais son apparition marque une révolution navale considérable et le départ d'une course aux armements qui ne connaîtra que quelques pauses jusqu'à la Seconde Guerre mondiale. Aquarelle de François Roux. Musée de la Marine, Paris.

La machine à simple expansion du *Warrior* tournait à 55 tr/min et développait une puissance nominale de 1 250 ch. Gravure de l'époque.

réclament un programme plus efficace et plus audacieux.

Aussi, en 1859, sir John Packington, Premier lord de l'Amirauté, réussit-il à imposer un projet révolutionnaire pour l'époque : la construction d'un navire en fer blindé conçu par le constructeur en chef de la marine, Isaac Watts, et le chantier naval John Scott-Russell, qui possède déjà une solide expérience des bateaux métalliques. Fervent partisan de la propulsion par hélice des navires de guerre, Thomas Llyod contribue également à l'élaboration du projet. Ce grand ingénieur connaît bien le problème de la vapeur pour avoir suivi de près les expérimentations de Marc Brunel et celles de Pettit Smith sur l'*Archimedes,* ainsi que pour avoir été ingénieur en chef à l'usine de machines à vapeur de l'arsenal naval de Woolwich près de Londres et pour avoir participé au voyage inaugural du *Great Britain.*

L'aspect le plus révolutionnaire de la conception du *Warrior* consistait à regrouper l'artillerie, les chaudières et les machines, tous les organes vitaux en somme, dans un immense coffrage blindé, sorte de citadelle imprenable.

Ce réduit rectangulaire, qui occupait tout le milieu du bateau, était formé d'un blindage en tôles de fer de plus de 9 cm d'épaisseur fixées sur du teck épais de 36 cm, le tout étant riveté sur le bordé en fer de la coque. La proue, la poupe et le reste du bordé qui entouraient cette citadelle et permettaient à l'ensemble de flotter n'étaient pas blindés, mais constitués de simples plaques de fer d'environ 2 cm d'épaisseur.

Pour éviter tout risque de naufrage en cas de percée de la coque, les parties avant et arrière du navire, non blindées, étaient subdivisées en de nombreux compartiments étanches.

Avec le *Warrior* et son premier sister-ship le *Black Prince,* les Britanniques avaient décidé de construire les plus grands, les plus rapides, les plus résistants et les plus puissants navires de guerre du monde. En taille et en tonnage, ces frégates cuirassées ne seront surpassées que par le monstrueux *Great Eastern* d'Isambard Kingdom Brunel.

La pose de la quille du *Warrior* a lieu dans les chantiers Thames Iron Works & Shipbuilding de Blackwall, sur la Tamise, le 25 mai 1860, six mois avant le lancement de la *Gloire* à l'arsenal de Toulon.

La construction doit théoriquement durer neuf mois, mais le navire comporte tant d'innovations que les tâtonnements sont nombreux. L'Amirauté, de son côté, exige des modifications continuelles. Les difficultés de réalisation d'un navire aussi nouveau, et aussi complexe, entraînent même la faillite du chantier qui doit être renfloué par l'Amirauté. Sans parler des conditions climatiques, l'Angleterre connaissant, cette année-là, son hiver le plus rigoureux depuis cinquante ans. Le choix de l'armement est une cause supplémentaire de retard. Les responsables du programme hésitent longtemps avant d'opter pour des canons Vickers Armstrong de 40, 60 et même 100 livres auxquels s'ajoutent deux canons de 25 livres, une pièce de 12 livres et une de 6 livres. Résultat : les 2 000 employés du chantier ont beau travailler par roulement nuit et jour, la livraison ne se fera qu'avec dix mois de retard.

La presse commente avec passion les progrès du grand navire, brandissant un jour avec enthousiasme le drapeau du patriotisme, doutant le lendemain que le navire puisse jamais naviguer et déplorant les coûts sans cesse grandissants d'un programme aussi ambitieux. Il faut dire que le montant de l'investissement croît en proportion des obstacles accumulés jusqu'à atteindre presque 400 000 livres sterling, deux fois plus que celui d'un vaisseau de ligne en bois.

Le 29 décembre 1860, l'immense coque est enfin prête pour le lancement. Sir John Packington est là pour la baptiser. Mais, avec la neige et le froid intense, la cale est gelée. Malgré les braseros placés tout au long de ses flancs, le *Warrior,* bloqué par la glace, ne bouge pas d'un centimètre.

Il faut les efforts frénétiques de plusieurs centaines d'hommes qui gesticulent d'un bord à l'autre sur le pont

Le *Warrior*

Frégate cuirassée
Coque en fer avec double fond. Trois ponts. Sur le pont inférieur, compartiments verticaux étanches avec portes coulissantes à engrenages.
Trois mâts
Architecte : Isaac Watts
Construction : Chantiers Thames Iron Works de Blackwall
Longueur hors tout : 118,57 m
Largeur maximale : 17,78 m
Déplacement : 9 210 t
Appareil moteur à tronc horizontal, à

simple expansion, tournant à 55 tr/min, d'une puissance nominale de 1 250 ch. Vapeur fournie par dix chaudières à chauffe au charbon. Une hélice.
Vitesse : 14,5 nœuds en croisière sans la voilure
Armement : 10 canons de 100 livres (remplacés ultérieurement par des pièces de 110 livres), 26 canons de 68 livres, 4 canons de 40 livres
Équipage : environ 700 hommes
Préservée à flot et transformée en musée à Portsmouth, Angleterre

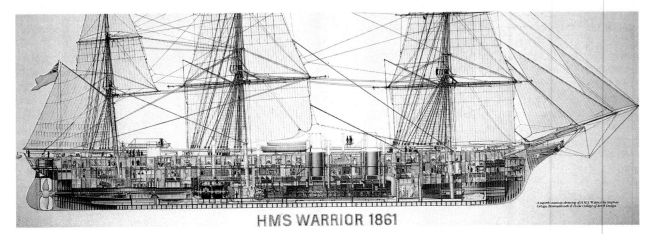

C coupe longitudinale du *Warrior* en 1861. Dessin aquarellé.

HMS WARRIOR 1861

Lancement à Blackwall, sur les bords de la Tamise, du *Warrior,* le 29 décembre 1860. Gravure de l'*Illustrated Times.*

supérieur, les tentatives répétées de plusieurs remorqueurs, les tensions exercées par des vérins hydrauliques, pour réussir à ébranler le cuirassé qui lentement, très lentement, rejoint enfin les eaux gelées de la Tamise. Il était temps. Si la marée avait commencé à redescendre, le navire n'aurait pas pu être lancé avant la prochaine grande marée. À 14 h 30, la bouteille de champagne se brise enfin sur la sombre coque.

Le nouveau guerrier des mers est encore loin d'être terminé. Ses trois mâts ne sont pas logés dans les emplantures, les aménagements intérieurs sont à peine commencés. L'armement n'est pas encore en place, l'appareil moteur n'est pas complet.

Compte tenu de sa taille exceptionnelle, il faut le déplacer jusqu'au dock Victoria, puis à Greenhithe, pour trouver une profondeur d'eau suffisante sur la Tamise afin d'achever l'armement et les travaux d'aménagement de l'immense navire de guerre.

Le 19 septembre 1861, le nouveau cuirassé gagne enfin par ses propres moyens la rade de Spithead, entre l'île de Wight et Portsmouth. Ses essais dans le Solent sont tout à fait concluants. Le *Warrior* atteint une vitesse de 14 nœuds et pousse même une pointe jusqu'à 16,5 nœuds.

Son aspect extérieur est très différent de celui des navires de guerre de l'époque. Massif, mais long, relativement bas sur l'eau par rapport aux vaisseaux de haut bord, noir et menaçant, il ressemble, selon la réflexion d'un témoin, « à un serpent noir parmi les lapins », image qui le suivra tout au long de sa carrière.

Le 24 octobre 1861, il est officiellement pris en charge par la Royal Navy. Grâce au *Warrior,* l'Angleterre n'a désormais plus rien à craindre de la *Gloire,* ni de la nouvelle flotte de guerre française.

La vie des marins à bord du *Warrior* vers 1865

L'équipage du *Warrior* était beaucoup plus nombreux que celui d'une frégate ordinaire de l'époque. Il se montait environ à 700 hommes : le capitaine, 42 officiers de pont, 3 maîtres principaux, 455 matelots, 3 officiers de fusiliers marins, 6 NCO (Royal Marine non-commissionned officers), 118 canonniers, 2 chefs-ingénieurs, 10 mécaniciens et 66 soutiers et chauffeurs.

Le temps n'est plus où les marins étaient engagés plus ou moins de force et où on leur faisait signer, souvent sous l'effet de l'alcool, un contrat qui ne précisait même pas la durée de leur enrôlement. Depuis 1853, les matelots signent un engagement fixe après un délai de réflexion.

Les soldes se sont également améliorées : un mousse touche 10 livres sterling par an, un matelot ordinaire 23, un marin spécialisé 29, un mécanicien 164 et le capitaine 365. En contrepartie, les nouvelles recrues doivent prêter serment de fidélité et porter l'uniforme : pantalon, chemise à col marin et chapeau plat à rubans pour les matelots ; chemise, gilet, tunique, pantalon et casquette pour les officiers.

Les conditions d'hygiène ont fait des progrès considérables depuis la fin du XVIIIe siècle. La Royal Navy a montré la voie à ses rivales étrangères dans l'élimination des maladies qui décimaient les équipages, à commencer par le redoutable scorbut, les très fréquentes dysenteries, mais aussi la fièvre jaune, le typhus, le choléra.

Pour cela, la nourriture ordinaire des marins fait l'objet d'une grande surveillance. Fruits, légumes et viandes sont en principe disponibles en abondance et l'on veille à ce que l'alimentation soit plus équilibrée. Malheureusement, les procédés de conservation des vivres n'ont guère évolué depuis l'époque héroïque de la marine à voile. Le sel et la saumure constituent toujours les principaux agents conservateurs. Il faudra attendre les années 1880 pour voir apparaître la congélation à bord des navires.

Les punitions corporelles ont été supprimées, mais la discipline reste rigoureuse et la mise aux fers subsiste toujours.

Quant au confort, il n'a guère évolué pour la masse des sans-grade. Le régime reste le même que dans les vieux bateaux en bois : hamacs dans les batteries au milieu des canons, quelques tables et bancs, des coffres pour ranger les effets personnels. En cas de branle-bas de combat, il faut replier les hamacs et ranger le mobilier en quelques minutes. La promiscuité, l'inconfort sont encore de règle dans les batteries.

En revanche, les conditions de vie sont plus agréables pour les officiers. Le capitaine dispose d'une cabine particulière, à la poupe, la seule ventilée et éclairée à bord. Celle du second est à tribord. Le maître responsable du gréement et de la navigation loge à la proue. Les lieutenants, le chef mécanicien, le chapelain, le chirurgien, le capitaine de l'artillerie, l'officier payeur ont des cabines individuelles, quoique exiguës, sur le pont inférieur. Mais les sous-lieutenants et élèves officiers partagent les batteries avec l'équipage.

De la gloire au déclin

Du fait de sa complexité, le *Warrior* nécessite encore plusieurs mois d'essais et d'ajustements avant sa mise en service définitive en juin 1862.

Commandé par le capitaine Cochrane, le nouveau navire de guerre, classé frégate cuirassée de 3ᵉ rang, exerce une véritable force de dissuasion tant sa supériorité est évidente sur tous les autres navires de l'époque. Aucun ennemi n'oserait l'affronter. Même ses pires détracteurs sont obligés d'admettre qu'il pourrait impunément attaquer une flotte entière de vaisseaux de bois. Les rêves des Français d'un équilibre naval s'évanouissent. Avec le *Warrior,* la Grande-Bretagne retrouve l'assurance de sa toute-puissance.

En juin 1862, navire et équipage sont enfin suffisamment rodés pour un service normal. L'heure est venue de rejoindre le Channel Squadron, l'escadron de la Manche, au sein duquel le nouveau bâtiment va opérer jusqu'en novembre 1864. Les patrouillages de routine le long des côtes sont entrecoupés de croisières pour montrer le pavillon jusqu'à Lisbonne et Gibraltar, Madère et Tenerife. Dans chaque port, le *Warrior* attire une foule de visiteurs. Rois, princes, ambassadeurs et autres personnalités veulent découvrir de près ce navire à la pointe de la technologie. Seul, le couple royal britannique ne montera jamais à bord de ce symbole de la puissance navale de son pays. Le prince Albert est mort en 1861 et Victoria, sa veuve inconsolable, se montre peu attirée par les navires de guerre.

Objet de tous les regards, le *Warrior* est bientôt copié à l'étranger où se construisent des navires aux blindages de plus en plus épais, à l'artillerie de plus en plus puissante. En Angleterre même, où il a brusquement rendu obsolète tout le reste de la flotte, on lui construit des sister-ships, *Black Prince, Defence, Resistance* et *Royal Oak.* Le *Warrior* n'est bientôt plus le seul navire de la nouvelle génération au sein du Channel Squadron. Mais il reste toujours aussi populaire auprès du public britannique, comme le démontre la croisière de douze semaines qu'il accomplit avec l'escadre de la Manche, de juillet à octobre 1863, au cours de laquelle, faisant escale dans douze ports, il accueille à son bord quelque 300 000 visiteurs.

Après une grande refonte qui dure deux ans et demi, le cuirassé devient navire amiral à Queenstown en 1867. En cette qualité, il participe à la revue navale de Spithead, en l'honneur du sultan de Turquie et du khédive d'Égypte. Mais il ne garde ce titre que quelques semaines et se retrouve, de nouveau, en service dans le Channel Squadron.

Malgré plusieurs modernisations successives, le *Warrior* apparaît désormais comme un navire de transition. La disposition de son artillerie en batteries avec sabords reflète la survivance de l'ancienne marine à voile. Il en est de même de la mâture et de son gréement ou des conditions d'existence des matelots qui ne diffèrent guère de celles qui ont cours sur les vaisseaux ou les autres types d'unités traditionnelles. Ce qui faisait de lui un navire révolutionnaire – l'association de la coque en fer et de la propulsion par machine à vapeur et hélice, ainsi que les canons de 68 et 110 livres à chargement par culasse – se retrouve dès lors sur bien d'autres bateaux de guerre, encore plus performants.

En moins de dix ans, celui qui a été à l'origine d'un progrès radical dans la construction des navires de guerre, le *Warrior,* est déjà dépassé.

Le 15 septembre 1871, le premier cuirassé de la Royal Navy est définitivement affecté à la réserve et basé à Portland. Il n'est plus classé navire de ligne de 1er rang. Faute de conflit, il n'a pas eu l'occasion de tirer un seul coup de canon, sinon à l'exercice.

Après avoir bénéficié d'une seconde importante refonte, il intègre la première division de réserve. Il effectuera encore quelques croisières et se trouvera même momentanément mobilisé dans la flotte d'active en juillet-août 1878 en prévision d'éventuelles hostilités avec la Russie.

Le 15 juin 1881, il appareillera de Portland pour sa dernière croisière et relâchera à Héligoland, Kiel et Kronstadt. De retour en Grande-Bretagne, il sera finalement déclassé à Portsmouth le 31 mai 1883.

L'heure de la retraite a sonné pour le célèbre navire. Peu d'incidents ont émaillé sa carrière, si ce n'est une collision avec son sister-ship *Royal Oak* le 14 août 1868. Une longue déchéance l'attend.

Vendu à la casse, il ne trouve pas d'acheteur et se voit finalement transformé, à partir de 1902, en dépôt stationnaire pour destroyers et torpilleurs. Le *Warrior* porte alors le guidon du commandant de la flottille de Portsmouth.

Deux ans plus tard, on lui retire jusqu'à son nom, ce nom qui suffisait à attirer les foules dans les ports où il faisait escale, pour lui donner celui de *Vernon III,* beaucoup moins prestigieux. Dépourvu de canons, dépouillé de ses mâts, de son beaupré et de sa figure de proue, il est désormais amarré à couple des vaisseaux *Donegal* et *Marlborough,* bases de la Royal Navy's Torpedo Training School. Son rôle : leur fournir de l'électricité et de la vapeur.

Après le transfert à terre de l'école de torpilles, en 1923, l'ancien *Warrior* reste seul, oublié, mal entretenu. Ses deux compagnons sont partis depuis longtemps à la démolition. Son nom a été attribué à un croiseur cuirassé de 13 750 tonnes qui sera coulé avec son sister-ship, le *Black Prince,* dans la nuit du 31 mai au 1er juin 1916, pendant la bataille du Jütland.

De nouveau proposé à la ferraille, en 1924, il n'intéresse toujours personne. Mais ce sursis équivaut à une nouvelle descente dans la déchéance. L'ancienne frégate cuirassée devient appontement et dépôt pétrolier C77 au dock d'hydrocarbures de Pembroke, à Milford Haven, au sud du pays de Galles. Elle figure, toutefois, toujours sur les listes de la Royal Navy qui l'envoie régulièrement en cale sèche pour radoubage, peinture et calfatage. Tous ses sister-ships ont été démolis depuis longtemps. La longue coque noire de l'ex-*Warrior,* réduite à l'état de vulgaire ponton, va remplir cette peu reluisante fonction pendant cinquante ans, ravitaillant quelque 5 000 navires.

Le Maritime Trust

Fondé en 1969 par le duc Philippe d'Édimbourg qui en est toujours le président, le Maritime Trust a depuis lors une action exemplaire en matière de préservation, de restauration et d'ouverture au public du patrimoine maritime : vieux bateaux, ports, pêcheries, musées, etc.

Il a ainsi pris en charge, totalement ou en partie selon les cas, le clipper *Cutty Sark,* le *Great Britain,* premier transatlantique à coque en fer et à hélice, les frégates du XIXe siècle *Foudroyant* et *Unicorn,* le croiseur lourd *Belfast,* le *Gypsy Moth IV* avec lequel sir Francis Chichester traversa l'Atlantique en solitaire, l'*Endeavour,* le plus célèbre compétiteur classe J de la Coupe de l'America, etc.

Mais, à côté de ces navires célèbres, le Maritime Trust se soucie aussi de préserver tout un vieux port, une collection de yachts, de canots de sauvetage et le maximum de vieilles coques avant qu'elles ne disparais-

sent irrémédiablement. Un plan de prospection systématique des côtes britanniques est mis en œuvre.

Le Maritime Trust a ainsi constitué toute une flotte de bateaux allant du schooner trois-mâts *Kathleen and May,* construit en Angleterre en 1900, au sloop victorien à voiles et à vapeur *Gannet,* l'ancien navire-école *Mercury,* en passant par le chalutier à vapeur *Lydia Eva,* le cotre de pilote *Kindly Light,* construit en 1911, les bateaux de pêche *Barnabas* (1880) et *Softwings,* de la région de Falmouth, la barge de la Tamise *Cambria* (1906), le ramasseur de crabes *Ellen,* le caboteur à vapeur *Robin...*

En association avec le Windermere Nautical Trust, il a également entrepris de restaurer et d'exposer au public l'étonnante collection d'embarcations légères à vapeur, vieilles de plus d'un siècle, récupérées au fond du lac de Windermere.

La réhabilitation et le retour triomphal

Bien que réduit à l'état de ponton, l'ancien *Warrior* ne sombre jamais complètement dans l'oubli. Après les restaurations réussies du *Victory,* du *Cutty Sark* et du *Great Britain,* diverses personnalités songent à en faire autant de l'ancien cuirassé. Dès 1968, le duc d'Édimbourg préside une réunion en faveur de son sauvetage. La création du Maritime Trust, un an plus tard, va jouer un rôle déterminant dans la conservation du patrimoine maritime britannique.

Mais il faudra encore bien des discussions et des interventions, notamment à la Chambre des communes, avant que la propriété du plus ancien cuirassé encore à flot dans le monde ne soit transférée au Maritime Trust en 1979. Le navire est enfin sauvé...

Au mois d'août de la même année, le *Warrior,* qui affiche alors misérablement ses 120 ans, est remorqué

La proue du *Warrior* à Pembroke, le 24 août 1952. La figure de proue, endommagée par un navire, a été enlevée, puis brûlée quelques années plus tard.

jusqu'à Hartlepool, un port de la côte est, pour y subir de longs et très coûteux travaux de restauration et de reconstruction. Il faudra huit ans et plus de 7 millions de livres sterling, pour venir à bout des trois quarts de la tâche.

La première phase consiste à enlever les 80 tonnes d'immondices entassées sur le pont principal et à l'intérieur de la coque. Hartlepool, situé sur l'estuaire de la Tees, n'a pas été choisi au hasard. La crise de la construction navale qui y sévit permet de recruter facilement du personnel qualifié pour restaurer le *Warrior*.

Après le nettoyage soigneux de toutes les parties du navire, une seconde besogne s'impose : mettre définitivement hors d'eau l'intérieur de la coque en rebouchant les trous du pont supérieur. Mais, avant d'enlever les 250 tonnes de sol en béton moderne pour remplacer celui-ci par un nouveau plancher en bois, copie fidèle de l'ancien, il faut débarrasser le pont des baraques en planches qui l'encombrent et démonter le roof en acier installé sur la proue.

Norman Gaches, demeurant à l'île de Wight, travaillant à la sculpture de la nouvelle figure de proue du *Warrior*. Le second document la montre mise en place sous le beaupré du navire.

Suit, alors, un travail de renforcement ou de remplacement de toutes les charpentes métalliques en mauvais état.

En 1982, le *Warrior,* renaissant à la vie, retrouve enfin sa proue en bois, ou du moins une réplique parfaite de celle d'origine, endommagée au cours de l'accostage trop brutal d'un autre navire, avant d'être brûlée volontairement en 1963. Des dessins et des photographies ont servi de modèles à deux artisans de l'île de Wight pour tailler l'énorme sculpture qui pèse plus de 3 tonnes.

L'étrave est réparée avec une pièce d'acier rapportée sur laquelle sont ensuite fixés la nouvelle figure de proue et un beaupré tout neuf.

La mâture et le gréement, les sabords, les hublots, le tableau arrière et les deux cheminées sont également refaits, scrupuleusement, à l'ancienne. Seule concession au modernisme : le mât de misaine actuel est un tube en acier de 13 tonnes, alors que celui d'origine était en bois. Un gouvernail et une hélice avec son arbre moderne, d'un poids de 35 tonnes, viennent remplacer ceux qui ont disparu.

Enfin le *Warrior* est repeint tel qu'il était au temps de sa splendeur. La coque retrouve sa livrée noire à peine soulignée de blanc au niveau du bastingage, de la ligne de flottaison rouge, du beaupré et du tableau arrière.

La reconstitution de l'intérieur du navire tel qu'il pouvait être en 1861-1864 est un autre tour de force. Tout a disparu. Les canons ont été fondus : on en exécute des répliques en fibre de verre, totalement identiques d'apparence aux originaux. Tout le mobilier retrouve sa place à bord, même les armes individuelles et d'innom-

brables objets de la vie quotidienne, pièces authentiques qu'on a récupérées, ou imitations fidèles.

La cabine du capitaine, celles des officiers, la salle à manger des officiers, l'appareil moteur, œuvre de John Penn & Sons de Greenwich, les chaudières, tout retrouve son caractère d'époque.

La reconstitution du navire dans ses moindres détails suppose des milliers d'heures d'enquête minutieuse, véritable travail de détective, d'archéologue et d'archiviste à la fois. C'est un immence puzzle qu'il faut reconstituer avec nombre de pièces manquantes.

Heureusement, les plans du vieux cuirassé existent toujours, conservés au Maritime Museum de Greenwich, au Royal Institute of Naval Architects et au Science Museum de Londres. Certains sont même en couleurs. Le journal de bord du midship Murray, âgé de 14 ans,

quand il servait sur le *Warrior* en 1862, est une autre source de renseignements très précieuse : le jeune matelot y a dessiné les plans du navire et mis en place tous les articles, objets et éléments divers qui figuraient à l'intérieur.

Les restaurateurs ont également beaucoup puisé dans les revues illustrées de l'époque, *Illustrated London News* et *Harper's Weekly,* en particulier. Les rares photographies du *Warrior* prises à la fin des années 1860 et après 1870 ne sont, en revanche, pas d'un grand secours.

De nombreux particuliers, des écoles, des associations, des entreprises privées et publiques ont contribué par des dons ou par leur travail à la réhabilitation du *Warrior.* Parmi eux, Baldwin Drummond, auteur d'ouvrages maritimes, le vice-amiral sir Patrick Bayly et

Un groupe d'officiers et quelques matelots sur le pont supérieur du *Warrior.* C'est l'une des trois photographies montrant le pont supérieur du cuirassé au temps de sa splendeur. Elle a été prise fin 1869 ou début 1870.

Retour triomphal du *Warrior* à Portsmouth, escorté par plusieurs dizaines de bateaux, le 16 juin 1987. Auparavant, il avait été réduit pendant plus d'un demi-siècle à l'état de vulgaire ponton pétrolier à Pembroke.

surtout le Manifold Trust qui a fourni, à lui seul, quatre des sept millions de livres dépensées pour la restauration du cuirassé et dont le président John Smith fut un des principaux artisans de son sauvetage.

Le 12 juin 1987, halé par deux remorqueurs de la compagnie Alexandra Towing Co., un à la proue, l'autre à la poupe, le *Warrior* appareille d'Hartlepool. Après quatre jours d'un voyage de 290 milles nautiques,

Reconstitution de la chambre des chaudières du *Warrior*. La vapeur était fournie par dix chaudières à chauffe au charbon – quatre dans la partie avant et six à l'arrière. Chaque chaudière contenait environ 19 t à vaporiser.

il arrive en vue de Portsmouth où il doit être basé comme musée flottant non loin du *Victory* de Nelson et de la caraque d'Henri VIII, la *Mary Rose*.

Plus de 90 embarcations de toutes sortes, pétroliers, chalutiers, ferries, vedettes, tous pavillons déployés, sirènes et cornes de brume déclenchées, escortent et saluent l'ancien cuirassé à l'imposante masse noire. Le retour est triomphal, l'émotion intense. Surtout quand la frégate *HMS London,* le navire le plus moderne de la Royal Navy, passe à quelques encâblures du dernier survivant des navires de ligne britanniques et lui adresse ce message : « The Navy's newest ironclad is in company with the oldest... I hope we look as good at your age », « Le navire le plus récent de la Royal Navy est en compagnie du plus ancien... J'espère que nous aurons aussi bonne mine à votre âge. » Les canons tonnent, les sirènes et les Klaxons retentissent en même temps que les clameurs d'une foule considérable massée sur les quais.

Les remorqueurs aspergent ce précieux témoin de l'ère victorienne à coups de jets d'eau. À 17 h 45, le *Warrior* est amarré solidement le long de son quai. Mission accomplie pour le capitaine Arthur King de l'Alexandra Towing Company.

Un nouveau capitaine attend de monter à bord : Colin Allen de la Royal Navy, vêtu pour la circonstance de l'uniforme que portaient les officiers de marine de Sa Gracieuse Majesté Victoria dans les années 1860-1870. Son costume a été taillé par le couturier royal, Mr. Jones & Gieves & Hawkes.

Fin 1987, la restauration menée par le *Warrior* Preservation Trust s'achève enfin. Le 11 février 1988, le navire a reçu son 100 000e visiteur.

LES DERNIERS
GRANDS VOILIERS

La longue rivalité entre la voile et la vapeur ou le pétrole va tourner à l'avantage de ces derniers à la veille de la Première Guerre mondiale. Toutefois, les voiliers de pêche et de commerce connaîtront encore quelques beaux jours durant l'entre-deux-guerres. On verra même, jusqu'à la fin des années 40, certains ports européens ou nord-américains offrir le spectacle pittoresque de la forêt de mâts de leur flotte de pêche.

Chaque progrès technique, chaque implantation de dépôt charbonnier ou pétrolier dans le monde, l'ouverture du canal de Suez en 1869, celle du canal de Panamá en 1914 creusèrent inexorablement la tombe des voiliers. Mais les imperfections des machines, leur boulimie en combustible et en personnel, la lourdeur des investissements qu'elles exigeaient constituaient autant de motifs de sursis pour les bateaux à voiles.

Si le commerce maritime cède le premier aux attraits des moteurs, la pêche, plus marquée par les traditions et surtout par le manque de capitaux, résiste

Grands voiliers à quai dans le port d'Amsterdam, pendant la fête nautique « Sail Amsterdam ». À l'extrême gauche, une partie du quatre-mâts barque soviétique *Krusenstern*. Devant lui, le trois-mâts carré italien *Amerigo Vespucci*.

Navires baleiniers anglais et américains en activité dans l'Arctique, dans les parages du Groenland. Deux baleinières remorquent deux baleines franches du Groenland, qui ont la particularité de flotter après leur mort. Le port de Hull, sur l'estuaire de la Humber, fut le plus grand foyer britannique de chasse à la baleine entre le XVIII⁰ et le début de la seconde moitié du XIX⁰ siècle. Il fut alors supplanté par les ports écossais de Dundee, Aberdeen et Peterhead. Peinture de John Ward, Kingston upon Hull Town Docks Museum.

Le *Charles W. Morgan,* dernier survivant des baleiniers à voiles américains, dans le port de New Bedford, Massachusetts, avant son rachat, en 1941, par le Mystic Seaport Museum, Connecticut.

plus longtemps. Il faut attendre 1885 pour que soit mis en service le premier chalutier à vapeur, le *Sagitta,* de l'armateur allemand Friedrich Busse, de Geestemünde.

Dans les années 1850-1870, les barques et barquentines, les bricks et brigantins, les goélettes appelées schooners par les Anglo-Saxons, les trois- et quatre-mâts barques représentent encore la majorité des navires de haute mer. Les vapeurs, souvent de dimensions modestes, sont plutôt affectés au remorquage et à des trafics spéciaux dans des mers fermées et relativement calmes.

Même la première puissance industrielle du monde, le Royaume-Uni, à l'avant-garde de la technique, disposant d'un charbon abondant et bon marché, va persister à lancer de grands voiliers en fer et en acier jusqu'en 1897.

À une époque où les bateaux à vapeur déplacent d'énormes tonnages et chargent facilement la marchandise à l'aide de leurs propres grues, les grands trois- ou quatre-mâts barques, dont la capacité d'embarquement ne dépasse guère 3 000 à 4 000 tonnes, continuent à transporter du charbon anglais, allemand, polonais, américain ou australien, du nitrate et du guano du Chili, des céréales, de la laine d'Australie et des États-Unis, des bois d'œuvre de l'Ouest américain et même du pétrole quand celui-ci commence sa conquête du monde vers 1880.

La voile connaît un dernier âge d'or jusqu'en 1914, l'âge des pêcheurs à la baleine, des morutiers d'Islande et des bancs de Terre-Neuve, des goélettes américaines, des long-courriers armés par de prestigieuses compagnies comme Laiesz, en Allemagne, ou Antoine Dominique Bordes, en France.

Puis, ce sera le déclin, une longue agonie à laquelle survivront quelques rares spécimens entretenus à grands frais comme musées flottants ou comme voiliers-écoles. Qu'ils s'appellent *Sedov, Krusenstern, Belem, Amerigo Vespucci, Dar Pomorza* ou *Sagres,* ces derniers grands voiliers exaltent les traditions des vieilles puissances maritimes. Ils offrent le plus beau spectacle qu'on puisse admirer sur la mer, comme ce rassemblement des « Voiles de la liberté » qui, à Rouen, en 1989, attira plus de 300 000 personnes.

Le *Charles W. Morgan,* dernier baleinier de Nouvelle-Angleterre

La pêche à la baleine est pratiquée depuis très longtemps. Montés sur de frêles canots, les Basques chassaient la baleine franche, dès le IX⁰ siècle, dans le golfe de Gascogne avant d'aller poursuivre les cétacés du côté du Spitzberg et du Labrador, entre les XIV⁰ et XVI⁰ siècles.

Les Norvégiens pêchèrent aussi très tôt les grands mammifères de la mer du Nord. Mais il faut attendre le début du XVII⁰ siècle pour que des Anglais, des Français et surtout des Hollandais se lancent à leur tour dans la course à la baleine en suivant les traces des Basques, grands maîtres du harpon.

Les Indiens d'Amérique du Nord comptent aussi parmi les plus anciens pêcheurs de baleine. C'est auprès d'eux que les premiers colons européens, installés en

Nouvelle-Angleterre au XVIIᵉ siècle, apprennent l'art de capturer ces grands cétacés. Ils y réussirent si bien qu'ils développèrent une très importante industrie baleinière qui exportait ses produits jusqu'en Europe.

Les plus anciens ports baleiniers des États-Unis se trouvent dans l'île de Long Island, à l'extrémité sud-est de l'État de New York : East Hampton, fondé en 1649, Southampton, Bridgehampton, Amagansett, fondé vers 1680, et Wainscott. Très prospères jusqu'à la seconde moitié du XIXᵉ siècle, ces ports ont connu ensuite un rapide déclin, la surexploitation des grands mammifères marins ayant entraîné leur disparition. Le dernier gros cétacé fut capturé au large d'East Hampton, en 1907. Son squelette est conservé au Muséum d'histoire naturelle de New York. Amagansett, qui fut le dernier port de Long Island à conserver une activité de pêche à la baleine, y renonça en 1918.

Mais, s'ils ont l'avantage de l'ancienneté, les ports de Long Island n'ont jamais connu une activité comparable à celle des ports baleiniers du Massachusetts, Gloucester, New Bedford, Nantucket, ou du Connecticut, Mystic et New London, notamment. Ce sont eux qui, au milieu du XIXᵉ siècle, arment la grande majorité des 736 navires baleiniers américains en service. Vers 1830, 72 baleiniers quittent chaque année Nantucket pour y revenir avec 30 000 barils d'huile. en 1857, New Bedford, capitale américaine de la chasse au cachalot, entretient à lui seul près de 300 baleiniers qui déchargent sur les quais plus de 175 000 tonnes d'huile et plus de 1 250 000 tonnes d'os de cétacés. Sur les 75 000 marins du littoral atlantique américain, 5 000 vivent de la chasse à la baleine.

Mais, après 25 ans d'une prospérité fabuleuse, ces ports souffrent de la raréfaction des baleines franches le long des côtes atlantiques. Les chasseurs américains sont obligés d'aller poursuivre les cétacés au large de la côte pacifique de l'Amérique du Nord ainsi que dans les parages du détroit de Béring et du Kamtchatka, dans l'océan Arctique.

Le remplacement de l'huile de baleine par le pétrole et le gaz, la guerre de Sécession qui éclate en 1860 entraînent la décadence de l'industrie baleinière américaine.

À la fin du XIXᵉ siècle, ce sont les Norvégiens, les Russes et les Japonais qui vont prendre la relève avec leurs flottilles de baleiniers harponneurs, puis leurs navires-usines à vapeur ou à moteur Diesel. La dernière compagnie baleinière américaine cesse son exploitation en 1971, mais il y a longtemps déjà que la pêche des grands mammifères marins ne mobilise plus aux États-Unis que de modestes moyens industriels.

Le souvenir de cette grande époque de la pêche à la baleine subsiste dans les musées de Gloucester, New Bedford, Mystic, Nantucket, Sharon, pour ne citer que les plus importants, et grâce au dernier baleinier à voiles, le *Charles W. Morgan,* le seul de son espèce à être préservé dans le monde, aujourd'hui encore à flot au Musée maritime de Mystic.

Construit en 1841 par le chantier Jethro & Zachariah de Fairhaven, dans le faubourg de New Bedford, le *Charles W. Morgan* est un trois-mâts barque

La vie à bord d'un baleinier américain comme le *Charles W. Morgan*

Les navires baleiniers américains du XIXᵉ et du début du XXᵉ siècle sont, le plus souvent, des trois-mâts barques ou des trois-mâts carrés, parfois des goélettes ou des bricks. Leur tableau arrière est en général ajouré par des fenêtres et leur carène doublée en cuivre. Ce sont de véritables bases flottantes aménagées pour le traitement des cétacés capturés et pouvant découpler pour la chasse des flottilles d'embarcations légères. Les baleiniers portent, d'ordinaire, suspendues au-dessus de leurs flancs 7 ou 8 baleinières légères de 9 m de long, mues à l'aviron et montées par 8 hommes. D'autres sont empilées sur le pont, retournées.

Une fois les baleines tuées, on les amarre le long des flancs du navire. Là, des marins installés sur une ou plusieurs plates-formes découpoirs, les dépècent. Ils découpent de grandes bandes de lard qu'ils hissent à bord à l'aide de palans. Elles sont alors brûlées dans de vastes cuves en fer placées dans un four de briques, appelé « usine à fonte », qui se trouve sur le pont supérieur derrière le mât de misaine. L'huile provenant de la « fonte » est mise en tonneaux que l'on entrepose dans la cale. Les baleiniers du type *Charles W. Morgan* peuvent transporter 300 à 350 tonnes d'huile.

L'équipage loge sous le gaillard d'avant et dans l'entrepont, dans un inconfort à peu près total. La place est rare à bord avec tout le volume qu'occupent les tonneaux, les provisions et les équipements de rechange qu'il faut emporter pour des campagnes de six mois à quatre ans. Rien que le voyage jusqu'aux lieux de pêche dans le Pacifique, en passant par le redoutable cap Horn, met déjà, à lui seul, plusieurs mois.

La promiscuité est vite insupportable et les bagarres sont fréquentes. Le capitaine et les officiers font régner une discipline de fer dont les marins sont bien obligés de supporter l'aspect tyrannique s'ils veulent éviter les brimades et les punitions corporelles.

Les journées de travail sont longues et dures, rendues plus pénibles encore par la puanteur dégagée par les baleines mortes. Quant à la nourriture, souvent monotone et insipide, elle ne se renouvelle qu'à l'occasion de très rares escales.

L. D., B., 49. - BOULOGNE-SUR-MER

Le Quai du Bassin

Grands voiliers de pêche amarrés le long des quais de Boulogne-sur-Mer. Carte postale du début du XXᵉ siècle.

baleinier typique de ceux qu'on pouvait voir dans les ports de la Nouvelle-Angleterre au XIXᵉ siècle et au tout début du XXᵉ. Mais aucun autre baleinier n'a eu autant d'années de service actif que le *Morgan,* qui en compte 88, aucun autre n'a chassé autant de baleines que lui, qui en a tué 61 dès son premier voyage inaugural de 37 mois (1841-1844).

Basé à San Francisco à la fin du XIXᵉ siècle, le *Charles W. Morgan* va faire de fructueuses, mais éprouvantes campagnes de pêche dans les mers arctiques jusqu'en 1921.

Puis, désarmé, mouillé dans une vasière à New Bedford, le vieux navire, propriété de la Whaling Enshrined Inc., semble promis à la démolition. Oublié de tous, il se détériore lentement quand un millionnaire le sauve : le colonel Edward H.R. Green le rachète pour en faire le principal ornement de sa propriété à South Dartmouth, dans le Massachusetts. À la mort de Green, en 1941, le Mystic Seaport Museum se porte acquéreur du baleinier et le fait remorquer jusqu'à Mystic, où il va subir 14 ans de restauration afin de retrouver son état de 1870. À cette fin, le Musée maritime n'hésite pas à recréer un véritable chantier naval, comme ceux qui existaient sur la côte est des États-Unis au siècle dernier. Des photographies prises en 1880 aident les restaurateurs dans leur tâche délicate.

Décrété National Historic Landmark (« point marquant de l'histoire nationale ») en 1967, le vénérable baleinier est aujourd'hui amarré à Mystic, le long d'un quai en granite, reconstitution fidèle de celui qui existait à New Bedford au XIXᵉ siècle.

Terre-neuvas et morutiers d'Islande

Pour pêcher la morue, qui peuple les eaux froides (0 à 10 °C) et particulièrement celles qui bordent l'Islande et le grand banc de Terre-Neuve, au nord du Canada, les pêcheurs européens utilisaient en général de solides trois-mâts : surtout des goélettes (que les Anglo-Saxons appellent « schooners ») ou des bricks-goélettes, mais aussi des bricks, des barquentines, des trois-mâts barques et des trois-mâts carrés. Tous ces voiliers déplaçaient en moyenne 190 et 400 tonnes, certains jaugeant même plus de 500 tonnes. Ceux qui venaient de Dunkerque ou de Gravelines utilisaient parfois des embarcations plus légères, des dandys à deux mâts, au gréement semblable à celui des cotres et jaugeant moins de 100 tonnes.

La navigation est très difficile dans ces régions nordiques et le climat éprouvant. En hiver, le danger vient de la banquise qui recouvre toute la région. Au froid et aux tempêtes de neige s'ajoute l'inconvénient de la glace qui alourdit les navires en se fixant sur le gréement et les voiles et qui transforme le bastingage et le pont en une véritable patinoire. En été, d'épais brouillards, dus à la rencontre du Gulf Stream et d'un courant froid en provenance du Spitzberg, recouvrent presque en permanence les bancs de Terre-Neuve.

Les méthodes de pêche varient selon les endroits.

En Islande, les voiliers pêchent à la dérive, voilure diminuée, près des côtes, et chaque homme d'équipage lance et relève sans cesse son immense ligne, longue de 200 à 300 m. Sur le banc de Terre-Neuve, les voiliers jettent l'ancre et servent de base à une flottille de légères embarcations à voiles et à rames : les doris, montées par deux hommes qui pêchent aux lignes fixes attachées à des bouées.

Dès le XVIIᵉ siècle, les Français sont très nombreux sur les bancs de Terre-Neuve et d'Islande. En 1640, quelque 200 bateaux français, presque tous originaires de Saint-Malo, étaient présents au large des côtes de la grande île canadienne. Nombreux étaient aussi ceux qui venaient de l'archipel français de la côte méridionale de Terre-Neuve, Saint-Pierre-et-Miquelon.

Mais c'est au XIXᵉ siècle et au début du XXᵉ siècle que la pêche à la morue atteint son apogée. Les principaux ports français à armer des morutiers à voiles pour Terre-Neuve sont, au tournant du siècle, Saint-Malo, Fécamp, Paimpol, Cancale, Dunkerque, Granville, La Rochelle et Dahouet. Pour l'Islande, ce sont Paimpol, Dunkerque, Gravelines et Binic.

Là encore, la Première Guerre mondiale va signer le déclin des bateaux de pêche à voiles. En 1899, on recensait 161 morutiers à voiles français dans les parages de l'Islande et 370 aux alentours de Terre-Neuve. En 1920, il n'y a plus que 17 morutiers à voiles et 10 chalutiers français dans les eaux islandaises, 71 morutiers à voiles et 32 chalutiers au large du Canada. En 1902, 208 goélettes avaient pour port d'attache Saint-Pierre-et-Miquelon ; en 1914, il n'y en avait plus que 24.

Canadiens, Américains, Norvégiens, Islandais, Portugais, Espagnols et autres Européens étaient également très nombreux à pêcher dans ces régions inhospitalières de l'Atlantique nord. Mais, de ces milliers de morutiers qui ont hanté pendant des siècles les bancs de Terre-Neuve ou les côtes islandaises, il ne reste que de très rares survivants. Les naufrages ont prélevé un terrible tribut sur ces navires. Les démolisseurs, la lente destruction par abandon ont fait le reste. La France, qui arma longtemps de très importantes flottes de terre-neuvas, n'en a conservé aucun témoin. En revanche, les États-Unis en préservent plusieurs.

À Camden (Maine), on trouve le schooner à deux mâts *Adventure,* construit en 1926, qui navigue toujours et a été la dernière unité américaine de ce type à pêcher sur les bancs de Terre-Neuve. L'*American* (1921), mouillé à Cape May (New Jersey) a été converti en restaurant. À San Francisco, le National Maritime Museum entretient le trois-mâts schooner *C.A. Thayer* (1895), qui pêchait la morue dans le détroit de Béring entre 1924 et 1925. À New Bedford, on peut visiter l'*Ernestina* (1894). À Philadelphie, la *Gazela of Philadelphia* est la dernière barquentine portugaise terre-neuvas qui existe encore dans le monde. À Wilmington (Caroline du Nord), le schooner à deux mâts *Harry W. Adams* est un des deux survivants des nombreux morutiers canadiens. L'autre est le *Sherman Zwicker,* schooner à deux mâts construit à Lunenburg (Nouvelle-Écosse) en 1941, qui navigue toujours sous la bannière du Grand Banks Schooner Museum de Boothbay Harbour (Maine).

Départ de Dunkerque des morutiers d'Islande, au début du XXᵉ siècle. Les morutiers d'Islande partaient en général des ports du nord de la France dans la seconde moitié du mois de février, avec un décalage d'une quinzaine de jours sur ceux de Bretagne, qui partaient parfois vers le 20 janvier. Souvent, les morutiers dunkerquois ne quittaient pas leur port avant le 20 mars pour l'Islande ou les bancs de Terre-Neuve. Ils pêchaient aussi sur les bancs des îles Féroé. Photographie d'époque colorée. Bibliothèque du musée des Arts décoratifs, Paris.

Le poste d'équipage d'un voilier morutier français vers 1930. Depuis que les pêcheurs français ont fréquenté les bancs d'Islande ou de Terre-Neuve (XVIᵉ siècle), jusqu'à la disparition des derniers morutiers français à voiles vers 1950, les conditions d'existence des marins n'ont guère évolué. L'entrepont où ils logaient était obscur, insalubre, car humide et sale en permanence, malodorant, la ventilation étant insuffisante.

Le Mystic Seaport Museum a récemment terminé la restauration du *L.A. Dunton* (1921), tandis que le South Street Seaport Museum de New York travaille à celle du schooner à deux mâts *Lettie G. Howard,* construit en 1893. Un schooner un peu plus récent (1897), le *Wawona,* est mouillé à Seattle (Washington), entretenu par le Northwest Seaport. À l'origine transporteur de bois, il a été transformé ultérieurement en morutier.

Au Canada, une réplique de la célèbre goélette franche *Bluenose* a été construite en 1963 pour servir de navire-école. La première *Bluenose,* construite en 1921 à Halifax, avait remporté dix-huit fois d'affilée la « coupe internationale des pêcheurs » opposant les terre-neuvas canadiens et américains. À Québec, Alain Canuel a renfloué, vers 1970, la goélette *Marie Clarisse* (1924), qui navigue de nouveau. Enfin, le Danemark utilise comme ponton-école l'ancienne goélette à huniers *Arken,* construite à Saint-Malo en 1908.

La belle époque des goélettes et des Down Easters (1870-1910)

Issues des « jachts » à deux mâts hollandais du tournant des XVIᵉ-XVIIᵉ siècles, les goélettes ont un gréement aurique (à voiles quadrilatères) qui les rend plus faciles à manœuvrer que le gréement à hunier, perroquet et voiles d'étai des grands voiliers. De ce fait, elles sont particulièrement bien adaptées au cabotage dans les zones à vents variables et exigent un équipage relativement peu important, mais elles sont, en revanche, beaucoup moins indiquées pour les longs parcours hauturiers, surtout par vent arrière.

Très prisées en Europe dans la seconde moitié du XVIIIᵉ siècle, les goélettes vont connaître un développement spectaculaire aux États-Unis un siècle plus tard. Les chantiers de la Nouvelle-Angleterre et de la façade atlantique du Canada, principalement la Nouvelle-Écosse, deviennent vers la fin des années 1860 les plus grands producteurs du monde de goélettes, ou schooners comme les appellent les Anglo-Saxons. Plus de 1 500 schooners à trois mâts et 181 à quatre mâts sortent des chantiers de la côte est des États-Unis, entre 1870 et 1907. Plus de 800 autres, en général plus petits, sont mis à l'eau par les nombreux constructeurs de la Nouvelle-Écosse, de Terre-Neuve, du Nouveau-Brunswick, de l'Île-du-Prince-Édouard et du Québec.

Jusqu'au milieu du XIXᵉ siècle, les goélettes américaines portent deux mâts et dépassent rarement 30 m de long. Certaines, les goélettes à huniers, ont aussi des voiles carrées au mât de misaine.

Puis, à partir de 1850, la course au gigantisme les atteint comme presque toutes les autres catégories de bateaux de taille moyenne. Afin de résister à la concurrence des navires à vapeur, leur taille augmente, leur coque s'arrondit pour charger toujours plus de charbon, de bois de charpente, de céréales, de coton ou de poissons. Les goélettes atteignent alors, en moyenne, 45 m de long et plus de 9 m de large pour un déplacement de 600 tonnes. Des entretoises métalliques viennent parfois renforcer l'intérieur de leur coque, construite en bois de chêne, de noyer et de pin.

Vers 1880 apparaissent les premiers schooners à quatre mâts. Le *William L. White,* de 995 tonnes, construit par les chantiers Goss Sawyer & Packard de Bath, dans le Maine, en 1880, semble en être le prototype. Mais l'évolution ne s'arrête pas là. Parmi les très nombreuses goélettes à quatre mâts construites entre

1880 et 1920, certaines dépassent les 2 000 tonneaux, comme le *Frank A. Palmer,* mis à l'eau à Bath en 1897, qui mesure 84 m de long pour un tonnage brut de 2 105 tonnes.

Ce sont en général des bateaux bien conçus et plus fiables que les goélettes à cinq mâts que l'on va lancer à la même époque. Le premier schooner à cinq mâts construit sur la côte atlantique est le *Governor Ames,* mis en service en 1888. Long de 75 m, large de 15 m, jaugeant 1 778 tonneaux, il montre ses limites en matière de navigation hauturière dès son premier voyage du Maine à San Francisco : au passage du cap Horn, il est démâté et subit d'importantes avaries. Bien qu'ayant, par la suite, doublé plusieurs fois le cap Horn avec le *Governor Ames,* son capitaine concluera que le gréement tout aurique était à déconseiller pour de telles expéditions.

Cela n'empêche pas les constructeurs américains de schooners de voir toujours plus grand. En 1900, les chantiers de Bath lancent la première goélette à six mâts : l'*Eleanor A. Percy* qui déplace 3 401 tonnes, pour une longueur de 97,50 m et une largeur de 15 m. Elle sombrera, neuf ans plus tard, à 500 milles environ des côtes d'Irlande. Plusieurs autres schooners à six mâts voient le jour jusqu'en 1910. Le plus notable est le *Wyoming,* lancé en 1907. Son déplacement de 3 731 tonnes et ses 100,60 m de long en faisaient le plus gros voilier en bois jamais construit. Et, grâce à l'adaptation de cabestans à vapeur sur le pont, onze hommes d'équipage suffisaient pour en manœuvrer les voiles, d'où l'intérêt de ce type de gréement.

Le plus grand schooner mis à flot, le *Thomas V. Lawson,* construit en 1902 par le chantier américain Fore River Shipbuilding Company, avait, lui, une coque en acier. Sa longueur dépassait 120 m pour une largeur de 15,25 m et un déplacement de 7 500 tonnes à pleine charge. Malgré ses sept mâts portant des voiles auriques, cinq focs et des étais, sa surface de voilure était ridiculement petite : elle ne couvrait que 400 m². Sous-voilé, ce mastodonte se montrait peu manœuvrant et peu véloce, ce qui explique l'échec commercial retentissant qu'il connut avant de faire naufrage dans la Manche, entraînant avec lui 25 des 27 marins.

Les derniers trois- ou quatre-mâts carrés furent essentiellement construits entre 1870 et 1895 dans le sud-est (Down East) des États-Unis : c'est pourquoi on les appela les « Down Easters ». Jaugeant, pour les plus anciens, moins de 1 600 tonnes, ils ont une coque en bois aux lignes moins fines que celles des clippers tandis que leur tonture (courbure longitudinale des ponts entre l'étrave et l'étambot) est assez accentuée ; leur voilure est généralement inférieure à celle des clippers et des grands voiliers en acier.

Conçus pour le transport du grain californien par le cap Horn, ils servent bientôt à toutes sortes de trafics : charbon et bois d'œuvre en provenance de la côte est des États-Unis, sucre de l'archipel des Hawaï et nitrate du Chili, par exemple. Ils ont pour eux une grande capacité de charge et jouent pendant une vingtaine d'années un rôle très important dans le commerce maritime américain. S'ils sont moins rapides que les

clippers, leurs temps de traversée sont toutefois très honorables. Le *Henry B. Hyde,* lancé par le chantier de Bath en 1884, met seulement 105 jours pour rejoindre San Francisco à partir de New York et 96 jours et 6 heures entre San Francisco et Liverpool. Très économiques, n'exigeant qu'une main-d'œuvre réduite,

Trois-mâts barque français du commerce.

Goélette (schooner) américaine à quatre mâts, sous voiles.

ils sont, avec les schooners, les « bêtes de somme » du transport maritime de l'époque, mais ne résisteront pas longtemps à la concurrence des grands voiliers en fer ou en acier et des cargos à moteur. Le dernier Down Easter fut l'*Aryan,* de 2 214 tonneaux, lancé en 1893 par un chantier de Bath. Ce fut aussi le dernier navire de haute mer en bois gréé carré à être construit. Il brûla dans le Pacifique en 1918.

Femmes et enfants postés sur la jetée, assistant au départ d'un trois-mâts qui sort du port du Havre, tiré par un remorqueur (invisible sur le document). L'équipage commence à carguer les voiles. Ce seront de longs mois de navigation.

Dessin aquarellé décrivant les principaux éléments de la voilure et du grément d'un trois-mâts barque. Musée des Salorges, Nantes.

Symbole de majesté, ce grand voilier en train de lever l'ancre.

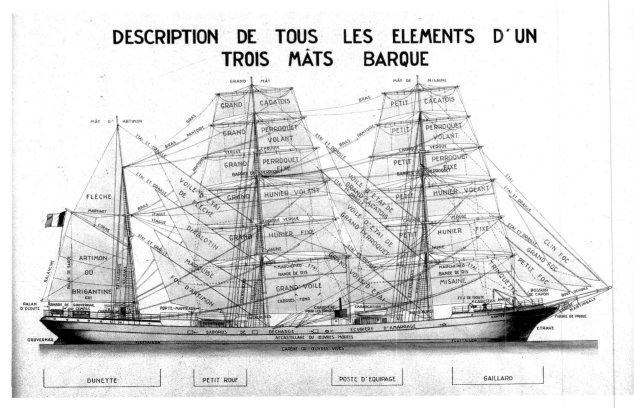

DESCRIPTION DE TOUS LES ELEMENTS D'UN TROIS MÂTS BARQUE

L'âge d'or des « cathédrales de toile » (1880-1914)

Vers 1880, le remplacement progressif du bois par le fer puis par l'acier permet de construire des voiliers de plus en plus grands. Avant 1880, les quatre-mâts sont encore très rares : leur coque et leur gréement en bois ou mixtes, bois-fer ou bois-acier, les rendent trop lourds et prennent trop de place en comparaison du volume de leurs cales. À partir de 1880, grâce à leur construction métallique, ils vont devenir presque aussi nombreux sur les mers que les trois-mâts. En 1882, le chantier anglais J. Reid & Co. de Port Glasgow lance le *Pinmore,* un quatre-mâts barque en acier de 94,5 m de long, 13,3 m de large et d'un déplacement de 2 358 tonnes. C'est le prototype des centaines d'autres quatre-mâts barques métalliques qui vont sortir des chantiers européens jusqu'à la veille de la Première Guerre mondiale.

Sous l'impulsion, essentiellement, des armateurs français et allemands, le commerce hauturier à la voile connaît un dernier regain de faveur. À cette époque où les moteurs ont déjà fait preuve de leur supériorité, la voile exploite avec beaucoup d'habileté ses quelques atouts. L'un des principaux est le bas prix de sa main-d'œuvre. Au cours des vingt dernières années du XIXe siècle et jusqu'en 1914, les marins acceptent de travailler sur les voiliers plus de 17 heures par jour, dans les pires conditions, et ce, pour un salaire dérisoire de l'ordre de 75 F par mois. Grâce à l'acier, la taille des coques des voiliers s'accroît, augmentant d'autant leur capacité d'emport de marchandises. Un autre facteur joue également en France en faveur de ce retour en force des grands voiliers : « la prime à la navigation », qui accorde aux armateurs français 1,70 F par tonne de jauge brute de navire et 1 000 milles parcourus. Cette prime, fixée par une loi du 30 janvier 1893, vise à enrayer le déclin de la marine de commerce française qui, en 1870, n'assure plus que 26 p. 100 des frets de sortie du fait de l'abrogation, en 1866, des surtaxes imposées aux marchandises étrangères réceptionnées dans les ports français.

Les effets de cette prime, dont le montant va décroissant jusqu'à disparaître au bout de dix ans, ne se font sentir qu'à partir de 1897. Mais, pendant cinq ans, entre cette date et 1902, les chantiers français vont construire plus de 200 trois- et quatre-mâts barques de 3 000 et 4 000 tonnes de port en lourd, sans parler des commandes passées par des armateurs français aux chantiers étrangers, anglais surtout, comme le cinq-mâts *France-I.* Résultat : vers 1905, les compagnies françaises arment la plus grande flotte de voiliers au long cours du monde. L'armement Antoine Dominique Bordes, fondé en 1847 à Nantes, en exploite à lui seul 42 au début du XXe siècle. La moitié sont des quatre-mâts barques affectés au transport du nitrate du Chili et dont les ports d'attache sont Dunkerque, Nantes, Bordeaux et La Palice. C'est aussi Bordes qui fait naviguer *France-I,* le plus grand voilier du monde jusqu'à son naufrage en 1901.

Les six plus grands voiliers du monde

Construire des voiliers toujours plus grands fut la tentation de certains armateurs qui tentèrent la gageure de mettre en service des cinq-mâts dépassant 100 m de long, 15 m de large, avec une surface de voilure de plus de 4 500-5 000 m². Mais l'expérience a prouvé qu'il était difficile d'aller plus loin que les trois- et quatre-mâts barques ou à phares carrés. Les six plus grands cinq-mâts construits en Angleterre, en France et en Allemagne, entre 1890 et 1902, ont été de coûteux échecs. Manœuvrer de pareils mastodontes s'avérait une tâche presque insurmontable avec des équipages aussi réduits.

FRANCE-I
Mise en service : 1890
Armateur : compagnie A.D. Bordes (France)
Constructeur : chantiers D. & W. Henderson & Co. de Glasgow (Écosse)
Longueur : 110 m
Largeur : 15 m
Tirant d'eau : 8 m
Déplacement à vide : 3 784 t
Capacité de charge : 6 200 t
Affecté au transport du nitrate
Fait naufrage en 1901.

MARIA RICKMERS
Mise en service : 1891
Armateur : compagnie Rickmers Reismühlen Reederi und Schiffbau AG
Constructeur : Russell & Co. de Port Glasgow
Longueur : 114,60 m
Largeur : 14,65 m
Déplacement à pleine charge : 8 000 t environ
Affecté au commerce du riz entre l'Extrême-Orient et l'Allemagne
Perdu en mer en juillet 1892.

POTOSI
Mise en service : 1895
Armateur : compagnie E.F. Laiesz à Hambourg (Allemagne)
Constructeur : J.C. Tecklenborg, à Geestemünde (Allemagne)
Longueur : 11,75 m
Largeur : 15,15 m
Déplacement à vide : 4 026 t
Affecté au transport du nitrate du Chili
Cédé à la France en 1918 au titre des dommages de guerre
Détruit par un incendie en 1925.

PREUSSEN
Seul cinq-mâts carré construit dans le monde
Mise en service : 1902
Armateur : compagnie E.F. Laiesz, Hambourg (Allemagne)
Constructeur : J.C. Tecklenborg, à Geestemünde (Allemagne)
Longueur : 133 m
Largeur : 16,40 m
Tirant d'eau : 8,9 m
Déplacement à vide : 3 150 t
Capacité de charge : 8 000 t
Perdu à la suite d'un abordage avec un vapeur dans la Manche, le 31 octobre 1910.

R. C. RICKMERS
Mise en service : 1906
Armateur : compagnie Rickmers Reismühlen Reederi und Schiffbau AG
Constructeur : R. C. Rickmers de Bremerhaven (R.F.A.)
Longueur : 125 m
Largeur : 17 m
Déplacement à vide : 5 548 t
Saisi par les Anglais en 1914, coulé par un sous-marin allemand pendant la Première Guerre mondiale.

FRANCE-II
Mise en service : 1913
Armateur : compagnie Prentout-Leblond
Constructeur : Chantiers et ateliers de la Gironde, à Bordeaux (France)
Longueur : 128,75 m
Largeur : 17 m
Tirant d'eau : 8,2 m
Déplacement à vide : 5 633 t
Fait naufrage en 1922 sur la grande barrière de corail en Nouvelle-Calédonie.

Une vingtaine de compagnies de long-courriers sont installées à Nantes : Crouan, Bureau et Baillergeau, Guillon, notamment. Au Havre, Brown & Corblet et la Compagnie des voiliers havrais sont spécialisés dans le commerce du nickel de Nouvelle-Calédonie. À Rouen, Prentout-Leblond fait naviguer, entre autres, le *Ville-de-Dieppe,* premier voilier français affecté au transport du pétrole, et s'enorgueillit de posséder le cinq-mâts barque *France-II,* le plus grand voilier jamais construit jusqu'à ce qu'il soit détrôné en 1990 par le paquebot à voiles *Club-Méditerranée.* À Dunkerque, les neuf trois-mâts barques de la Compagnie des voiliers dunkerquois transportent du pétrole américain, du nickel néocalédonien et du charbon.

Les principaux constructeurs de cette magnifique flotte sont les chantiers des bords de Loire, entre Nantes et Saint-Nazaire. À Nantes, les chantiers Dubigeon, qui fermeront en 1989, livrent 26 grands voiliers entre 1889 et 1902. La Société des ateliers et chantiers de la Loire en assemble à Nantes et à Saint-Nazaire près d'une soixantaine à la même époque. En deux ans d'existence (1900-1902), les Chantiers nantais de constructions maritimes réussissent à construire une trentaine de trois-mâts barques tous identiques. Les autres centres importants pour la construction des grands voiliers sont Rouen, Le Havre et Bordeaux.

L'Allemagne de Guillaume II a beau entretenir une imposante marine de commerce à moteur, la deuxième au monde en 1905, cela ne l'empêche pas d'exploiter, elle aussi, une magnifique flotte de voiliers qui compte, dans ses rangs, quatre des six plus grands cinq-mâts jamais construits : le *Maria Rickmers,* le *Potosi,* le *Preussen* et le *R.C. Rickmers.* Entre 1870 et 1890, l'Allemagne dispose de 2 294 voiliers jaugeant 493 644 tonnes.

Les plus grands armateurs germaniques sont installés à Hambourg et à Brême. L'un d'eux, Erich Ferdinand Laiesz, connaît une destinée étonnante. Après avoir débuté dans la vie comme fabricant de chapeaux, qu'il vend en Amérique du Sud, Laiesz fait construire de grands voiliers pour assurer lui-même leur exportation ainsi que celle de la soie, du cuir et du carton qui servent à leur confection. Puis, de fil en aiguille, il se met au commerce de produits qui n'ont plus rien à voir avec les chapeaux, le nitrate ou le guano, en particulier.

Devenu, entre 1874 et 1890, le propriétaire de la plus importante compagnie maritime d'Allemagne — avant qu'elle ne soit dépassée par la Hamburg Amerika Linie et la Norddeutscher Lloyd —, Laiesz baptise tous ses bateaux d'un nom qui commence par un P, si bien qu'on surnomme sa flotte « la ligne P ». Après les cinq-mâts géants *Potosi* et *Preussen,* il fait construire, entre 1880 et 1890, toute une série de grands voiliers de 1 400 et 2 900 tonnes. Par chance, trois des splendides quatre-mâts qui font flotter sur l'eau le pavillon du célèbre armateur de Hambourg survivent encore aujourd'hui : le *Pommern* (1903), le *Passat* et le *Peking* (1911).

Si, au tournant du siècle, Français et Allemands sont les plus actifs en matière de construction et d'armement de grands voiliers, ils ne sont cependant pas à l'abri de la concurrence italienne et scandinave. En Finlande, en particulier, Mariehamn est le port d'attache de nombreux grands voiliers. Les Anglais, en revanche, qui ont été les pionniers dans la fabrication de grands voiliers en acier, sont aussi les premiers à en arrêter la construction. En 1905, les chantiers Scotts Shipbuilding & Engineering Co. de Greenock mettent à l'eau l'*Archibald Russell,* ce sera le dernier spécimen de ce type à être assemblé en Grande-Bretagne.

Le premier conflit mondial porte un coup fatal au commerce hauturier à la voile. Les U-Boot allemands coulent des centaines de grands voiliers. L'armement Bordes en perd ainsi dix-huit à lui seul. Le retour de la paix laisse un important surplus de navires marchands à moteur neufs qui concurrencent dangereusement les grands voiliers. D'autant que ceux-ci sont de moins en moins rentables : leurs frais d'exploitation augmentent ; le recrutement d'équipages compétents, même réduits

Spectacle habituel de tous les ports du monde avant la Première Guerre mondiale, qui marquera le déclin irréversible de la voile : la forêt de mâtures des grands voiliers, à Hambourg.

Le cinq-mâts carré allemand *Preussen,* toutes voiles dehors.

Le trois-mâts barque portugais *Sagres II*. Lancé par les
chantiers Blohm und Voss de
Hambourg en 1937, ce magnifique grand voilier de 81 m de
longueur pour une jauge de
1 784 t a navigué sous le
pavillon allemand jusqu'en
1945. Il s'appelait alors l'*Al-
bert-Leo Schlageter.* Tombé aux
mains des Américains à la fin
de la guerre, il est transféré
ensuite à la marine brésilienne
qui le rebaptise *Guanabara* et
le conserve jusqu'en 1962.
Depuis lors, il est la propriété
de la marine portugaise. Armé
par 240 hommes d'équipage,
dont 80 cadets, le *Sagres II*
montre partout dans le monde
le pavillon portugais et ses
voiles marquées de croix
rouges.

Même les lignes des coques ne sont plus aussi pures que celles de leurs grands devanciers : des roufs sont parfois installés sur le pont supérieur pour loger les cadets, des gaillards d'avant et d'arrière viennent souvent briser l'harmonie des lignes de la coque, des hublots sont percés qui n'existaient en général pas autrefois.

Sur la trentaine de nations qui font aujourd'hui naviguer des voiliers de moyennes ou grandes dimensions, l'U.R.S.S. est celle qui possède la flotte la plus nombreuse. Le plus prestigieux de ses voiliers-écoles est sans doute le *Sedov,* quatre-mâts barque en acier, long de 109 m, construit en 1921 par les chantiers Krupp de Kiel. Avec sa voilure dont la superficie atteint 4 180 m², son équipage de 70 marins et de plus de 160 cadets, ce navire d'une jauge brute de 3 476 tonneaux est le plus spectaculaire grand voilier d'autrefois que l'on puisse encore voir naviguer aujourd'hui. Un autre quatre-mâts barque battant pavillon russe, le *Krusenstern,* fut lancé par la célèbre compagnie Laiesz de Hambourg en 1926. Long de 104 m, portant 3 400 m² de voilure, jaugeant 3 725 tonneaux, embarquant 26 marins et 160 cadets, c'est également un des plus grands voiliers au monde. Il n'est dépassé que par le trois-mâts carré argentin *Libertad,* la goélette à huniers à quatre-mâts chilienne *Esmeralda,* l'espagnole du même type, *Juan Sebastian de Elcano,* ou encore la brésilienne

Le *Belem*

Long de 51 m, large de 8,80 m pour un tirant d'eau de 4,47 m, le *Belem,* trois-mâts barque à coque d'acier, fut lancé en juin 1896 par les chantiers Dubigeon de Chantenay-sur-Loire. C'est un si beau voilier avec ses flancs noirs ornés d'un liston rouge qu'à l'époque on le surnomme le « yacht de chez Crouan », du nom de son armateur Denis Crouan et Fils.

Après avoir gagné l'Amérique du Sud, chargé de charbon anglais, il mène des cargaisons de mulets d'Argentine au Brésil avant de revenir empli de cacao.

Une partie de la vie du *Belem* est liée au capitaine Chauvelon, qui reste maître à bord de 1901 jusqu'à la veille de la Première Guerre mondiale. Début mai 1902, le trois-mâts échappe miraculeusement à l'éruption de la montagne Pelée, à la Martinique : sa place à quai, à Saint-Pierre, étant temporairement occupée par un autre navire, il a été obligé d'aller mouiller à 30 km de là et, de ce fait, ne reçoit, sur son pont, que des cendres.

La disparition de Fernand Crouan, en 1905, incite ses héritiers à vendre le *Belem* à l'armateur Demange Frères. Sa coque porte maintenant la livrée caractéristique des voiliers nantais : fond gris et fausse batterie de sabords. La Guyane figure dorénavant au nombre de ses escales régulières ; il y décharge des marchandises pour les colons et pour le bagne et revient en métropole avec du sucre.

De 1909 à 1914, la Maison Henri Fleuriot & Cie est le nouveau propriétaire du voilier, qui navigue alors entre Nantes, la Guyane et les Antilles.

Puis au lieu de terminer, quelques années plus tard, sa carrière sur un chantier de démolition comme tant d'autres voiliers, le *Belem* repart vers un nouveau destin sous pavillon anglais. Acquis, en 1914, par le duc de Westminster, le trois-mâts se voit transformé en yacht de luxe. Il reçoit deux moteurs Diesel Bolinders de 250 chevaux, sa dunette est surélevée et surmontée d'une balustrade en bois, le grand rouf, transformé en salon, est prolongé jusqu'au grand mât.

En 1921, nouveau changement, le duc de Westminster revend son luxueux yacht à lord Guiness, qui le rebaptise *Fantôme II.* Quelques nouvelles modifications altèrent un peu plus son aspect originel : le gaillard d'avant est allongé, le mât d'artimon remplacé par un conduit d'évacuation des gaz d'échappement des moteurs.

1952 voit passer l'ex-*Belem* sous pavillon italien. Acheté par la fondation Cini à Venise, il doit servir de voilier-école pour de jeunes orphelins et subit de nouveaux aménagements pour accueillir une soixantaine de cadets. Jusqu'en 1965, le *Giorgio Cini,* ex-*Belem,* assume vaillamment sa mission. Puis, l'âge rendant ses sorties trop dangereuses, il demeure à poste fixe. En 1972, c'est au tour des carabiniers italiens d'en faire l'acquisition. Désireux de le refaire naviguer, ils le confient à un chantier. Mais le montant des travaux entrepris est bientôt si élevé que, dans l'incapacité de payer, les carabinieri laissent le voilier en gage au chantier qui le remet en vente... Des représentants de l'Association pour la sauvegarde et la conservation des anciens navires français, A.S.C.A.N.F., assistent aux enchères et réussissent à se porter acquéreurs pour 5 millions de francs, grâce au mécénat de l'Union nationale des caisses d'épargne et de prévoyance ainsi qu'à des souscriptions et des subventions.

Fin août 1976, le *Belem* retrouve enfin son pays d'origine. Il relâche à Toulon avant de gagner Brest, où des milliers de spectateurs et une armada de bateaux l'accueillent triomphalement. Il a quatre-vingt-quatre ans et, bien fatigué, doit subir des travaux urgents avant de s'amarrer à Paris, sur la Seine, à la hauteur du pont d'Iéna. Plus de cent mille personnes iront le visiter en quelques mois, tandis que se poursuit une lente et minutieuse restauration.

Aujourd'hui, le *Belem* a repris la navigation. En tant que navire-école, il fait escale dans la plupart des ports français et représente dans tous les rassemblements de voiliers le fleuron du patrimoine maritime français.

Almirante Saldanha, ainsi que par le quatre-mâts barque dominicain *Patria* et le trois-mâts carré italien *Amerigo Vespucci.*

La France n'a eu pendant longtemps que deux très modestes voiliers-écoles : les goélettes de l'École navale *Étoile* et *Belle-Poule,* à deux mâts et d'un déplacement de 214 tonnes. Heureusement, elle a récupéré en 1976 le trois-mâts barque *Belem* et entrepris la restauration du trois-mâts carré *Duchesse-Anne,* ex-allemand *Grossherzogin Elisabeth.*

La Grande-Bretagne n'a pas, non plus, une flotte de navires-écoles à la hauteur de ses traditions maritimes. Elle ne dispose d'aucun trois-mâts ou quatre-mâts barque ou carré hormis les deux trois-mâts schooners, *Winston Churchill* et *Malcolm Millern,* conçus par les architectes Camper et Nicholson dans les années 1960. Cependant,

Le trois-mâts français *Belem* amarré à Rouen en juillet 1989, pendant le rassemblement des « Voiles de la liberté ». Du 8 au 11 juillet 1989, des centaines de milliers de visiteurs sont venus admirer à Rouen 17 grands voiliers pour la commémoration du Bicentenaire de la Révolution française.

La goélette à huniers chilienne *Esmeralda* est la plus grande, après le *Juan Sebastian de Elcano* espagnol, parmi toutes celles qui restent en service. Déplaçant 3 673 t., elle a été construite à Cadix, en 1952.

Le trois-mâts goélette à huniers *Regina Maris.*

le Renaissance Trust étudie un projet original de trois-mâts barque en acier qui assurerait la réinsertion de jeunes délinquants et chargerait 38 conteneurs et 2 000 m³ de marchandises diverses dont, principalement, des excédents européens à destination du tiers-monde.

Les pays scandinaves, la Pologne, l'Italie, le Portugal et l'Espagne sont parmi les pays européens les plus riches en voiliers-écoles. Le Danemark entretient les trois-mâts carrés *Danemark* et *Goerg Stage* ainsi que les deux petites goélettes à huniers de 120 tonnes, *Arken* et *Lilla Dan*. La Norvège arme les trois petits trois-mâts barques *Christian Radich, Sorlandet* et *Statsraad Lehmkul*.

La Suède fait naviguer deux goélettes franches de 220 tonnes, deux ketchs et la goélette à quatre mâts *Albatros*. Au Portugal, le magnifique trois-mâts barque *Sagres II,* construit en 1937, est toujours en service. Avec le splendide trois-mâts carré *Amerigo Vespucci,* seul navire-école à avoir six ponts et un aussi riche accastillage, l'Italie possède aussi la barquentine *Palinuro,* la petite goélette franche de 90 tonnes *San Giorgo* et le ketch *Ebe* d'environ 100 tonnes. L'Espagne aligne, outre le *Juan Sebastian de Elcano,* une goélette franche et plusieurs goélettes à huniers. Enfin la Pologne, qui a conservé un ancien trois-mâts carré, construit en 1909 à Hambourg, le *Dar Pomorza,* ex-*Colbert,* dispose également de cinq goélettes franches.

L'Allemagne possédait plusieurs grands voiliers-écoles avant guerre mais la plupart d'entre eux furent confisqués pour servir de dommages de guerre ou disparurent par fortune de mer comme le *Niobe* perdu en 1932 dans une tempête et le quatre-mâts barque *Admiral Karpfanger* dont le naufrage au cap Horn en 1938 entraîna 60 hommes dans la mort. Le *Pamir* coula également en 1957 après avoir été pris dans un ouragan. Mais cela n'empêcha pas l'Allemagne fédérale de continuer à armer de grands voiliers. En 1958, elle fit construire le trois-mâts barque *Gorch Fock II* (le *Gorch Fock I* battant pavillon russe sous le nom de *Tovaritch*) par les chantiers Blohm und Voss de Hambourg, qui s'est avéré un des meilleurs participants aux régates de l'Operation Sail.

D'autres voiliers-écoles sillonnent les mers, américains, chiliens, argentins, colombiens, vénézuéliens ou japonais comme le *Nippon Maru*. Ils sont plus ou moins grands, plus ou moins élégants, mais avec leur grâce, leur majesté et la somme de traditions maritimes qu'ils perpétuent, ils exercent tous ce même pouvoir de fascination et de rêve.

CABOTEURS TRADITIONNELS DES CÔTES D'EUROPE

Les embarcations traditionnelles à voiles et à rames qui se livraient à la pêche, au transport de marchandises ou au pilotage côtier étaient encore très nombreuses dans les années 1950. Construites en bois, elles perpétuaient des traditions de construction et d'architecture navales souvent fort anciennes, transmises, avec une grande fidélité, de génération en génération. De dimensions et de tonnage modestes (dépassant rarement 20 mètres de long et une dizaine de tonnes, souvent beaucoup plus petites), on les disait en voie de disparition, éliminées par la construction standardisée en plastique ou en métal ainsi que par les embarcations à moteur. Les humbles caboteurs en bois n'avaient plus d'avenir, affirmait-on. C'était une erreur. On assiste, aujourd'hui, à une relative renaissance de ce type de bateau qui se concrétise par l'ouverture ou la réouverture de chantiers navals de type artisanal, comme les Ateliers de l'Enfer F.R.M.C. à Douarnenez, ou par la tenue de salons spécialisés tel le Wooden Boat Show de Londres (Salon du bateau en bois), organisé sous les auspices du National Maritime Museum de Greenwich.

En France, le mouvement pour la sauvegarde et la mise en valeur des caboteurs de travail traditionnels est parti de Bretagne, la province maritime française la plus active et celle qui a conservé les traditions nautiques les plus nombreuses et les plus vivantes. Entre 1970 et 1975, plusieurs revues tentent de sensibiliser le public français à la richesse de son patrimoine maritime. La plus notable s'appelle *le Petit Perroquet*.

La flotte de Cumberland. Peinture anonyme. Royal Thames Yacht Club.

Caboteurs de pêche à voiles dans le port d'Appledore (Devon, côte sud-ouest de la Grande-Bretagne), en 1923.

Pêche à la sardine au filet droit. Diorama du musée de la Pêche de Concarneau.

Mais, en dépit de leur grand intérêt, ces publications ont encore une audience assez réduite. En revanche, la luxueuse revue *le Chasse-Marée,* lancée en 1981, fait davantage d'adeptes. Grâce à son action et à celle d'une multitude d'associations, la science maritime est enfin reconnue à sa juste valeur, en particulier dans ses aspects historique et ethnographique.

La Bretagne est la terre d'élection du plus grand nombre de ces associations : Treizour, les « amis des sinagos » ou ceux des bisquines, la Fédération régionale pour le patrimoine maritime, ou les Old Gaffers-Vieux Gréements de France, notamment. Mais le mouvement a fait tache d'huile tout le long du littoral français. Aujourd'hui, chaque région côtière possède sa fédération pour la sauvegarde de la culture et du patrimoine maritimes : Bretagne, Normandie, Nord, Charentes, Méditerranée, Aquitaine. Au Pays basque, par exemple, l'association Itsas Begia se bat pour installer un musée maritime dans le couvent des Récollets de Ciboure, promouvoir la construction de « batelliku » et de traînières, et pour restaurer le thonier *Louis-Léopold.* À Saint-Tropez, la Société tropézienne des voiliers de tradition a collecté des fonds pour construire une réplique de tartane.

Parmi les nombreux écomusées qui se développent depuis quelques années dans toute la France, certains, comme ceux de Saint-Nazaire ou de l'île de Groix, ont une vocation essentiellement maritime. Et les embarcations de cabotage traditionnelles ont désormais une place de choix au musée de la Pêche de Concarneau ou au musée des Bateaux de Douarnenez, pour ne citer que les plus remarquables.

Les sardiniers français

Jusque vers 1950, une vie maritime intense anime les ports des côtes de France. Seules, en Europe, les îles Britanniques les dépassent en ce domaine.

Le Nord, la Normandie, le littoral charentais, le bassin d'Arcachon, le Pays basque et la Méditerranée abritent d'innombrables ports, mais c'est en Bretagne, et plus particulièrement encore dans le Finistère, que la pêche et le transport côtier sont les plus actifs. La Bretagne compte, à elle seule, trois inscrits maritimes sur cinq et autant d'embarcations de cabotage que tout le reste du pays. La côte, dangereuse avec ses récifs, ses courants et ses violentes tempêtes, se prête admirablement, par ses profondes échancrures, à l'implantation d'une multitude de ports qui se livrent, en priorité, à la capture de poissons prolifiques comme la sardine, le thon, le hareng ou le maquereau.

Poissons de la famille des Clupéidés, les trois espèces de sardines fréquentent aussi bien les eaux chaudes de la Méditerranée que celles, plus froides, de l'Atlantique. Elles y sont très abondantes, mais peuvent disparaître complètement d'une région, de façon souvent inexplicable, pendant plusieurs années.

À la veille de la Révolution, on dénombre déjà plus de 3 000 bateaux sardiniers en France. Mais l'invention, en 1804, par Nicolas Appert, d'un procédé de conservation des aliments en boîtes étanches, aseptisées par ébullition, va donner un essor prodigieux à la pêche à

38 — DOUARNENEZ — Débarquement du thon au Vieux Port — ND

la sardine. Vers 1853, la seule baie de Douarnenez compte près de 400 chaloupes affectées à cette activité et on en trouve 650 à Concarneau en 1905. Il y en a des milliers d'autres en Bretagne, en Vendée et en Méditerranée. Plus de 10 000 chaloupes sardinières sont construites au XIXᵉ siècle et jusque vers 1950. Ce sont des embarcations robustes, longues de 12 à 13 m, à étrave droite et presque verticale, étambot rectiligne et très incliné, gréées de deux voiles au tiers dont la couleur brune ou ocre rouge est due à une teinture au cachou (extrait de bois d'acacia).

Les canots sardiniers, plus petits, mesurent de 8 à 10 m de long et se distinguent des chaloupes par leur arrière à tableau. Six à huit hommes et un ou deux mousses logent à bord.

Vers 1905 apparaissent des voiliers de plus grande taille, les cotres et les sloops sardiniers, qui portent une grand-voile, un foc, une trinquette et une flèche.

Les pêcheurs repèrent facilement les bancs de sardines au scintillement en nappes d'argent qu'ils provoquent près de la surface de l'eau, ainsi qu'aux oiseaux de mer qui tournent au-dessus. Arrivés sur place, les marins mettent l'embarcation face au vent et jettent le filet, qu'ils amarrent à l'arrière. Ce filet rectangulaire mesure de 30 à 40 m de long et une dizaine de mètres de haut. Des flotteurs de liège le retiennent en surface, tandis que la ralingue qui le borde dans sa partie inférieure est lestée par des galets.

En même temps, les pêcheurs lancent du tourteau d'arachide (farine résiduelle obtenue après l'extraction de l'huile) tout autour de la coque, afin de « faire lever la sardine ». Puis, pour attirer le poisson dans le piège,

ils jettent, dans l'eau, à pleines poignées, de la rogue, bouillie d'œufs de morue dont les sardines sont très friandes, ce qui les empêche de voir les mailles bleues du filet. Quand ce dernier est rempli, on le hisse à bord avec son chargement. Mais, s'il est trop plein, on peut aussi le laisser aller à la dérive (filet largue) et le récupérer plus tard, de retour au port. Vers 1905, une nouvelle technique de pêche à la sardine fait son apparition : celle au filet droit avec annexe, l'annexe étant un grand canot long de 6 m, remorqué jusqu'aux lieux de pêche par les chaloupes à voiles. Les pêcheurs des Sables-d'Olonne, inventeurs de ce nouveau type de pêche, utilisent deux annexes.

Au début des années 1980, il ne subsistait plus aucun sardinier à voiles en activité. Mais en 1983, grâce à la persévérance de Jean-Pierre Philippe et de l'association Treizour, ainsi qu'aux recherches d'archives et aux enquêtes sur le terrain menées par Bernard Cadoret, une chaloupe sardinière non pontée, à deux voiles au tiers, a pu être lancée par le chantier Stipon de Douarnenez. Baptisée *Telenn-Mor,* longue de 9,50 m, c'est la première reconstitution d'un voilier de travail qui ait vu le jour en France. Cette réplique très fidèle navigue régulièrement, à partir de Douarnenez, son port d'attache.

Les thoniers à voiles français

On pêche couramment quatre espèces principales de thon, ce poisson de la famille des Scombridés qui abonde dans les eaux chaudes du Pacifique, de l'océan

Débarquement du thon au Vieux Port de Douarnenez (Finistère). La sardine d'abord, au XIXᵉ siècle et jusqu'à la veille de la Seconde Guerre mondiale, puis le thon et la langouste mauritaniens ont fait la fortune de ce port de pêche, qui fut longtemps l'un des plus actifs de France. Les voiliers à l'ancre sur le plan d'eau sont des chasse-marée gréés en lougres. Carte postale d'avant 1914. Bibliothèque du musée des Arts décoratifs, Paris.

La *Cancalaise,* réplique d'une ancienne bisquine de Cancale, toutes voiles dehors, pendant les fêtes du bateau traditionnel à Douarnenez, en 1988. Les premières sorties en mer à la voile de ce magnifique bateau ont eu lieu en mai 1987. En 1988, le voilier a navigué 169 jours et embarqué 2 700 personnes.

Indien et de la Méditerranée, ou celles plus froides de l'Atlantique. Ce sont le thon rouge *(Thunnus thynnus),* le germon ou thon blanc *(Thunnus alalunga),* l'albacore ou thon à nageoires jaunes *(Thunnus albacores),* et la bonite à ventre rayé *(Euthynnus pelamis),* surtout connue en France sous le nom de listao.

Les Basques de Saint-Jean-de-Luz et de Guéthary pêchaient déjà le thon à la fin du XVIIIe siècle – et probablement bien avant –, comme les pêcheurs des îles de Ré et d'Yeu.

Après la découverte d'Appert, à mesure que la fabrication des conserves à l'huile se répand le long des côtes, des ports de plus en plus éloignés des lieux de pêche se mettent à armer des flottes importantes pour capturer le thon. C'est vers 1860 que l'île de Groix arme ses premiers thoniers. En 1891, Concarneau fait une première tentative infructueuse. Il faut attendre 1906 pour que la pêche au thon y prenne enfin un essor considérable qui assure bientôt au port finistérien le premier rang en France pour cette catégorie de poisson.

Les premières unités armées à Concarneau sont gréées en lougres qui ressemblent beaucoup aux chaloupes de Noirmoutier. Ces embarcations portent à l'avant deux grandes perches en bois, appelées tangons, qui supportent les lignes. Depuis La Rochelle, au sud, jusqu'à Concarneau, au nord, ces thoniers présentent des caractéristiques et une silhouette assez voisines. Ce sont de fins et solides voiliers, très bons coureurs. Cette qualité est indispensable au succès de la campagne de pêche, car les thons ne mordent à l'appât qu'à une vitesse de 5 à 6 nœuds.

Longs de 15 à 20 m, larges de 5,50 à 6,50 m pour un tirant d'eau de 3 à 3,50 m et une jauge de 40 à 50 t, ces thoniers sont d'habitude gréés en dundees ou en cotres à tapecul (ou yawls). Les voiles, d'abord blanches, sont ensuite teintes en jaune, ocre, rouge, bleu ou brun. Elles comportent un foc, une trinquette, une grand-voile et un tapecul surmontés d'une flèche.

Peu avant la Seconde Guerre mondiale, un chantier de Concarneau propose un nouveau type de voilier avec arrière écossais (ou canon), effilé comme une étrave, qui assure une plus grande rapidité et étale mieux à la lame avec son profil en pointe. Mais l'arrivée des thoniers à moteur, le premier d'entre eux sortant en 1931 d'un chantier d'Étel, entraîne la disparition progressive de leurs ancêtres à voiles. En 1952, il n'en reste plus que 19, et un seul deux ans plus tard qui sera désarmé l'année suivante. Aujourd'hui, plusieurs projets de reconstitution de thoniers à voiles sont en cours, à l'instigation de la revue *le Chasse-Marée* et de diverses associations.

Lougres et bisquines

Les lougres ou chasse-marée sont les plus connus des caboteurs de pêche à voile utilisés en Normandie le long du littoral de la Manche, dans des ports comme ceux de Cancale, Granville, Saint-Malo, Saint-Vaast-la-Hougue et Barfleur. Le nom de lougre dérive du terme anglais *lugger.*

Ces solides bateaux très bons marcheurs semblent dater du XVIIIe siècle. Les dictionnaires de marine y font couramment référence après 1780. Gréés en deux- ou trois-mâts au tiers, ils ont une longueur moyenne de 12 à 20 m. Très rapides, ils ont souvent été utilisés par les corsaires pendant les guerres de la Révolution et de l'Empire car, mieux que tout autre, ils pouvaient, par exemple, franchir le blocus anglais. Au cours de la première moitié du XIXe siècle, les lougres ou chasse-marée donnent naissance aux bisquines, dont les principaux ports d'attache sont Granville, Cancale et Saint-Malo. Désignant d'abord un type de gréement, le terme « bisquine » semble dérivé de « biscayenne » ou « biscaïne », un modèle de bateau diffusé en premier lieu dans la région havraise par des baleiniers basques. Vers 1900, le seul port de Cancale arme plusieurs centaines de bisquines qui se livrent principalement à la pêche au chalut ou aux cordes, et au dragage des huîtres une fois par an, lors de la fameuse « caravane ».

Gréées au tiers, sur deux ou trois mâts, ces magnifiques unités montrent bien vite leur supériorité au louvoyage sur les caboteurs de la région gréés carrés. Leur voilure évoluera moins que leur coque qui va être de mieux en mieux profilée afin d'améliorer leurs performances dans ces régates qui, organisées pour la première fois à Cancale vers 1840, vont bientôt faire des émules à Granville, Saint-Malo, Dinard et Le Havre.

La *Cancalaise* et la *Granvillaise,* deux reconstitutions de bisquines

Les bisquines, ces voiliers de pêche qui paraissaient surentoilés par rapport aux dimensions de leur coque, ont fait la gloire de Cancale, Granville et Saint-Malo.

La dernière d'entre elles, la *Perle,* construite en 1905, a disparu vers 1958. Elle est devenue depuis l'emblème de Cancale. Dans les années 1970, un groupe d'amoureux des bisquines décide de faire revivre ce type de bateau au travers d'une réplique.

Le travail de reconstitution part des études et enquêtes du professeur Jean Le Bot de l'université de Rennes. En 1973, le projet prend corps grâce à la création de l'Association des amis des bisquines. Mais le coût de construction d'une bisquine, estimé à 2 millions de francs, paraît considérable. Il faut des années d'efforts avant de voir, fin juin 1985, l'implantation du chantier de construction de la bisquine, dans le port de Cancale. Deux mois plus tard, les charpentiers de marine Raymond Labbé, Charles Fresneau et Alain Leclerc commencent à mettre en forme les pièces de la charpente axiale, à l'herminette, comme dans l'ancien temps.

Très rapidement, le projet devient l'affaire de toute la ville de Cancale. Les vieux pêcheurs (le « Comité des casquettes ») prodiguent leurs conseils. Chacun apporte son obole ou participe à la collecte des fonds. Le peintre Marek et la mairie de Cancale ne sont pas les derniers à s'engager. Pour réunir les fonds nécessaires à l'opération, les 44 membrures ainsi que certains éléments du bordé et de l'accastillage sont proposés en souscription, formule originale qui remporte un franc succès.

Les premières membrures sont posées en mars 1986. En mai 1987, la *Cancalaise* est fin prête pour accomplir son premier voyage, entre Cancale et Saint-Malo. Au cours de l'été, la nouvelle bisquine navigue 94 jours. L'année suivante, en août, elle est l'une des principales vedettes des fêtes de Douarnenez.

Granville, rivale traditionnelle de Cancale, ne pouvait rester longtemps indifférente à la résurrection du prestigieux passé maritime de sa voisine. Dès 1983, l'Association des vieux gréements granvillais envisage à son tour de construire une réplique des bisquines de Granville. En décembre 1988, la *Granvillaise* est mise sur cale. Réalisée sur les plans de la *Rose-Marie,* conçue en 1900 par le fameux constructeur Louis Julienne, elle mesure 17,70 m de long pour une largeur de 4,76 m, un tirant d'eau de 2,65 m et une énorme surface de voilure de 288 m² en pêche et croisière, ou de 314 m² en régate.

Les deux bisquines ont plusieurs missions : emmener des promeneurs en croisière, étudier en vraie grandeur les conditions de navigation de ces fins voiliers, retrouver les gestes de la pêche telle qu'elle se pratiquait à leur bord dans l'ancien temps, régater ensemble, enfin être les ambassadeurs de Cancale et de Granville.

L'une des féeries des fêtes de la voile traditionnelle à Douarnenez en août 1988 : la forêt des mâtures des voiliers massés dans le bassin du Vieux Port.

Douarnenez : la fête des bateaux anciens

Les fêtes maritimes sont nombreuses en Europe, et surtout en Europe du Nord, mais il a fallu attendre 1982 pour que soit créée en France une manifestation de ce genre, de niveau européen. Elle a eu lieu à Pors Beac'h dans la rade de Brest, en août 1982, et elle a rassemblé plus de 15 000 spectateurs venus admirer une centaine de voiliers traditionnels en provenance de France, de Norvège, des Pays-Bas et de Grande-Bretagne. Depuis lors, les fêtes de Pors Beac'h attirent de plus en plus de participants et de bateaux venus de tous les horizons.

Reaper, le dernier des fifies

Le *lugger* (lougre) à deux mâts *Reaper,* acquis en 1975 par le Scottish Fisheries Museum d'Anstruther, est le dernier survivant de ce type de harenguier appelé *fifie.* Construit en 1902 par le chantier J. & G. Forbes de Sandhaven (Écosse), il a été patiemment restauré dans son état d'origine et navigue de nouveau depuis 1980. Avec son mât de misaine de plus de 20 m gréant une immense voile au tiers, c'est un des plus beaux bateaux de travail préservés dans le monde. Long de 21,34 m hors tout, large de 6,19 m pour un tirant d'eau de 2,62 m et un déplacement de 61,3 t, il était dirigé par un équipage de huit marins et un mousse. Un cabestan à vapeur permettait de relever le mât, de hisser la misaine et de haler les filets.

Le musée d'Anstruther possède également le *Resarch,* un des derniers *zulu,* autre type de lougre écossais harenguier qui, avec son étambot très incliné, détrôna les fifies. Mais, faute de moyens, la restauration de ce superbe voilier n'a pas encore pu être achevée.

Depuis 1986, un autre rassemblement de bateaux anciens a lieu en août, à Douarnenez, tous les trois ou quatre ans, avec un succès encore plus considérable : la Fête de la mer et des bateaux, organisée par la revue *le Chasse-Marée,* la ville de Douarnenez et plusieurs associations dont Treizour. En 1988, plus de 300 000 personnes sont venues dans le port du Finistère admirer plus de 850 bateaux anciens allant du modeste canoë au quatre-mâts soviétique *Sedov.* Pendant quatre jours, Douarnenez a vécu le plus extraordinaire, le plus gigantesque rendez-vous des cultures et techniques maritimes du monde entier. On pouvait voir, en même temps, des bateaux aussi symboliques de l'histoire maritime que le *Maria Asumpta,* dernier brick de cabotage construit en 1858 à Badelona et dont le port d'attache actuel est Gibraltar ; le *Sedov,* plus grand voilier du monde jusqu'à ce que la couronne lui soit reprise en janvier 1990 par le paquebot à cinq mâts *Club-Méditerranée ;* le *Belem,* dernier survivant des trois-mâts français ; le *Rana,* caboteur de pêche à voiles des îles Lofoten, construit vers 1890 et restauré par le musée danois de Roskilde qui le fait toujours naviguer ; ou les quatre cotres pilotes de Bristol réunis pour la première fois à Douarnenez en 1986. Sans oublier la célèbre bisquine la *Cancalaise,* une jonque, des embarcations néerlandaises, allemandes, danoises, plusieurs gondoles et autres esquifs italiens de l'Adriatique et de la Méditerranée, des unités portugaises et espagnoles ainsi que la goélette allemande *Undine,* le ketch *Irène* et le magnifique smack *Sunbeam,* tous deux britanniques.

À Douarnenez, le spectacle n'est pas seulement sur l'eau, il est aussi sur les quais et dans les rues du port qui résonnent des chants de marins venus du monde entier. Car la Fête de la mer et des bateaux est aussi l'occasion d'un festival de folklore marin qui, en 1988, a mobilisé 28 groupes musicaux français et étrangers. On y trouve, en outre, le Salon du livre maritime et de la construction navale traditionnelle, en modèles réduits ou grandeur nature. C'est un lieu où les métiers de la mer à l'ancienne revivent sous les yeux du public, qui peut assister à la construction d'embarcations ou à la fabrication de cordages. Ainsi a-t-on pu voir, en 1986, Alain Leclerc, un jeune charpentier de Saint-Malo, construire un doris, et, en 1988, les Ateliers de l'Enfer, établis à Douarnenez, lancer jusqu'à deux embarcations par jour.

Les barges de la Tamise

Les îles Britanniques, aux côtes très échancrées, fourmillent de ports et d'abris qui jouent un rôle considérable dans le cabotage depuis des siècles. Sur la côte est, Aberdeen, Dundee, Hull, Grimsby, Great Yarmouth, Lowestoft, Ramsgate comptent parmi les ports de pêche les plus actifs d'Europe au XIXe siècle et jusque dans les années 1950, comme Portsmouth, Poole et Falmouth, sur la côte sud, et Bristol sur la côte ouest, notamment.

Pendant plus de 200 ans, les barges de la Tamise ont fait partie intégrante de la vie maritime intense qui animait tout le littoral britannique. Ces robustes voiliers sont à l'origine des péniches de rivières avec leur fond plat et large, leur faible tirant d'eau et leur grande capacité de charge. Pendant longtemps, elles se sont contentées de naviguer sur la Tamise et la rivière Medway, principalement entre leur embouchure et l'agglomération londonienne. Puis, un jour, quelqu'un – nous ignorons son nom – s'est avisé qu'elles tenaient aussi bien la mer que les fleuves. C'était au XIXe siècle. On les a vues alors s'aventurer au large des côtes du Yorskshire et même sur la façade occidentale des îles du Royaume-Uni, ou sur d'autres cours d'eau comme la Humber ou la Tamar. Bientôt, elles franchissent aussi la Manche et naviguent en mer du Nord. Nombre d'entre elles effectuent des voyages qu'on croyait réservés aux goélettes, aux bricks, ainsi qu'aux grands trois- et quatre-mâts carrés ou barque. Six barges de la Tamise sont ainsi allées jusqu'en Amérique du Sud. D'autres ont été mises à contribution au moment de l'évacuation du corps expéditionnaire britannique de Dunkerque, en juin 1940. C'est dire les extraordinaires qualités nautiques de ces modestes embarcations dont

Ces barges de la Tamise sous voiles perpétuent le souvenir d'un caboteur de charge qui fut très répandu le long de la Tamise et de la rivière Medway, ainsi que sur les côtes des îles Britanniques pendant plus de deux siècles. Leur coque large à fond plat était idéale pour le transbordement jusqu'à terre des marchandises des bateaux mouillés sur rade. En dépit du fait que les barges sont aujourd'hui périmées, les Anglais entretiennent encore amoureusement une flotte de plus d'une centaine de ce type.

la coque basse sur l'eau (une fois chargée) dépasse rarement 30 m à la ligne de flottaison et 6 m de largeur.

Les qualités de voiliers des barges de la Tamise sont légendaires. Au point qu'elles ont leur régate annuelle depuis que Henry Dodd a organisé, en 1863, la première ; ces régates ont contribué à faire évoluer la forme de leur coque et les caractéristiques de leur voilure.

Au début de ce siècle, plus de 2 000 barges naviguent encore sur la Tamise, montées, en général, par un patron et un ou plusieurs marins. La dernière à avoir une coque en bois est construite en 1928, les suivantes ont une coque métallique. Mais la récession des années 1930 touche durement la flotte des barges. Plusieurs centaines d'entre elles sont désarmées. Celles qui sont encore utilisées subissent de plein fouet la concurrence des bateaux à moteur et des transports routiers en plein développement. Au début de la Seconde Guerre mondiale, il reste 600 barges. À la fin du conflit, leur déclin semble irrémédiable. Vers 1960, il en reste moins de 200 encore en activité dont seulement 80 fonctionnent uniquement à la voile. Nombre d'entre elles sont transformées en yachts ou en maisons flottantes. À présent, la centaine d'unités qui subsistent encore participent à de nombreux rassemblements de bateaux traditionnels et se mesurent dans des courses

très impressionnantes. La *Cambria,* dernière barge utilisée commercialement, a été acquise, en 1971, par le Maritime Trust qui, après l'avoir minutieusement restaurée dans son aspect d'origine, l'expose aujourd'hui au St. Katharines Dock de Londres. Elle navigue encore.

Aux Pays-Bas, un engouement pour les caboteurs à voiles

Au début du xxᵉ siècle, les chantiers néerlandais construisaient encore une quantité considérable d'embarcations traditionnelles à coque en métal bordée à clin. Cela explique le nombre inusité de ces bateaux à avoir survécu aux Pays-Bas, en comparaison du reste de l'Europe. Néanmoins, comme partout dans le monde développé, la plupart des caboteurs à voiles néerlandais commencent à disparaître dès la fin de la Première Guerre mondiale. Les *logger* (harenguiers) et les *bom* (chalutiers à voiles) sont les premiers touchés par la concurrence des bateaux à moteur.

Les bateaux du Zuiderzee – cette mer intérieure – résistent plus longtemps. Mais la fermeture, en mai 1932, de l'IJsselmeer par une digue fait de cette ancienne partie du Zuiderzee un lac d'eau douce. Les *botter* qui pêchaient jusqu'alors les harengs, les anchois, les

Sur le plan d'eau du port d'Amsterdam, des voiliers de tous types sont rassemblés à l'occasion de la grande fête de la voile « Sail Amsterdam ». Au centre, une péniche à voiles, typique de celles que l'on peut rencontrer sur les côtes frisonnes ou celles du Zuiderzee. Qu'elles se nomment *tjalk, lemsteraak, botter, skûtsje,* ou *klipper,* en particulier, ces péniches magnifiquement entretenues et décorées ont un aspect typiquement néerlandais.

éperlans ou les crevettes sont alors obligés de se reconvertir dans la pêche aux anguilles et aux civelles. Au début des années 1960, la plupart des *botter* sont désarmés. Beaucoup sont rachetés et restaurés à bon compte par des plaisanciers. Aujourd'hui, une quarantaine d'entre eux naviguent encore. Leur nombre et le dynamisme de leurs propriétaires ont même suscité la création, en 1968, d'une association de défense, le Vereneging Botterbehoud (« Association des propriétaires de *botter* »), qui publie sa propre revue d'information, le *Tagrijn* (« le Magasin »).

En 1975, d'autres plaisanciers réunis au sein de la LBV (Union nationale pour la conservation des voiliers de travail naviguant à la voile) inventent un nouveau

Foerde, caboteur de pêche à voiles traditionnel de Flensburg (Schleswig-Holstein, mer Baltique, Allemagne), naviguant au large de l'Angleterre.

concept en Europe : le bateau-musée navigant. En 1976, cette organisation compte 800 membres et 160 bateaux qu'elle répare dans son propre chantier, tout en faisant à travers ses publications œuvre d'information à grande échelle. La fondation Stamboeck Ronde en Platbodem, qui a plus d'un millier d'adhérents, s'occupe, elle, en priorité, de la préservation des *tjotter, jachten* (mot que nous avons transformé en yacht) et *boeier* de la province de Frise.

Mais les Néerlandais ne se contentent pas de restaurer et de faire naviguer des caboteurs à voiles anciens, ils en construisent également des répliques très prisées par une nombreuse clientèle.

Pour subvenir à l'entretien des bateaux anciens dont ils sont propriétaires, de nombreux Néerlandais organisent des croisières à bord, pendant la saison touristique. Le succès en est tel que des compagnies de charters se sont constitué des flottes d'embarcations traditionnelles. La Zeilvaart Enkhuizen, l'une des plus importantes, ne compte pas moins de 34 unités de grande taille.

Les bateaux des Pays-Bas, survivants de temps révolus, se mesurent fréquemment dans des régates très spectaculaires. En dépit de leurs formes rondes et trapues, ils sont souvent très rapides et montrent des capacités de louvoyage étonnantes. Les courses les plus renommées sont la Harlingen-Terschellingrace ; la Westwal Botterwedtrijden », réservée aux *botter* et organisée à tour de rôle par les anciens ports du Zuiderzee ; la Botterace ; la Bolkoppenrace, ou « régate des grosses têtes », à Enkhuizen, réservée aux péniches à voiles ; la Stromtrace, ou « course de merde », à Workum, réservée aux péniches chargées de fumier pour l'engraissage des champs de tulipes mais dont le fret, symbolique, ne consiste, en réalité, qu'en quelques sacs de fumier. Quant à la Frise, elle a ses régates de *skûtsjesilen (skûtsje*, « à voiles ») en été.

La Baltique, grand foyer de traditions maritimes

Sur les bords de la Baltique, on n'a jamais oublié l'héritage des Vikings : les coques des bateaux sont en général bordées à clin, souvent leur forme rappelle un peu celle des drakkars.

Mer intérieure relativement calme, assez peu profonde, à la salinité et aux marées très faibles, la Baltique n'exige pas des caboteurs de travail aussi robustes et aussi trapus que ceux qui sont utilisés sur les côtes de la mer du Nord, de la Manche et de l'Atlantique.

Sur les côtes lagunaires et sableuses de Poméranie (Allemagne de l'Est et Pologne), on trouve surtout des bateaux de plage légers à sole plate taillée dans une seule planche appelée *sohlkiel*. Ainsi peut-on les tirer facilement au sec. Leur voilure est tantôt livarde sur un mât ou, plus rarement, deux mâts, tantôt du type sloop avec un foc. Ce sont les *strandboot* (de 7 à 8 m de long) de la région d'Usedom (Poméranie occidentale, Pologne), au bord de la lagune de l'Oderhaff ; les *angelheuer*, longs de 6 à 8 m, très répandus entre Rügen, Rostock et Gdansk ; ou les *bôt zakowy*, utilisés pour la pêche au filet fixe tendu sur des perches (le *zak*), le long des côtes polonaises. Ces embarcations sont toutes bordées à clin avec en général une étrave arrondie et un arrière pointu, de même que les *pomarynk* (ou *pommerenke*) de l'ethnie kachoube (d'origine slave) établie à l'ouest de Gdansk. Les *zeesenbbote* de la région du Bodden en Poméranie occidentale, très répandus à Stralsund et dans l'île de Rügen en particulier, ou les *zeeskähne* de la même zone littorale, les plus gros caboteurs de pêche de la Baltique méridionale (leur longueur atteint 22 m), qui s'aventurent en haute mer, présentent tous, eux aussi, ce même aspect. Dans ces régions qui bordent la Baltique, la tradition est encore bien vivace. Pourtant, un mouvement pour la sauvegarde de ce riche patrimoine maritime s'amorce déjà. L'étude des différents types de bateaux et modes de pêche, souvent originaux, la volonté de préserver ces particularités sont ici, comme ailleurs, une manière d'affirmer son identité.

LES GRANDS TRANSATLANTIQUES : UN ART DE VIVRE DISPARU

« Palaces flottants », « symboles du prestige d'une nation », « refuges de l'élégance », ces « rois des flottes de commerce » qu'étaient les grands transatlantiques sont entrés dans la légende. Et, comme toute légende, celle de ces luxueux paquebots a sa part d'exagération. La vie à bord avait aussi un visage sombre : celui des soutiers et des chauffeurs manipulant le charbon et l'engouffrant sans trêve dans les gueules béantes des chaudières ; celui des mécaniciens qui, dans la chaleur étouffante de la salle des machines, souffraient du bruit infernal des moteurs ; celui des tristes émigrants qui s'exilaient de l'autre côté de l'océan dans l'espoir d'y chercher une hypothétique fortune. La vie de rêve à bord était, essentiellement, l'apanage des riches, des puissants, des artistes arrivés qui voyageaient en 1re classe où tout contribuait à leur confort et à leur agrément.

Une dizaine de chantiers en Europe vivent, encore aujourd'hui, avec des commandes de paquebots. Ils étaient au moins cinq fois plus nombreux avant la guerre, construisant des navires toujours plus luxueux

et plus grands pour transporter les passagers au-delà de l'océan et, plus particulièrement, entre l'Europe et New York, la ligne la plus fréquentée et la plus prestigieuse.

1850-1890 : les premiers transatlantiques

La mise en service du *Great Britain,* en 1845, et celle du *Great Eastern,* en 1861, marquent le début des temps modernes pour le transport des passagers outre-Atlantique. Mais il faudra attendre plus de quarante ans avant que le monstrueux *Great Eastern* ne perde son rang de plus grand navire du monde avec ses 210 mètres de long et son déplacement de 23 800 tonnes.

Cette relative stagnation de la construction navale à vapeur s'explique par la lenteur des progrès techniques : les machines à vapeur, à chauffe au charbon et à mouvement alternatif, manquent encore de puissance

Ce tableau peint par H. Peters montre des grands voiliers et des vapeurs dans le port de Hambourg. À droite, le paquebot *Furst Bismarck,* l'un des premiers transatlantiques rapides armés par la compagnie Hamburg Amerika Linie dans les dix dernières années du XIXe siècle. Construit en 1891 par les chantiers Vulcan de Stettin, il réussit une traversée Hambourg-New york en six jours, 11 h et 44 min, à 19,65 noeuds de moyenne.

pour entraîner sur plusieurs milliers de milles nautiques des masses supérieures à 3 000 tonnes. Elles ont aussi la faiblesse de dévorer autant d'espace à bord que de charbon. L'hélice n'étant, par ailleurs, pas encore bien au point, on lui préfère souvent les roues à aubes. Mais, quand le bateau gîte, l'une des roues s'enfonce trop profondément dans l'eau tandis que l'autre mouline à moitié dans le vide. C'est pourquoi, jusqu'en 1880, les transporteurs de passagers ressemblent plus souvent à d'élégants yachts qu'aux mastodontes bardés de hautes cheminées et de manches à air qui leur succéderont sur les mers.

Les premiers navires de la Cunard Steamship Company, fondée par Samuel Cunard, en 1839, sont de petites unités de moins de 1 000 tonnes. Quoique plus grands, ceux de la compagnie américaine Collins Line, fondée en 1850, paraissent encore bien modestes. Nommés *Atlantic, Arctic, Baltic* et *Pacific,* ils mesurent 85 mètres de long et déplacent 2 860 tonnes. Mais, déjà, ils offrent à leurs passagers des salles de bains avec eau chaude, des salons de coiffure et des fumoirs, toutes commodités dont leurs concurrents sont encore privés. À un importun, qui ose se plaindre du confort plutôt sommaire de ses bateaux, Samuel Cunard répond exaspéré : « Ils brisent mes fenêtres avec des pièces d'or. » Il n'a pas tort. Tout cela coûte très cher à sa rivale. Une série de désastres va l'éliminer bientôt du marché.

Jusqu'en 1900, environ, le trafic entre l'Europe et les ports américains de la côte est demeuré, pour l'essentiel, aux mains des grandes compagnies anglaises. Les principales sont la Cunard, l'Inman Line, la White Star Line et la Peninsular & Oriental Line, surnommée P & O. Les paquebots *City of Roma, City of New York* et *City of Paris,* de l'Inman Line, sont, vers 1880, les plus beaux et les plus luxueux de leur temps.

En France, les principales compagnies de navigation, Messageries maritimes et Compagnie générale transatlantique en tête, naissent sous le second Empire, dans cette période de mutation économique considérable qui suit l'accession au pouvoir de Napoléon III.

Fondée par les frères Isaac et Émile Pereire, en 1861, la Compagnie générale et transatlantique, crée, un an plus tard, avec l'aide anglaise, un chantier naval à Saint-Nazaire qui deviendra les chantiers de Penhoët-Loire, puis les chantiers Alsthom-Atlantique.

Mais la Transat, surnommée French Line par les étrangers, n'inaugure son service Le Havre-New York qu'en juin 1864. Deux beaux paquebots y sont affectés : le *La-Fayette* et le *Washington.* Longs de 110 m, ils sont dotés de machines développant 3 200 chevaux-vapeur qui actionnent des roues à aubes. Ces unités sont modestes en comparaison des paquebots de l'Inman Line et de la P & O qui en déplacent plus du double. Mais ce sont les premiers pas d'une jeune compagnie qui gardera, jusqu'à la fermeture des lignes Europe-États-Unis, la faveur des Français et des étrangers. Les passagers apprécient sa cuisine, de loin la meilleure servie sur l'Atlantique, la qualité de son service assuré par un personnel stylé, son raffinement, son confort et sa sécurité. Bref, un art de vivre à nul autre pareil.

La Transat est une compagnie raisonnable qui ne cédera jamais à la politique agressive et mégalomane de ses concurrentes. En 1866, le jeune armement français se lance, néanmoins, dans un programme d'accroissement important de sa flotte. En quelques années, il fait construire une vingtaine de paquebots transatlantiques. Les premiers à entrer en service, le *Péreire,* le *Napoléon-III* et le *Ville-de-Paris* ont des caractéristiques identiques à celles du *Washington* et du *La-Fayette* et marchent à 13 nœuds. Puis apparaît le *Normandie,* premier du nom, qui mesure 144 m de long et qui boucle sa première traversée en sept jours et vingt-trois heures, soit une vitesse moyenne de 16,4 nœuds. Suivent le *Champagne,* le *Gascogne,* le *Bourgogne* et, en 1900, le *Lorraine,* le *Touraine* et le *Savoie.*

La révolution de la turbine

Vers 1890-1895, les machines traditionnelles à pistons et cylindres à mouvement alternatif, à vapeur et à triple ou quadruple expansion, atteignent leurs limites sur les paquebots. Impossible d'augmenter la puissance sans que les machines n'envahissent tout le navire et créent des vibrations insupportables pour les passagers.

Sur le premier *Normandie,* par exemple, les huit chaudières cylindriques, l'appareil moteur à six cylindres et les vastes soutes à charbon occupent plus du tiers des 140 m de long de la coque. Tout cela pour atteindre une vitesse de 16 nœuds. Pour gagner trois à quatre nœuds de plus et mouvoir des coques de plus de 20 000 tonnes, il faut des machines et des chaudières qui occupent près des deux tiers de l'intérieur de ces paquebots.

Mis en service en août 1900, la *Lorraine,* un transatlantique de la French Line, au tonnage pourtant modeste de 15 410 tonnes si on le compare aux mastodontes anglais et allemands lancés à la même

Cette gravure publiée dans la revue londonienne *The Graphic,* en mars 1870, montre bien les conditions de travail très pénibles qui existaient dans les chaufferies des vapeurs de cette époque.

époque, développe 22 000 chevaux-vapeur et marche à 21,8 nœuds aux essais. Mais, pour atteindre cette allure, il consomme 375 tonnes de charbon, par jour, et mobilise 218 chauffeurs sur un équipage de 377 hommes.

Le travail des soutiers et des chauffeurs est extrêmement pénible. Si dur que, pour le supporter, ils avalent de fréquentes rasades de rhum ou de bière. Nombreux sont ceux qui deviennent alcooliques et meurent avant l'âge.

Les soutiers apportent à la pelle, ou avec des brouettes ou des petits wagonnets, le charbon qu'ils déposent dans les « rues de chauffe » (passage entre les deux rangées de chaudières) devant chaque foyer. Là, les chauffeurs le ramassent à la pelle pour l'introduire à l'intérieur de la chaudière ; ils l'étalent, déjà incandescent, sur les grilles du foyer à l'aide d'une tige métallique terminée par une pointe, le « ringard », avant de passer la « lance » entre les grilles et la couche de charbon.

Il fait une chaleur d'enfer. La climatisation n'existe pas sur les paquebots construits avant la Première Guerre mondiale. Les bouches d'aération assurent, en principe, la ventilation de l'intérieur jusqu'aux fonds, mais de façon insuffisante et irrégulière. Sur les paquebots de petit ou moyen tonnage, bas sur l'eau, les embruns s'engouffrent dans les manches à air et tombent dans la chaufferie. S'amalgamant avec les cendres et la poussière de charbon, ils forment une boue compacte qui rend le sol glissant et obstrue, sans cesse, les conduits d'aspiration des pompes à cales. Les soutiers doivent les dégager à la main, plongés à mi-corps dans cette fange.

L'entretien des feux suffirait à absorber les forces des chauffeurs qui font des quarts de quatre heures. Et, pourtant, une autre tâche pénible les attend : le décrassage complet d'un des foyers dont ils ont la charge, au début de leur temps de travail. L'opération dure environ vingt minutes et doit s'effectuer avec les manches d'aération obstruées, car les courants d'air frais sont néfastes pour les chaudières.

Il devient urgent d'améliorer les choses. La solution : la turbine, inventée, perfectionnée par l'ingénieur anglais Charles Algernon Parsons. La turbine à vapeur qu'il a conçue tourne à 18 000 tr/min, lorsqu'il la termine en 1884. Il ne cessera de la perfectionner au cours des années suivantes, associant en 1891, un condenseur à sa machine.

Mais son système a beau être révolutionnaire, personne ne s'y intéresse. Aussi Parsons décide-t-il, pour attirer l'attention sur son invention, de faire évoluer un petit yacht à turbine, le *Turbinia,* au milieu des navires qui participent à la grandiose revue navale de Spithead. Aucun torpilleur ne parvient à rattraper ni à faire déguerpir ce « moustique » qui se promène en toute impunité, avec une insolence tranquille. La preuve de la supériorité de la turbine est administrée de façon éclatante, à 34 nœuds !

Le célèbre paquebot allemand *Deutschland,* de la compagnie Hamburg Amerika Linie, sortant du port de Hambourg, tiré par des remorqueurs. Déplaçant 16 500 t, ce transatlantique remporta le Ruban bleu en 1897 et 1901, mais s'avéra un échec commercial. Il fut construit aux chantiers Vulcan de Stettin et ses machines développaient une puissance de 33 000 ch. qui lui permirent d'atteindre 23,31 nœuds en 1901.

1904 voit l'apparition du premier transatlantique équipé d'une turbine. Baptisé *Virginian,* ce paquebot américain effectue sa traversée inaugurale en juin 1905, à une vitesse moyenne de 17,05 nœuds. Deux mois plus tard, il a déjà ramené le temps de passage sur l'Atlantique à 5 jours, 20 heures et 22 minutes. Ce navire, qui appartient à la compagnie Allan Line, ne reste pas longtemps seul de son espèce sur la ligne New York-Liverpool. Le 21 février 1905, les chantiers Denny Brothers de Dumbarton, sur les bords de la Clyde, lancent le *Carmania,* pour le compte de la Cunard Steamship Company. Déplaçant 30 000 tonnes, c'est le plus grand paquebot du monde. Fin 1905, il atteint 20,5 nœuds aux essais. Mais son sister-ship, le *Caronia,* lancé six mois plus tôt, est encore équipé de machines à quadruple expansion.

Lusitania, Mauretania, Aquitania : les trois géants de la Cunard

Les succès fracassants des paquebots allemands piquent au vif l'orgueil anglais. Dès 1903, la Cunard obtient de son gouvernement un prêt annuel à un taux dérisoire afin de faire construire plusieurs super-paquebots. L'année suivante, elle peut mettre en chantier deux grands transatlantiques à turbines de 31 500 tonnes (44 000 t à pleine charge) qui seront les plus grands navires du monde.

Mis sur cale, en 1904, par les grands chantiers John Brown de Clydebank sur les bords de la Clyde et lancé le 7 juin 1906, le *Lusitania* atteint 26,45 nœuds à ses essais. Le 7 septembre 1907, il appareille de Liverpool pour son premier voyage. À sa seconde traversée, il ramène le Ruban bleu à 23,99 nœuds à l'aller et 23,61 nœuds au retour. En 1909, il fait mieux encore, accomplissant un parcours en 4 jours, 21 heures et 42 minutes, à 25,85 nœuds de moyenne.

On connaît la suite. Ce magnifique navire a rendez-vous avec la mort le vendredi 7 mai 1915. Ce jour-là, sa route croise celle du sous-marin allemand U-20 du capitaine Walter Schwieger, au large des côtes irlandaises. Une seule torpille au but, à tribord, entre la première et la deuxième cheminée, suffit à envoyer

Le *Café Viennois,* à bord du paquebot allemand *Kaiser Wilhelm II* de la compagnie Norddeutscher Lloyd.

La course au gigantisme est ouverte, elle ne s'arrêtera qu'à la veille de la Seconde Guerre mondiale. Cependant, les machines classiques n'ont pas encore dit leur dernier mot. Entre 1897 et 1904, quatre paquebots allemands qui en sont encore équipés battent, successivement, le record de vitesse sur l'Atlantique. Le *Kaiser Wilhelm der Grosse* de la puissante compagnie Norddeutscher de Brême s'empare du Ruban bleu le premier, avec une vitesse de 22,35 nœuds. En 1901, il en est dépossédé par le *Deutschland* de la Hamburg Amerika Linie qui marche à 23,31 nœuds. Pas pour longtemps, car le *Kronprinz Wilhelm* et le *Kaiser Wilhelm II* de la Norddeutscher Lloyd conquièrent successivement à leur tour le trophée en 1902 et en 1904, avec des vitesses respectives de 23,47 et 23,58 nœuds.

Les passagers respirent l'air du large sur le pont supérieur du paquebot anglais *Mauretania,* de la compagnie Cunard.

Mais c'est la fin des machines traditionnelles dont la puissance culmine à 45 000 chevaux-vapeur sur le *Kaiser Wilhelm II.*

le géant par le fond en moins d'une demi-heure. Il y a 1 198 morts, dont 124 citoyens américains. Ce torpillage, sans avertissement, suscitera l'indignation dans le monde entier et comptera beaucoup dans l'entrée en guerre des États-Unis en 1917.

Son sister-ship, le *Mauretania*, est mis sur cale au même moment aux chantiers Swan Hunter, Wigham & Richardson, à Wallsend, faubourg de Newcastle. Les deux paquebots sont splendides, empreints de majesté avec leurs quatre hautes cheminées, leur étrave presque droite. Le *Mauretania* se montre bientôt plus rapide que le *Lusitania*. Il va conserver vingt-deux ans le Ruban tant convoité. En 1929, six ans avant sa démolition à Rosyth, il marchait encore à plus de 27 nœuds.

L'intérieur de ces deux « ambassadeurs » de la Cunard n'a plus cette lourdeur victorienne qui caractérisait les palaces flottants anglais des dernières années du XIXe siècle. Les sobres lambris d'acajou poli, les sculptures, exécutées par 300 artistes palestiniens, rappellent davantage les demeures campagnardes de l'aristocratie anglaise.

La bibliothèque et le grand salon ont un mobilier de style Louis XIV en partie copié sur celui du Grand Trianon, tandis que la salle à manger est meublée en style François Ier. Le *Verandah Café*, luxueux restaurant à la carte, rappelle l'orangerie du château de Hampton Court. La décoration du *Lusitania* et du *Mauretania* se place sous le signe de l'élégance retenue, de bon ton, qui sied à la riche clientèle britannique.

Pour la première fois, des ascenseurs sont placés à bord d'un paquebot, dans la cage du grand escalier.

Ce luxe de bon goût est encore dépassé sur l'*Aquitania*, le troisième géant que la Cunard fait mettre en chantier chez John Brown à la fin de 1911. À son bord règne l'élégance édouardienne la plus raffinée, aussi bien dans les suites privées que dans le fumoir de 1re classe, la piscine, la salle de bal de style palladien avec ses fines colonnes, ses tentures vertes, ses dorures et lambris et sa monumentale cheminée factice. La grandiose salle à manger au plafond orné d'une vaste fresque renforce l'illusion : sommes-nous sur un paquebot ou dans un château ?

Mis en service en 1914, l'*Aquitania* aura une longue et heureuse carrière jusqu'à sa retraite et sa démolition en 1950. De tous les grands transatlantiques, il est le seul à avoir participé aux deux guerres mondiales comme navire-hôpital et pour le transport de troupes.

Le *Titanic* ou le mythe de l'insubmersibilité

La White Star Line, grande rivale de la Cunard, ne pouvait rester indifférente devant la mise en service du *Lusitania* et du *Mauretania*. Elle riposte en faisant construire l'*Olympic*, le *Titanic* et le *Britannic* par les grands chantiers Harland & Wolff de Belfast. Mis sur

Le grand paquebot anglais *Lusitania* à quai, en 1914, peu avant sa destruction par un sous-marin allemand.

Le *Titanic* tiré par des remorqueurs quitte les grands chantiers Harland & Wolff de Belfast pour effectuer ses premiers essais en mer (1912). Qui aurait imaginé, en voyant évoluer majestueusement ce mastodonte, qu'il allait disparaître lors de son premier voyage ? Et pourtant, en 1898, un obscur romancier, Morgan Robertson, avait publié un roman prémonitoire (*Une ville flottante*) dans lequel il racontait le naufrage tragique d'un paquebot géant lui aussi réputé insubmersible.

cale en 1909, l'*Olympic* est lancé en 1911, suivi en 1912, de son jumeau le *Titanic*. Le *Britannic* sera mis en service en 1914, juste au début de la guerre. Transformé en navire-hôpital pendant l'opération des Dardanelles, il n'aura pas le temps de transporter des passagers sur la ligne New York-Liverpool, car il sombrera en 1916, éventré par une mine allemande en mer Égée.

Comme si le sort avait décidé de s'acharner sur ces magnifiques paquebots à quatre cheminées, longs de 268 mètres, larges de 28, pour un déplacement de 46 000 tonnes, ce qu'il advient du *Titanic* est encore plus épouvantable. Le 2 avril 1912, le grand navire quitte Belfast pour effectuer ses essais. Six jours plus tard, il appareille de Liverpool pour son voyage inaugural, salué à l'envi par toute la presse britannique qui vante son luxe, son gigantisme et... son insubmersibilité !

Durant six jours, le nouveau géant des mers trace sa route vers New York, sans incidents, avec une régularité de métronome, à 21 nœuds. Bruce Ismay, le président de la White Star, est à bord. Il insiste pour que toute la puissance soit décuplée afin de ravir le Ruban bleu au *Mauretania*. Le 14 avril, la vie s'écoule, insouciante, ponctuée de fêtes et de jeux. L'orchestre de Wallace Hartley joue des valses de Strauss. C'est la dernière nuit dans l'Atlantique, le paquebot sera à New York le lendemain.

Soudain, vers 22 heures, Bride, l'un des deux télégraphistes, transmet un câble au premier officier, Murdock, de quart sur la passerelle. En provenance du cap Race, le message signale des icebergs sur la route du *Titanic*. Les paquebots *Massaba* et *Californian* avertissent eux aussi, qu'ils sont environnés d'icebergs. Le commandant du *Titanic* fait doubler les vigies, mais maintient la vitesse. Brusquement, à 23 h 40, Frederick

Fleet, qui veille dans le nid-de-pie, aperçoit une énorme masse de glace. Il fait immédiatement tinter trois fois la cloche et empoigne son téléphone pour joindre la passerelle : « Iceberg par tribord avant ! » Le commandant en second ordonne frénétiquement : « La barre à gauche, toute ! » Trop tard ! La monstrueuse muraille de glace frôle le grand transatlantique qui n'accuse cependant qu'un léger frémissement. Seuls, quelques passagers et membres de l'équipage s'en sont véritablement rendu compte. Le commandant Edward J. Smith, immédiatement prévenu, accourt à la passerelle où les renseignements sur les dégâts subis commencent à affluer. Cinq minutes après la collision, il ouvre la porte de la cabine du télégraphe et s'adresse aux deux radiotélégraphistes Harold Bride et Jack Philipps : « Nous avons heurté un iceberg, faites les signaux de détresse. » Il sourit et n'a pas encore conscience de la catastrophe qui va survenir. Quelques instants plus tard, il fera lancer le premier message « C.Q.D. » *Come quickly, danger !*

Pendant ce temps, le commandant Smith visite la zone touchée, en compagnie de Thomas Andrews, l'architecte du *Titanic,* qui est, lui aussi, à bord. Ce dernier se rend vite compte de l'étendue du désastre. L'eau s'engouffre par une brèche longue de 90 mètres à tribord avant, pratiquée par l'iceberg qui a fait office de gigantesque ouvre-boîte. Un compartiment avant, les soutes n°s 1 et 2, le bureau de la poste, les chaufferies 5 et 6 sont envahis. Bientôt, il y a plus de 4 mètres d'eau dans les cinq premiers compartiments. Impossible de sauver le navire. Avec quatre compartiments étanches inondés, il aurait encore pu continuer à flotter. Mais là, c'est fini. D'autant que ses cloisons étanches ne montent pas jusqu'aux entreponts. Un quart d'heure plus tard, le commandant Smith est de retour à la cabine radio, très pâle. Laconiquement, il prévient les deux radiotélégraphistes : « Lancez S.O.S. Vite, vite, nous coulons ! » Aussitôt, le signal S.O.S., *Save our souls* (« Sauvez nos âmes »), retentit sur les ondes. Plusieurs navires le captent, dont le *Carpathia* qui, malgré les icebergs qui l'entourent, s'élance à toute vapeur vers le lieu du sinistre.

La situation s'aggrave vite à bord du paquebot blessé. Les chaufferies sont évacuées par les chauffeurs et les soutiers qui atterrissent au milieu de la salle de bal, noirs et trempés. À leur apparition, les passagers prennent brusquement conscience de la gravité des événements. Le pont commence à s'incliner, les machines sont arrêtées, mais il y a toujours de la lumière et le paquebot court encore sur son erre.

À 0 h 30, l'ordre d'évacuation des passagers et de l'équipage non indispensable au fonctionnement du bateau est lancé. C'est la panique. Les embarcations de sauvetage ne peuvent accueillir qu'un tiers des 2 358 personnes embarquées pour ce premier voyage. Des scènes dramatiques se déroulent autour des douze canots utilisables. La lâcheté et l'héroïsme se côtoient. L'orchestre joue « Plus près de toi, mon Dieu » et périra presque en entier. Les deux radiotélégraphistes restés à leur poste n'abandonneront le bateau que sur ordre, en toute dernière minute. Ils resteront quatre heures dans l'eau glacée avant d'être repêchés par le *Carpathia*. Bride survivra, mais Philipps mourra d'épuisement à bord du paquebot sauveteur.

À 2 h 20, la proue du *Titanic* se dresse verticalement au-dessus de l'eau, à plus de 30 mètres de hauteur. Cinq minutes plus tard, elle coule, le navire s'étant cassé en deux. Lorsque l'eau glacée atteint les chaudières, les lumières s'éteignent. Un immense nuage de vapeur s'échappe du paquebot que secouent, en cascade, de violentes explosions. La nuit la plus noire règne désormais sur le lieu du naufrage, troublée par les cris désespérés de ceux qui se noient et appellent à l'aide. Le grand transatlantique a sombré à trois cents milles au sud-est du cap Race (Terre-Neuve).

Quand, à l'aube du 15 avril, le *Carpathia* arrive enfin sur les lieux de la tragédie, il recueille 750 rescapés transis de froid, au milieu des innombrables débris et des cadavres qui flottent à la surface. Peu après, l'*Olympic*, frère du *Titanic*, arrive à son tour sur l'emplacement du drame et sauve encore 40 survivants. C'est fini. On peut établir le sinistre décompte : 1 653 hommes, femmes et enfants ont péri. À New York et à Londres, les bureaux de la White Star sont pris d'assaut par la foule angoissée des parents et amis venus chercher des nouvelles de leurs proches. L'annonce du désastre fait la manchette de tous les journaux du monde.

Il faudra attendre la Seconde Guerre mondiale pour assister à des catastrophes maritimes encore plus coûteuses en vies humaines. En janvier 1945, le paquebot allemand *Wilhelm Gustloff* qui se dirige vers Kiel, avec plus de 6 000 réfugiés embarqués à Gdynia, coule, torpillé par un sous-marin soviétique. Il n'y a qu'un peu plus de 500 survivants.

L'*Olympic* a plus de chance. Le 12 mai 1918, il aborde à toute vitesse et coule volontairement le sous-marin allemand E-103 qui tentait de le torpiller. Très apprécié des passagers, il ne sera envoyé à la démolition que dans les années 30.

Imperator, Vaterland, Bismarck : l'orgueil du Kaiser

Jusqu'en 1909, la course au gigantisme des paquebots est uniquement le fait des compagnies britanniques. Brusquement, à cette date, un sérieux compétiteur fait son apparition : la Hamburg Amerika Linie, dirigée, depuis 1880, par Albert Ballin, entrepreneur remarquable et débordant d'idées. Coup sur coup, il commande les trois plus grands paquebots du monde pour la ligne Hambourg-New York. L'*Imperator* est mis sur cale aux chantiers Stettin Vulcan de Hambourg en 1910. Lancé en 1912, ce premier paquebot allemand à turbine déplace 52 226 tonnes. Sa figure de proue, qui représente un aigle tenant un globe terrestre dans ses serres, symbolise bien les appétits impérialistes de l'Allemagne de Guillaume II.

L'*Imperator* transporte, à lui seul, 1 750 émigrants qui disposent, enfin, d'un confort décent. Salons et fumoirs leur sont affectés. La nourriture, à défaut d'être variée, est du moins abondante. L'ère des dortoirs collectifs est désormais révolue.

La catastrophe du *Titanic* fit les gros titres des journaux du monde entier. Ici, en avril 1912, un jeune vendeur montre une grande affiche qui reprend le titre de la « une » de l'*Evening News*.

À 4 000 m sous la mer, le *Titanic*

Le 1er septembre 1985, les journaux, les télévisions et les radios du monde entier annoncent à grand fracas une nouvelle sensationnelle : une expédition franco-américaine associant l'IFREMER (Institut français de recherche pour l'exploitation de la mer) et le Woods Hole Oceanographic Institute, a retrouvé et photographié l'épave du *Titanic*. Celle-ci gît à 3 965 m de fond, depuis son naufrage dans la nuit du 14 au 15 avril 1912, à environ 750 km au sud-est de Terre-Neuve. La position précise de la découverte n'a pas été communiquée par l'équipe que dirigent le professeur Robert D. Ballard et l'ingénieur Jean-Louis Michel, afin d'éviter les entreprises d'éventuels pillards.

C'est l'aboutissement d'années d'efforts qui ont mis en jeu des sommes considérables. De 1980 à 1983, le milliardaire texan Jack Grim avait financé en vain trois campagnes d'exploration pour retrouver le grand paquebot. Mais, le 1er septembre 1985, les caméras de télévision de l'engin américain ARGO, remorqué à grande profondeur par le navire océanographique USS « Knorr », repèrent enfin une des énormes chaudières, arrachée du *Titanic*. Une traînée de débris le conduit à l'épave cassée en deux tronçons, éloignés l'un de l'autre d'environ 650 m. Les quatre cheminées ont été arrachées de leur base. Des milliers d'objets sont éparpillés tout autour. Les ponts se sont effondrés les uns sur les autres. Le mât s'est abattu sur la dunette qu'il a, en partie, écrasée. De grandes coulées de rouille recouvrent la coque, les superstructures et l'intérieur. La partie avant, enfouie dans la vase jusqu'à la base des ancres, est la mieux conservée tandis que la partie arrière est très disloquée. Le bordé est en partie déchiqueté. Grâce au robot télécommandé Angus, les chercheurs prennent toute une série de photographies en couleurs. Le 13 juillet 1986, Robert Ballard revient sur les lieux avec le navire océanographique *Atlantis II*. Il explore longuement l'épave à bord du sous-marin *Alvin* et prend encore des centaines de photographies qui permettront de reconstituer l'accident. Mais il ne retrouve aucune trace des victimes. Seules quelques chaussures assemblées par paires rappellent la présence d'humains dont les corps se sont volatilisés depuis longtemps. Avant sa dernière remontée, l'*Alvin*, commandé par Ballard, dépose sur la poupe déchiquetée une plaque commémorative en souvenir des centaines d'hommes qui ont péri à bord du *Titanic*.

En 1987, le submersible *Nautile* de l'IFREMER mène une campagne de 54 jours, financée par la société ORE (Ocean Research & Exploration), pour remonter quelque huit cents objets récupérés autour du *Titanic*. Ces objets sont ensuite dispersés au cours d'une vente aux enchères. Mais l'Amérique, choquée par ce qu'elle considère comme le viol d'un tombeau, fait voter par son Parlement une loi faisant du *Titanic* un mémorial international.

Quant à renflouer cette épave, il n'est pas question d'y songer vu son état, la grande profondeur où elle repose et l'importance considérable des moyens financiers et techniques que cela supposerait.

Le restaurant *Ritz Carlton Grill* à bord du paquebot allemand *Vaterland* de la Hamburg Amerika Linie. Décorée par les célèbres décorateurs Charles Mewès et son associé anglais Arthur Davis, cette grandiose salle à manger des 1res classes servait une cuisine d'excellente qualité grâce aux talents conjugués du grand hôtelier César Ritz et du cuisinier Auguste Escoffier. Luxe et ostentation caractérisaient le décor intérieur des paquebots allemands, à la veille de la Première Guerre mondiale.

Mais ce qui caractérise surtout l'*Imperator,* c'est le luxe ostentatoire des aménagements de 1re classe, conçus par Charles Mewès, le décorateur des prestigieux hôtels Ritz. Avec son associé anglais, Arthur Davis, Mewès a transformé l'*Imperator* en un véritable palais impérial. Il y a des ors, du marbre, des stucs partout dans les salons du grand navire.

Mis en service en 1913, l'*Imperator* se trouve à Hambourg lorsque la guerre éclate. Resté désarmé dans le grand port de l'Elbe pendant tout le conflit, le grand transatlantique sera, ensuite, attribué à la Cunard au titre des réparations de guerre et reprendra le service sous le nom de *Berengaria.*

Construit par les chantiers Blohm und Voss de Hambourg, le *Vaterland,* second paquebot de la même série, est lancé le 3 avril 1913. Mesurant 276,15 mètres sur 19,51, avec un déplacement de 54 282 tonnes, il peut transporter 4 000 passagers et hommes d'équipage, dont 752 en 1re classe. Son luxe ne le cède en rien à celui de son aîné. Mewès a signé, notamment, une extraordinaire salle à manger qui s'étend sur plusieurs ponts, un *Ritz Carlton Grill* à la carte, un jardin d'hiver et un élégant fumoir qui font date.

Le troisième grand paquebot de la Hamburg Amerika, nommé *Bismarck,* est mis en chantier en 1912 et lancé le 20 juin 1914. Déplaçant 56 551 tonnes pour une longueur de 277,98 mètres et une largeur de 30,48 mètres, il restera inachevé pendant toute la guerre et sera attribué à la White Star Line sous le nom de *Majestic* en 1922.

La défaite de l'Allemagne s'accompagne de l'anéantissement ou de la capture par les alliés de la plus grande partie de sa flotte de commerce. Le pavillon allemand ne reparaît sur l'Atlantique qu'en 1929, avec la mise en service des jumeaux *Bremen* et *Europa* de la Norddeutscher Lloyd. Longs de 270,70 mètres, larges de 31 mètres, ces deux magnifiques navires qui déplacent, chacun, 49 746 tonnes, ont des lignes de coque et de superstructures résolument novatrices. L'étrave est fine, élancée, dotée d'un bulbe, pour la première fois sur des transatlantiques. Les deux cheminées sont basses, trop basses même, car elles déposent leur fumée sur le pont supérieur et il faudra les rehausser. L'élégance des lignes du *Bremen* et de l'*Europa* annonce celle du *Normandie.*

Le *Normandie,* roi des transatlantiques

En 1919, la Compagnie générale transatlantique se retrouve avec une flotte de paquebots réduite et vieillie. Même si son luxe et l'excellence de sa cuisine lui ont valu le surnom de « Versailles de l'Atlantique », le *France,* en service depuis 1912, ne peut prétendre rivaliser avec les unités britanniques. Sa capacité d'accueil est trop faible.

Dans les années 1920, la Transat ajoute donc deux grands paquebots à sa flotte : le *Paris* (long de 234 m, large de 26 m, déplaçant 33 500 t) dont la construction, commencée en 1913, avait été interrompue par la guerre et l'*Île-de-France* (long de 241 m, large de 28,09 m, déplaçant 43 450 t) qui est, alors, le plus grand paquebot construit dans le monde depuis la Première Guerre mondiale.

Les aménagements intérieurs de ces deux navires comptent parmi les plus belles réussites de l'histoire des transatlantiques. À lui seul, l'*Ile-de-France* constitue un véritable résumé de l'art décoratif de l'époque. On y trouve des salons décorés par Jeanniot, Saupique et Bouchard, une magnifique salle à manger signée Pierre Patou, un grand salon de 24 mètres sur 18 dans une harmonie de laque rouge rehaussée d'or.

Les deux « porte-enseignes » de la French Line sont très appréciés par la riche clientèle internationale pour la joie de vivre, l'élégance raffinée, la qualité du service qui règnent à bord. Mais, en 1929, cela ne suffit déjà plus. Malgré le krach boursier et la crise économique qui vont brusquement s'abattre sur le monde, il faut un paquebot encore plus grand, au moins comparable à ceux qu'étudie la Cunard. Ce projet, intitulé au départ T-6 ou Super-Île-de-France, va donner naissance au *Normandie*.

Les études préalables sont considérables. Plus de 160 formes de carènes sont envisagées, une vingtaine sont réalisées en modèles réduits, puis testées en bassins. C'est finalement l'ingénieur Vladimir Yourkévitch, d'origine russe, qui signe les lignes extérieures du futur *Normandie*.

La construction de la coque, aux chantiers Penhoët-Loire, exige l'édification d'une cale spéciale de 310 mètres de long qui se prolonge sous les eaux du fleuve par une avant-cale de 100 mètres. Pour l'assemblage des superstructures du paquebot, on utilise, pour la première fois en France à une échelle industrielle, la soudure à l'arc.

En dépit des embarras financiers de la Transat et des conflits sociaux qui agitent le chantier, la coque du *Normandie,* enserrée dans son réseau d'échafaudages, domine bientôt toute la ville de Saint-Nazaire. Vingt et un mois après la pose de la quille, elle est fin prête pour le lancement.

Le lancement d'une pareille masse (28 100 t), la plus lourde structure mobile jamais mise en branle jusqu'alors, s'avère délicat. Certains journaux français et étrangers prédisent la catastrophe. Mais ces rumeurs alarmistes n'empêchent pas les curieux de venir en foule assister à la mise à l'eau du paquebot. À 14 h 50, le 20 octobre 1932, la femme du président de la République Albert Lebrun coupe le ruban et lance la bouteille de champagne qui se brise sur l'étrave.

Après 19 mois d'achèvement à flot, le 5 mai 1935, le *Normandie* quitte Saint-Nazaire pour effectuer ses premiers essais sous les ordres du commandant René Pugnet. C'est, sans conteste, le plus beau paquebot du monde avec sa fine étrave élancée terminée par un bulbe, sa plage avant en dos de tortue dotée d'un important brise-lames, son arrière arrondi en forme de « cuiller », le dégradé de ses ponts supérieurs, ses superstructures sans saillie et ses trois grandes cheminées. Ses lignes sont très modernes pour l'époque, très pures, très élégantes, sans aucune fioriture inutile.

L'intérieur est un enchantement auquel ont participé certains des meilleurs artistes du temps. L'immense salle à manger, plus grande que la galerie des Glaces du château de Versailles, est somptueuse. Les dalles de verre gravées et ciselées par Lalique et Labouret qui tapissent les murs et le plafond créent un effet saisissant avec le jeu des lumières, encore rehaussé par une porte

SOUTHAMPTON TO NEW YORK
EXPRESS LUXURY SERVICE
"ILE DE FRANCE" "NORMANDIE"
ENQUIRE WITHIN

monumentale en bronze, haute de 6 mètres, sculptée par Raymond Subes, et par la grande statue de Dejean, placée devant la paroi du fond. Sept cents convives peuvent prendre place à l'aise autour de ses cent cinquante tables. À elle seule, la salle à manger occupe la hauteur de trois entreponts au centre du navire, ce qui a obligé à déporter les conduits de fumée sur les côtés.

D'autres chefs-d'œuvre s'offrent au ravissement des passagers : le salon des 1res classes et sa grande porte coulissante en laque qui pèse 5 tonnes, le jardin d'hiver en marbre blanc, ponctué de bronze patiné et de glaces, qui ouvre sur le salon-bibliothèque, la piscine de 25 mètres de long sur 6 mètres de large, sans oublier les appartements de grand luxe décorés de meubles et de tentures rares.

Le 29 mai 1935, à 18 h 35, le plus grand paquebot du monde appareille pour son voyage inaugural avec

Affiche d'un artiste anonyme pour la Compagnie générale transatlantique et son plus prestigieux paquebot : le *Normandie,* vers 1937.

Le jardin d'hiver, à l'avant du *Normandie*. Situé au-dessus du pont-promenade, conçu par Ruhlman et planté par Vilmorin, cet espace était agrémenté de serres, de pergolas vitrées, ainsi que de parterres de fleurs, disposés le long des fenêtres. Les deux grandes volières surmontées de vasques où coulaient des fontaines constituaient le suprême raffinement de cette mise en scène naturaliste.

1 972 passagers et 1 320 hommes d'équipage. À 23 h 30, il est en vue de Southampton, accueilli comme un roi par des centaines d'embarcations et des milliers de spectateurs. Il en repart à 2 h avec quelques passagers supplémentaires. La traversée se déroule sans encombre, dans une atmosphère de fêtes incessantes où les femmes font étalage d'éblouissantes toilettes. Le 3 juin 1935, le grand paquebot termine son voyage en apothéose, escorté de nombreux navires pour son entrée dans le port de New York, la flamme du Ruban bleu, longue de trente mètres, flottant fièrement à l'arrière. Il vient de traverser l'Atlantique à 30,31 nœuds de moyenne, en 4 jours, 3 heures et 28 minutes. L'ancien record appartenait, depuis 1933, au paquebot italien *Rex*, avec 4 jours, 13 heures et 58 minutes, soit une moyenne de 28,92 nœuds.

Dès lors, le *Normandie* effectue des rotations régulières sur la ligne Le Havre-Southampton-New York. Lorsque la guerre le surprend à New York, le 3 septembre 1939, il a déjà effectué 139 traversées et transporté 133 170 passagers. Avec le *Queen Mary*, le *Bremen* et l'*Europa*, il s'est adjugé le quart du trafic de passagers de l'Atlantique Nord, le reste étant réparti entre soixante-cinq autres paquebots d'une dizaine de nationalités.

Le 9 février 1942, le *Normandie* est en cours d'aménagement pour devenir, sous le nom de *La-Fayette*,

transporteur de troupes de l'US Navy, quand le feu se déclare à une pile de ceintures de sauvetage en kapok dans le grand salon. C'est un ouvrier qui l'a allumé, accidentellement, avec son chalumeau oxyacétylénique. L'épaisse fumée dégagée par le kapok chasse bientôt du navire tout le personnel américain qui travaillait aux transformations. Les dispositifs de sécurité étant désactivés, aucune cloison étanche ni aucune porte coupe-feu ne peut être actionnée. Les appels d'air produits par les conduits de ventilation et le déversement de milliers de tonnes d'eau dans les parties hautes du navire ne font qu'aggraver la situation. Dans la nuit du 9 au 10 février, vers 2 h 45, le grand transatlantique chavire entre les môles 88 et 90, sous un angle de 79° sur bâbord.

Il faut dix-huit mois d'acharnement avant de parvenir à redresser l'énorme coque et à la vider de l'eau qui l'a envahie. Mais, pour y réussir, il a fallu découper au chalumeau les superstructures et les trois cheminées. Le 12 novembre 1943, rasée comme un ponton, l'immense coque est remorquée jusqu'à un chantier de Brooklyn pour une expertise plus approfondie des dégâts. L'examen se révèle consternant. Les dommages sont considérables, le coût des réparations serait exorbitant. Le 1er août 1946, l'épave est vendue pour démolition aux chantiers Federal Shipbuilding & Dry Dock de Kearney, près de New York. Triste fin pour celui qui fut le plus beau de tous les transatlantiques.

Deux rivaux de poids : *Queen Mary* et *Queen Elisabeth*

Le *Normandie* ne reste pas longtemps le seul de son espèce sur l'Atlantique Nord. Un an après sa mise en service, le *Queen Mary* appareille de Southampton pour son premier voyage, le 27 mai 1936. Trois mois plus tard, le nouveau champion de la Cunard s'approprie, à son tour, le Ruban bleu avec une vitesse de 30,63 nœuds.

Son succès est d'autant plus appréciable que la mise en chantier du paquebot, en pleine crise économique, a posé de nombreux problèmes. Sa construction, confiée aux chantiers John Brown à Clydebank, le 27 décembre 1930, est interrompue le 11 décembre 1931, entraînant le chômage de plus de 10 000 ouvriers. Les travaux ne reprennent que vingt-sept mois plus tard. Son lancement, le 26 septembre 1934, en présence du roi George V, de la reine Mary et du prince de Galles, est de loin le plus délicat jamais effectué dans la rivière Clyde. Le *Queen Mary* atteint, alors, 35 500 tonnes, soit 7 000 tonnes de plus que le *Normandie*.

Le 24 mars 1936, le paquebot, enfin terminé, est halé au milieu de la rivière par quatre remorqueurs. Pendant deux jours, il effectue des essais de vitesse puis appareille à destination de Southampton où d'énormes travaux qui ont duré quatre ans viennent de se terminer. Les quais ont été rallongés et renforcés, une nouvelle gare maritime, une grande cale sèche attendent le

---

Le paquebot *Normandie*

Mise en service : 1935
Armateur : Compagnie générale transatlantique
Constructeur : chantiers Penhoët-Loire à Saint-Nazaire
Longueur hors tout : 313,75 m
Largeur maximum : 36,40 m
Tirant d'eau : 11 m
Déplacement à pleine charge : 83 423 t
Propulsion : 4 turbines à vapeur développant une puissance de 160 000 ch, 4 hélices, un gouvernail compensé de 100 t fabriqué par

les usines Skoda de Pilsen (Tchécoslovaquie).
Alimentation électrique par 4 turbo-alternateurs produisant du courant triphasé à 5 000 volts
Vitesse de croisière : 29-30 nœuds
Équipage : 1 350 hommes
Passagers : plus de 2 000, répartis en trois classes
Affecté à la ligne Le Havre-Southampton-New York
Détruit par un incendie, à New York, en 1942

nouveau géant et son frère, un peu plus grand encore, en cours de construction, le *Queen Elisabeth.*

Après un voyage inaugural triomphal entre Southampton et New York, du 27 mai au 1er juin 1936, le *Queen Mary* voit se succéder les traversées. En août 1938, il détrône définitivement son grand rival français comme navire le plus rapide de l'Atlantique avec 31,69 nœuds. Cependant la décoration intérieure du nouveau paquebot de la Cunard n'atteint pas la qualité de celle du *Normandie,* qui a fait sa réputation.

Entre-temps, la construction du *Queen Elisabeth,* frère du *Queen Mary,* avance chez John Brown. Mais l'éclatement des hostilités en Europe ne lui permettra pas d'effectuer de traversées commerciales avant 1946. Le 7 mars 1939, dans le plus grand secret, le *Queen Elisabeth* arrive à New York où, comme le *Queen Mary,* il va subir des aménagements pour devenir un transport de troupes.

La guerre terminée, le *Queen Mary* et le *Queen Elisabeth* reprennent le service civil après de longs travaux de remise en état et de modernisation. Jusqu'en 1958, le taux de remplissage des deux transatlantiques suffit à assurer leur rentabilité. Mais, à partir de cette date, les progrès de l'aviation commerciale à réaction leur rendent la concurrence de plus en plus dure. En novembre 1961, le *Queen Mary* part de Southampton avec seulement 471 passagers à bord alors qu'il peut en accueillir plus de 2 000. Il faut absolument trouver

d'autres manières plus rentables d'exploiter ces navires. Aussi la Cunard les retire-t-elle, l'hiver, de la ligne New York-Southampton pour les affecter à des croisières.

Mais les frais d'exploitation s'accroissent de façon tellement vertigineuse qu'en 1967 la Cunard doit se résoudre à mettre en vente les deux glorieux navires. La ville de Long Beach, en Californie, achète le *Queen Mary* pour 3 450 000 dollars afin de le transformer en hôtel, musée et centre de congrès flottant. Quant au *Queen Elisabeth,* il est racheté par l'armateur de Hong kong C.Y. Tung. Transformé en université flottante, il est amarré dans la baie de Hongkong quand, le 9 janvier 1972, il chavire et coule après un terrible incendie. Une ère s'achève.

Les derniers sursauts d'un art de vivre sur la mer

Gouffres à milliards, vulnérables aux incendies, souvent victimes des deux guerres mondiales ou, plus prosaïquement, des démolisseurs, les grands paquebots qui reliaient l'Europe à New York semblaient condamnés à une disparition totale. Ils connaîtront, cependant, un dernier regain de faveur après guerre avant de céder définitivement la place aux avions sur les lignes régulières, à la fin des années 1960.

Le transatlantique anglais *Queen Mary* recevant l'accueil triomphal de New York, le 1er juin 1936, lors de son voyage inaugural. Mais, le nouveau géant de la Cunard n'avait pu déposséder le *Normandie* du Ruban bleu, au cours de cette première traversée.

Le *Sovereign of the Seas,* le plus gros paquebot de croisière du monde.

Le paquebot à voiles français *Club Méditerranée.*

Le paquebot *France,* mouillé à quelques milles de la Côte d'Azur.

Le *Queen Mary* et le *Queen Elisabeth* accomplissent encore plus de vingt ans de service après la fin des hostilités. En juillet 1952, le nouveau paquebot américain *United States* bat une dernière fois le record de la traversée transatlantique à une vitesse de 35,59 nœuds.

Dans les années 1960, plusieurs transatlantiques neufs prennent encore la relève des anciens. Les plus grands et les plus beaux sont le *France* et le *Queen Elisabeth II.* En 1965, la compagnie Italia aligne, à son tour, sur l'Atlantique Nord, au départ de Gênes, deux splendides paquebots de 45 000 tonnes, le *Raffaelo* et le *Michelangelo.* En 1959, la Holland Amerika met en ligne le *Rotterdam.* Mais ce n'est qu'un dernier chant du cygne. Le *France* doit être désarmé en 1974 avant d'être vendu sous le nom de *Norway* à un armateur norvégien qui l'utilise pour des croisières. Le *Queen Elisabeth* ne lui survit que jusqu'en 1978. L'ère des grands transatlantiques est définitivement révolue.

Celle des paquebots ne l'est pas pour autant. On parlait à leur propos d'une espèce en voie de disparition. Et pourtant, depuis le milieu des années 1970, les carnets de commande d'un petit nombre de chantiers, presque tous situés en Europe occidentale (France, Finlande, Allemagne de l'Ouest, Danemark, Italie), mentionnent des paquebots. Certains d'entre eux n'ont, pour leurs dimensions et leur déplacement, rien à envier à leurs glorieux ancêtres. Mais ils ne sont plus guère affectés à des lignes régulières, ils servent essentiellement pour des croisières d'agrément.

En 1988, les Chantiers de l'Atlantique, à Saint-Nazaire, qui avaient construit le *Normandie,* l'*Île-de-France* et le *France,* livrent un paquebot de 72 000 tonnes, le *Sovereign of the Seas,* auquel ils préparent un frère du même type et aussi grand. En 1990, les chantiers finlandais Oy Wärtsilä de Turku, mondialement réputés pour leurs brise-glaces et leurs navires de croisières, livrent un paquebot de 70 000 tonnes.

Fait encore plus surprenant, les paquebots à voiles refont apparition, plus d'un siècle après leur disparition. Les Ateliers et chantiers du Havre en sont devenus les spécialistes mondiaux. Ils en ont construit quatre, dont un pour le Club Méditerranée, associé pour l'exploiter avec des organismes de voyages et de croisières.

LES LIBERTY-SHIPS :
LE PLUS GRAND PROGRAMME
DE CONSTRUCTION NAVALE
DE L'HISTOIRE

2 710 cargos « liberty-ships » du même modèle furent construits entre 1940 et 1945... Depuis l'avènement de la construction navale métallique dans les années 1830-1840, aucun navire n'a été reproduit à autant d'exemplaires et en si peu de temps. Dans l'histoire maritime, de ses origines à nos jours, ce cas est unique. Les U-Boot allemands, les destroyers et escorteurs américains, anglais, canadiens et britanniques, les bateaux de débarquement produits pendant la Seconde Guerre mondiale ont pu être construits en très grandes séries, ils n'ont jamais atteint ce chiffre.

Assembler des navires du même modèle selon des procédés rationalisés de façon rigoureuse, quoi de plus facile, de plus avantageux au point de vue technique ou économique ? L'intérêt est évident : gains d'argent, rapidité de construction, planification plus aisée, économies d'échelle, homogénéité des matériaux, des caractéristiques et, donc, des performances. Pourtant, pendant longtemps, chaque armateur, ou presque, continuera d'imposer aux chantiers navals ses exigences personnelles, fondées sur ses propres besoins qui diffèrent plus ou moins de ceux de ses concurrents.

Des équipements identiques, tels que treuils, guindeaux, appareils de navigation, de manutention, moteurs, ne font pas des navires standards quand la coque, le poids et les performances de ceux-ci ne sont pas les mêmes d'une unité à une autre. Il faut des circonstances exceptionnelles pour imposer des normes rigoureuses aux utilisateurs de navires de guerre et de commerce. Les guerres, du fait de l'urgence des besoins, sont l'aiguillon le plus fréquent de la standardisation.

Le liberty-ship *John W. Brown,* fraîchement repeint aux chantiers Bethlehem de Sparrows Point, à Baltimore (Maryland), est halé par des remorqueurs et s'apprête à rejoindre New York, son port d'attache.

Les liberty-ships : un projet britannique américanisé

Le projet Liberty Ship est né en Grande-Bretagne dans les bureaux d'études du chantier J.L. Thomson & Sons Ltd., implanté, comme Doxford et Austin & Pickersgill, à Sunderland.

On est alors en 1940 et la situation sur mer tourne à la catastrophe pour le Royaume-Uni et ses alliés. Les U-Boot, les mines et les avions en majorité allemands ont coulé 221 navires (756 237 dwt.), en 4 mois, de septembre à décembre 1939, et 1 059 autres (3 991 641 dwt.) depuis le début de l'année. De telles pertes menacent d'extinction les marines de commerce alliées. Les conséquences en seraient dramatiques pour l'Empire britannique qui supporte, alors, tout le poids de la lutte contre l'Allemagne et ses alliés, l'U.R.S.S. et les États-Unis ne devant entrer en guerre qu'en juin et décembre 1941. Une interruption totale de ses voies de ravitaillement mettrait la Grande-Bretagne à genoux et l'obligerait à se retirer du conflit.

Le 20 décembre 1940, la Technical Shipbuilding Commission de l'Amirauté britannique, présidée par R.C. Thompson, directeur des chantiers J.L. Thompson & Sons Ltd., signe avec le célèbre entrepreneur de travaux publics américain Henry J. Kaiser, associé à la Todd Shipbuilding Corporation, un contrat pour la construction en un temps record de 60 cargos dénommés « oceans ». Pour relever le pari, un consortium de six compagnies américaines est créé, qui va édifier en quelques mois et pour quelque 96 millions de dollars deux gigantesques chantiers ultra-modernes, à Richmond près de San Francisco (Californie) et à Portland (Oregon). Des chantiers britanniques et canadiens sont également associés, mais pour une part mineure, à cet ambitieux programme.

Ainsi naît officiellement le programme « Liberty Ship », qui s'appelle encore, alors, « Oceans », nom sous lequel les Anglo-Saxons désignent une nouvelle classe de cargos standards déplaçant 9 000-10 500 dwt., à château central, cheminée unique, superstructure à l'arrière, cinq cales à marchandises, longs de 130 mètres environ. Les plans de ces cargos sont dérivés de ceux du *Dorrington Court,* construit également par J.L. Thompson & Sons Ltd.

Dès l'origine, les spécifications insistent sur la nécessité absolue, de simplifier au maximum la conception à tous les niveaux, afin d'atteindre des cadences de fabrication accélérées, et donc une série importante, tout en économisant les matériaux. On ne demande pas aux « oceans » d'être des « lévriers des mers » (leur machine à triple expansion leur assure une vitesse modeste de 11 nœuds), ni des unités sophistiquées, et donc coûteuses. Leur esthétique est rustique, leurs aménagements spartiates. L'heure n'est pas au prestige, mais aux expédients désespérés.

En septembre 1940, le projet est inclus en Grande-Bretagne dans l'« Emergency Programme » (programme d'urgence) sous le nom d'« Empire Liberty class ». Le mot est lancé : il va faire fortune !

Les choses étant bien définies, la phase de réalisation industrielle peut commencer. L'affaire est rondement menée. Dès le 14 avril 1941, la quille de l'*Ocean Vanguard,* tête de série, est posée dans le chantier de Richmond, encore en construction. Le 16 août suivant, on procède déjà à son lancement. Entre-temps, le 24 mai, Portland a procédé à la mise sur cale du second navire : l'*Ocean Liberty.* En octobre 1941, les chantiers britanniques J.L. Thompson lancent, à leur tour, leur premier cargo type « Empire Liberty » qui porte le nom générique du programme. Il se distingue de ses frères américains sur un point essentiel : sa coque, ses ponts, ses superstructures sont encore assemblés par rivetage et non pas par soudage. En juin 1942, Richmond a complètement honoré son contrat, suivi par Portland cinq mois plus tard. Les deux chantiers sont en avance d'un mois sur le calendrier du contrat.

Ce résultat est d'autant plus remarquable que la construction navale américaine, comme ses rivales étrangères, sort à peine de la grave récession de l'entre-deux-guerres. L'effort de rééquipement et d'extension des installations n'a pas encore atteint son plein rendement. Il faudra attendre pour cela l'entrée en guerre des États-Unis, le 7 décembre 1941. Une simple comparaison suffit à le démontrer : en 1936, 10 chantiers navals privés disposant de 46 cales pouvaient construire

---

Des cargos rustiques mais robustes

Les liberty-ships sont des cargos à cinq cales, pont supérieur continu sans teugue ni dunette. Un château central groupe les quartiers de l'équipage et la passerelle de navigation, sur trois niveaux, ainsi que le mât porte-antennes et la cheminée. Un roof à l'arrière abrite notamment les cabines des canonniers. Trois mâts de charge desservent les cales.

Quand démarre leur construction, les usines américaines manquent encore d'un savoir-faire suffisant en matière de turbines et les premières fabriquées sont réservées en priorité aux navires de guerre. Aussi l'appareil moteur choisi pour la propulsion des liberty-ships est-il de type à vapeur alternatif, à triple expansion, développant 2 500 ch à 76 tr/min. D'où leur vitesse de 11 nœuds, relativement faible pour l'époque.

D'une longueur hors tout de 134,57 m, d'une largeur hors membrures de 17,37 m, ces cargos ont un creux de 11,38 m au pont supérieur et, lèges, un tirant d'eau de 2,36 m. Leur déplacement atteint 14 245 t en charge pour une jauge brute de 7 176 t et un port en lourd de 10 865 t.

L'armement à bord est tout à fait respectable pour un navire de commerce, puisqu'il comprend huit canons de 20 mm AA, un de 76 mm à l'avant et un de 127 mm à l'arrière.

Les aménagements intérieurs sont plutôt sommaires. Ainsi, les parois en tôles des coursives sont à nu, de même que celles des cabines, seulement peintes. Le mobilier est des plus réduits : des lits superposés et des armoires en fer. En revanche, les cabines des officiers sont moins austères avec leurs meubles en bois verni et leurs cloisons recouvertes de contreplaqué.

L'équipage d'un liberty-ship de base compte, en principe, 45 hommes auxquels il faut ajouter les 36 canonniers et pourvoyeurs. Dans la pratique, les effectifs sont en moyenne de 52 hommes d'équipage et 29 canonniers et pourvoyeurs.

Les caractéristiques et les aménagements intérieurs et extérieurs des liberty-ships changent évidemment selon leurs affectations. Certains sont réservés aux transports de troupes ou chars, d'autres sont navires-hôpitaux, liberty-tankers, navires-ateliers *(repair ships).* Sans oublier les liberty-colliers (navires charbonniers) conçus, au début de 1944, par la Delta Shipbuilding Corporation pour le trafic charbonnier entre Hampton Roads et la Nouvelle-Angleterre sur la côte est des États-Unis. Les liberty-tankers et liberty-colliers ont une silhouette très voisine avec leur cheminée à l'arrière et leur étroit château central. Après la guerre, d'autres liberty-ships deviendront piquet-radar, Technical Research Ships, méthanier (l'*Ultragaz Sao Paulo*) – et même centrale nucléaire flottante comme le *Surgis...*

Dès la fin de 1943, les liberty-ships sont progressivement remplacés sur les cales de construction par une nouvelle classe de cargos plus confortables pour l'équipage, un peu plus longs et un peu plus larges mais surtout plus rapides (15 à 17 nœuds), car ils sont enfin mus par une turbine : les victory-ships. 414 unités de ce type seront mises en service par les chantiers américains avant la fin de la guerre.

de grands navires de commerce ou de guerre ; en janvier 1941, ils sont 18, équipés de 70 cales. Le progrès ne semble pas considérable, et pourtant...

Entre-temps, la mission navale britannique s'est rendue au Canada où elle a signé un contrat pour la construction de 20 autres navires du même type. Cette commande est bientôt portée à 26 unités, en janvier 1941. Les cargos canadiens, rivetés à 90 p. 100, sont désignés comme étant du « North Sands Type ». Ils seront plus de 300 à sortir des chantiers, sous les appellations « Fort... », « ...Park », « Hill » ships, entre 1941 et 1945.

Aux États-Unis même, d'autres entreprises participent également au programme. En décembre 1941, le chantier Fairfield de Baltimore (Maryland), du groupe Bethlehem Shipbuilding Corporation, par exemple, remet solennellement à la Commission maritime américaine le *Patrick Henry*, premier navire « Oceans » livré.

Depuis lors, le programme « Oceans » est devenu « Liberty Fleet », puis, plus familièrement, « Liberty Ship ». À vrai dire, l'apparence de ces cargos est tellement fruste que certains les surnomment avec dédain : « *ugly duckling* », « vilains canetons ». Le président Roosevelt lui-même les qualifie, en février 1941, de « *dreadful looking objects* », « objets d'atroce apparence », au cours d'une allocution radiodiffusée dans laquelle il annonce le lancement d'un programme de construction d'urgence de 200 navires de ce type destinés à charrier sur toutes les routes maritimes du globe des monceaux d'hommes, de matériels et d'approvisionnement.

Un programme gigantesque mené tambour battant

Très vite, les liberty-ships sortent des chantiers à des cadences jamais vues. Alors qu'on comptait, avant la guerre, 650 000 rivets pour un cargo de 10 000 tonnes, il n'en faut plus que 25 000 pour un liberty-ship, grâce à l'emploi généralisé de la soudure qui économise poids, coûts et délais de fabrication, heures de formation de main-d'œuvre aussi. Résultats : le pont d'un liberty-ship ne compte plus que 7 grandes sections préfabriquées, au lieu de 23 à l'origine ; la poupe et la proue sont réalisées en une seule pièce ; le bloc passerelle-quartiers d'habitation, préassemblé avant montage final sur cale, pèse 250 tonnes d'un seul tenant, mais, pour faciliter sa manutention et son positionnement sur le pont principal, il est oxycoupé en plusieurs sections (quatre au total) ressoudées ensuite à bord.

Pendant la Première Guerre mondiale, il fallait en moyenne 300 jours pour construire un cargo classique. Pour les liberty-ships, les délais passent de 225 jours pour le *Patrick Henry,* premier de la série, à 88 jours en août 1942, 70 jours en octobre 1942, quelques dizaines de jours entre 1943 et 1945, pour arriver... à 4 jours, 15 heures et 26 minutes pour le *Robert E. Peary,* livré le 15 novembre 1942 par le chantier Richmond n° 2 du groupe Kaiser. Record absolu. Aujourd'hui encore, on

Construction en série de cargos liberty-ships aux chantiers de Los Angeles de la California Shipbuilding Corporation. En trois ans et demi cette société a livré plus de 300 navires, dont 30 liberty-ships, pendant la Seconde Guerre mondiale. Ce document montre bien l'extraordinaire animation de ruche et la prodigieuse organisation que le programme des liberty-ships impliquait.

n'a jamais fait mieux pour un bateau de cette taille ! Les constructeurs du *Robert E. Peary* avaient un slogan : « *Praise the Lord and pass another section* », « Priez le Seigneur et passez à une autre section ». Et pourtant, ce n'est pas une mince affaire : le puzzle représente 250 000 pièces.

La Commission maritime américaine tablait, en 1941, sur 105 jours de construction. Mais le rythme de production est tellement plus élevé que la War Shipping Administration, gestionnaire de la flotte de commerce américaine, s'essouffle à former les équipages qui vont faire naviguer les produits de cette génération spontanée.

La cadence à laquelle se succèdent les lancements des liberty-ships est un autre indicateur de la frénésie de records de production dont est atteinte la construction navale américaine. Un seul chantier lance 32 liberty-ships en un seul mois, alors que la moyenne nationale est de 50 par mois. Le jour du lancement du *Patrick Henry,* le 27 novembre 1941, 14 autres sister-ships sont mis à l'eau en même temps dans tous les États-Unis. L'importance de l'événement conduit le président Roosevelt à proclamer ce jour : « Liberty Ship Day ».

En septembre 1942, les chantiers américains parviennent à livrer 93 navires de commerce (dont 67 liberty-ships et 7 oceans) jaugeant plus d'un million de tonnes. En octobre 1942, la construction navale américaine a augmenté ses capacités de production de plus de 600 p. 100, par rapport à 1937. Plus de 60 chantiers travaillent désormais pour la Commission maritime américaine. En 1943, pas moins de 18 chantiers navals sur les côtes est et ouest des États-Unis participent au programme « Liberty Ship ». Ils y emploient plus de 200 000 personnes, sans compter plusieurs centaines de milliers d'autres chez des sous-traitants dispersés dans tout le pays.

Fin 1944, plus de 150 chantiers construisent des navires de guerre et de commerce aux États-Unis, sans compter plus d'une centaine d'autres, spécialisés dans la construction navale. Le secteur emploie directement plus d'un million de personnes. Le programme des liberty-ships est si important qu'il représente plus de la moitié du total des navires marchands de plus de 1 000 tonnes construits en Grande-Bretagne, entre 1939 et fin 1944, soit 1 240 unités jaugeant 5 722 532 t.

Entre 1942 et 1945, 5 592 navires marchands sont sortis des chantiers américains, dont 2 710 liberty-ships, 414 victory-ships, 417 cargos standards, 651 pétroliers, 1 409 navires de types divers. Dès la fin de 1942, les constructions neuves excèdent les pertes par accidents ou causées par l'ennemi. Sans même parler des milliers de navires de guerre et auxiliaires, montés, eux aussi, en grandes séries...

De brillants états de service

Dès 1943, les liberty-ships prennent une part prépondérante dans le trafic maritime allié. Ils représentent environ 75 p. 100 de la flotte placée sous le contrôle de la War Shipping Administration américaine. Ce sont eux qui ont transporté en U.R.S.S. la majeure partie des 400 000 camions, 52 000 Jeeps, 7 000 chars de l'aide américaine dispensée au titre du prêt-bail – sans compter les milliers d'avions, les locomotives, les machines-outils et des tonnes d'approvisionnements et de denrées divers. Pendant quatre ans, les liberty-ships bourlinguent sur toutes les mers du globe. Ils participent à toutes les opérations combinées alliées. Dans leurs cales, transitent la majorité des 268 millions de tonnes de marchandises chargées par les navires de commerce américains pendant tout le conflit.

Ils sont si nombreux et leur activité est telle qu'il ne faut pas s'étonner du lourd tribut qu'ils paient à la guerre : plus de 200 unités coulées, dont plusieurs lors de leur voyage inaugural. Ces lourdes pertes pourraient faire croire à une vulnérabilité particulière de cette classe de navires. Il n'en est rien. Ces cargos rustiques, en forme de très grosse caisse à laquelle on aurait rajouté un avant et un arrière incurvés, se montrent au contraire d'une robustesse surprenante, en dépit de leur construction hâtive. Ces « vilains canetons » savent encaisser les coups les plus durs et y survivre souvent mieux que d'autres navires plus sophistiqués.

Même endommagés, certains liberty-ships rendent encore des services précieux. C'est en particulier le cas de sept d'entre eux, utilisés comme brise-lames pour la protection du plan d'eau du port artificiel américain de Saint-Laurent (Mulberry A) pendant le débarquement de Normandie en juin 1944. Malheureusement, ils sont réduits à l'état d'épaves inutilisables, lors de la tempête d'une violence exceptionnelle qui détruit complètement le Mulberry américain, et endommage gravement le port artificiel d'Arromanches, le 19 juin. Huit autres liberty-ships brise-lames protègent les zones de débarquement américaines « Utah » et « Omaha ». Le *James Iredell* et le *George S. Wasson* sont presque immédiatement détruits par l'artillerie et l'aviation allemandes, mais on parvient à saborder les autres en bonne position.

La guerre terminée, il reste près de 2 500 liberty-ships en plus ou moins bon état. Qu'en faire, alors que la marine marchande américaine compte, avec plus de 40 millions de tonnes de navires, un surplus important par rapport aux besoins ?

Début 1945, le problème du sort de ces navires

Les chantiers des liberty-ships

Sur la côte atlantique, on trouve :
- Alabama Dry Dock Company à Mobile (Alabama) ;
- Fairfield (groupe Bethlehem Shipbuilding) à Baltimore (Maryland) ;
- Delta Shipbuilding Company à New Orleans (Louisiane) ;
- J.A. Jones Construction Company à Brunswick (Géorgie) ;
- J.A. Jones Construction Company à Panama City (Floride) ;
- New England Shipbuilding Corporation : chantiers Ouest et Est à South Portland (Maine) ;
- North Carolina Shipbuilding Company (filiale du grand constructeur de navires de guerre Newport News Shipbuilding & Dry Dock, Co.) à Wilmington (Caroline du Nord) ;

- St John's River Shipbuilding Company à Jacksonville (Floride) ;
- Southeastern Shipbuilding Corporation à Savannah (Géorgie) ;
- Todd Houston Shipbuilding Corporation à Houston (Texas) ;
- Walsh-Kaiser Company à Providence (Rhode-Island).
Sur la côte pacifique, on trouve :
- California Shipbuilding Corporation à Los Angeles (Californie) ;
- Oregon Shipbuilding Corporation (Kaiser) à Portland (Oregon) ;
- Permanente Metals Corporation (Kaiser), chantiers nos 1 et 2 à Richmond (Californie) ;
- Kaiser Company Inc. à Vancouver (Washington) ;
- Marinship Corporation à Sausalito (Californie).

en surplus, une fois la paix revenue, inquiète déjà suffisamment les responsables de l'effort de guerre américain pour que la War Shipping Administration publie un article intitulé : « *What shall we do with the ships ?* ». « Que ferons-nous des navires ? ». Involontairement, les Japonais aident à la résolution du problème en empêchant, par le simple fait de leur capitulation le 2 septembre 1945, l'accomplissement de tout le programme « Liberty Ship » qui prévoyait la construction de 3 148 nouveaux navires !

Le « Merchant Ship Sales Act », voté en 1946, autorise d'autre part l'administration américaine à vendre des bateaux aux armateurs américains ou étrangers. Dans ce cadre juridique, la Grande-Bretagne reçoit 106 liberty-ships, la Grèce et l'Italie 100 chacune, la France 75, la Norvège 24 et la Chine 18, tous acquis à un prix très avantageux. Quant à l'U.R.S.S., elle ne restituera pas les 50 qui lui ont été généreusement confiés au titre du prêt-bail... Si les 473 liberty-ships n'encombrent plus les eaux américaines, il en reste encore 2 000 autres. Beaucoup sont récupérés par des armateurs américains. La plupart rejoignent la National Defence Reserve Fleet, créée en 1946. Chaque année, leurs rangs s'éclaircissent sous les coups des démolisseurs. En 1967, près d'un millier ont déjà été détruits de la sorte. 600 sont encore en service. Certains font les beaux jours des armateurs grecs qui doivent le démarrage de leur fortune à ces rafiots mal entretenus qui défrayent la chronique des faits divers maritimes avec des incidents et des naufrages trop fréquents. Après 1965, les naufrages de liberty-ships représentent bon an mal an près de 9 p. 100 du total mondial des pertes en navires.

D'autres liberty-ships ont une fin plus originale. Sabordés sur certains fonds sableux au large des côtes, ils constituent des récifs artificiels propices à l'implantation d'une faune marine. Six de ces cargos sont ainsi coulés au large d'Hampton Roads, de Norfolk, Portsmouth, Newport News et à l'entrée de la baie de Chesapeake (Virginie), trois au large du cap Hatteras (Caroline du Nord), deux au large du port de Brunswick (Géorgie), vingt-neuf dans le golfe du Mexique et un seul sur la côte pacifique, au large de Redondo Beach, près de Los Angeles.

John W. Brown, Jeremiah O'Brien, deux seuls survivants

Au milieu des années 1980, seuls deux liberty-ships demeurent encore intacts : le *John W. Brown,* construit en 1942 par les chantiers Fairfield (groupe Bethlehem) de Baltimore et actuellement basé avec d'autres navires de la flotte de réserve dans la James River (Virginie) ; le *Jeremiah O'Brien* construit par la New England Shipbuilding Corporation à South Portland (Maine) en 1943, aujourd'hui à flot à San Francisco.

Si le *John W. Brown* a survécu, c'est grâce à sa transformation en navire-école stationnaire pour le

affiche promotionnelle de l'Association « Projet Liberty Ship » qui s'occupe de la restauration et de la présentation au public du liberty-ship *John W. Brown,* dernier survivant des cargos de ce type (avec le *Jeremiah O'Brien*) construits sur la côte est des États-Unis pendant la Seconde Guerre mondiale.

compte du New York City Board of Education, en novembre 1945. Amarré 23rd Street, dans l'East River (port de New York), il est régulièrement entretenu, aussi son état reste-t-il excellent. En 1970, le vieux cargo perd son statut de navire-école, supplanté par un victory-ship, le *Twin Falls Victory,* rebaptisé *John W. Brown II.*

En mai 1978, la National Maritime Historical Society s'intéresse au *John W. Brown* et lance le projet « Liberty Ship » pour le sauver de la destruction. Mais le New York City Board of Education refuse de s'en séparer, et confie sa préservation à une nouvelle organisation spécialement formée pour cette mission : le *John W. Brown* Preservation Project. Le 29 juillet 1983, ce vétéran de la Seconde Guerre mondiale, qui a notamment, participé aux débarquements de Sicile, Salerne et Anzio, est remorqué dans la zone de mouillage des bateaux de la flotte de réserve, dans la rivière James, où il va, ensuite, être transformé en musée.

Le *Jeremiah O'Brien* est, lui aussi, passé par maintes péripéties avant d'échapper définitivement à la démolition. Avant de trouver asile à San Francisco il est resté à l'ancre pendant 33 ans et 8 mois dans les eaux boueuses de Suisun Bay. En 1966, Thomas J. Patterson, directeur de la région ouest de l'Administration maritime américaine, envisage la création d'un Liberty Ship Memorial Museum. Approuvé par le MARAD (successeur de la Commission maritime américaine), il fait adopter des mesures conservatoires en faveur du *Jeremiah O'Brien.* Cependant il ne peut aller plus loin, car l'opinion publique américaine reste indifférente au sort de ce genre de navire.

Dix ans plus tard, on envisage de mettre le *Jeremiah O'Brien* en cale sèche devant le Maritime Museum de

Lancement, le 19 juin 1943, du liberty-ship *Jeremiah O'Brien* au chantier ouest de la New England Shipbuilding Corporation (groupe Todd-Bath Iron Works Shipbuilding Corporation) à South Portland (Maine, côte est des États-Unis). Les deux chantiers est et ouest du groupe Todd-Bath Iron Works établis à South Portland ont construit respectivement 125 et 111 liberty-ships en 1941 et 1942.

San Francisco. Mais la place manque, il faut y renoncer. Le vieux bateau semble promis au marteau et au chalumeau des démolisseurs. Heureusement, aucun acheteur ne se déclare.

Une évolution favorable se dessine enfin en 1978, avec la fondation du National Liberty Ship Memorial Inc., association à but non lucratif qui s'est fixé pour objectifs la restauration, la préservation et la présentation au public du vieux cargo. La même année, voit le *Jeremiah O'Brien* classé « monument national ». Désormais, il figure comme objet historique sur le registre du National Trust for Historic Preservation, qui dégage aussitôt 10 000 dollars pour que commence sa restauration.

Une opération de sauvetage exemplaire

Les travaux débutent en juin 1979 dans des conditions difficiles, car le *Jeremiah O'Brien* est mouillé à plus d'un mille du rivage, sans eau à bord pour le nettoyage, sans électricité ni téléphone. Il faut d'abord enlever la couche de paraffine qui recouvre tout le pont supérieur et les superstructures. Cela prend plusieurs semaines.

En août de la même année, le Department of the Interior (Maritime Preservation Fund), l'État de Californie et le National Trust for Historic Preservation allouent 500 000 dollars pour continuer les travaux de restauration du cargo.

Le 4 octobre suivant, le chef mécanicien et son équipe de volontaires réussissent un exploit remarquable : ils envoient la vapeur et parviennent à faire redémarrer le moteur qui n'a plus fonctionné depuis la mise en réserve du bateau quelque 33 ans et 8 mois auparavant. Le surlendemain, à 11 h 15, le *Jeremiah O'Brien* appareille par ses propres moyens avec 503 personnages à bord (équipage et hôtes).

Le 21 mai 1980, le *Jeremiah O'Brien* quitte son chantier pour rejoindre son poste d'amarrage permanent dans le port de San Francisco, quai n° 3 East, Fort Mason Center, dans le Golden Gate National Recreation Area, non loin du Maritime Museum. Les travaux de réhabilitation se poursuivent toujours. Toutes les machines, les équipements sont en ordre de marche – y compris les canons dont l'approvisionnement en obus n'est, en revanche, pas prévu... Dans l'entrepont sont exposés des photographies, différents documents et objets se rapportant à l'histoire de la marine marchande et des compagnies maritimes, des académies maritimes, de la construction navale des États-Unis. Tout est mis en place pour faire revivre l'épopée des liberty-ships.

L'entrepont n° 5 abrite un atelier de menuiserie et de mécanique, tandis que le n° 2 est aménagé en salle polyvalente pour écoles, réunions, spectacles, réceptions, projections de films et conférences. Des spectacles et exposés se tiennent aussi sur le plancher en bois qui recouvre les panneaux des cales.

Deux fois par an, en mai, le *Jeremiah O'Brien* emmène ses visiteurs se promener dans la baie de San Francisco. Presque tous les week-ends, sa machine est remise en route, le bateau restant à quai. L'animation, l'administration sont assurées par des volontaires. Des milliers de curieux l'ont déjà visité.

Mais les deux liberty-ships survivants ne sont pas les seuls cargos a avoir été ainsi préservés et ouverts au public. Toujours aux États-Unis, à Patriot Point, port de Charleston, on trouve le *Savannah* (22 000 t, mis à flot en 1958), premier navire marchand à propulsion nucléaire construit dans le monde. À Sault Sainte-Marie, à côté des écluses du canal Welland (Michigan), il y a le minéralier des Grands Lacs (*Valley Camp*, 7 038 t, construit en 1917). À San Francisco, le Maritime Museum conserve le *Wapama* (951 t, construit en 1905). En Norvège, à Oslo, on peut faire des excursions à bord du *Børøysund* (179 t, 1905), propriété du Norwegian Veteranskibsklub. Au Japon, le *Soya* (2 736 t, construit en 1938), converti en ravitailleur de bateaux-phares et navire de recherche antarctique, appartient au Museum of Maritime Science de Tokyo. En R.D.A., il y a le cargo *Traditionschiff*, construit en 1958 (10 000 t).

LES NAVIRES DE GUERRE DE LA FIN DU XIXᵉ ET DU XXᵉ SIÈCLE

Un nombre considérable de navires de guerre de tous types sont sortis des chantiers navals pendant les deux guerres mondiales. De 1939 à 1945, les États-Unis ont assemblé, à eux seuls, plus de 8 000 navires de combat et auxiliaires ainsi que plus de 56 000 bateaux de débarquement de toutes tailles, depuis les petits chalands Higgins d'une quinzaine de tonnes embarqués sur les transports jusqu'aux LSD (Landing Ship Dock) de plus de 8 000 tonnes à pleine charge en passant par les barges de plus de 100, 200 et 300 tonnes et les LST (Landing Ship Tank), de plus de 4 000 tonnes. Simultanément, les chantiers britanniques, canadiens et australiens en sortaient des milliers d'autres pour le compte des alliés. Tandis que leurs rivaux italiens, allemands et japonais se montraient également très actifs, mais beaucoup moins productifs,

handicapés qu'ils étaient par les bombardements aériens, le manque de matières premières et de main-d'œuvre.

Aujourd'hui, un certain nombre de ces cuirassés, croiseurs, porte-avions, destroyers et escorteurs, sous-marins et navires de débarquement datant de la Seconde Guerre mondiale ont été préservés et transformés en musées flottants. Mais c'est aux États-Unis que ce phénomène a pris la plus grande ampleur. Pour deux raisons : parce qu'ils pouvaient facilement puiser dans l'énorme flotte de réserve qu'ils avaient constituée à la fin des hostilités et qui compte encore plusieurs centaines d'unités de tous types ; et parce que, plus qu'aucune autre nation maritime, les États-Unis avaient compris l'énorme pouvoir d'attraction qu'exercent sur le public de tout âge ces mastodontes d'acier hérissés d'armes, de superstructures et d'antennes.

Le cuirassé américain *Iowa,* lors d'une escale à Marseille le 20 novembre 1987. Le document montre les deux tourelles triples de 406 mm montées sur la plage avant. Le *Iowa* a été remis en service par l'US Navy (en avril 1984), comme le *New Jersey,* le *Missouri* et le *Wisconsin,* du même type.

Le cuirassé allemand *Bismarck* partant à la rencontre de son tragique destin, le 21 mai 1941. Repéré et signalé par la Résistance norvégienne dès sa sortie du fjord de Trondheim, l'orgueil de la Kriegsmarine allait être traqué sans relâche par la Royal Navy jusqu'à sa destruction, le 27 mai 1941. Quoique largement inspiré dans sa conception du cuirassé *Baden,* de 1915, le *Bismarck* disposait néanmoins des derniers perfectionnements de la technologie navale disponibles en 1941. Très large, bien protégé, il pouvait théoriquement survivre aux coups les plus forts, mais présentait cependant certaines faiblesses (le gouvernail en particulier), qui, ajoutées aux imprudentes indiscrétions radio de son commandant (l'amiral Lutjens), allaient lui être fatales.

Les cuirassés, premiers « capital ships » du XXᵉ siècle

Après l'apparition, entre 1855 et 1860, de la frégate cuirassée française *Gloire* et de son rival britannique *Warrior,* l'évolution des cuirassés a été très rapide. Mais il faudra attendre la mise en service du dreadnought anglais, en 1906, pour voir les principales puissances maritimes renoncer en quelques années à l'éventail de gros calibres qui se trouvait à bord de leurs navires de ligne, pour n'en conserver qu'un seul modèle.

On sait ce qu'il est advenu de ces « citadelles flottantes » pendant le premier conflit mondial : la plupart sont restées inactives, derrière leurs filets anti-torpilles.

Le conflit terminé, et malgré les enseignements qu'on pouvait en tirer, les cuirassés continuèrent d'être considérés comme les « capital ships ». Mais leurs rangs subirent des coupes sombres du fait des traités de désarmement naval de Washington (6 février 1922) et de Londres (1930), qui limitaient la course aux armements et entraînèrent la démolition de plusieurs dizaines d'unités.

Dénonciation, *de facto,* de ces traités, la mise en service, en avril 1933, du cuirassé de poche allemand *Deutschland,* déclenche une nouvelle course aux armements navals. Les principales puissances navales mettent alors en chantier de nouveaux navires de ligne dont le tonnage, limité théoriquement à 35 000 tonnes par les accords de Washington, dépasse en fait les 40 000 tonnes.

Ces navires – comme d'ailleurs ceux qui datent encore de la Première Guerre mondiale – auront une vie opérationnelle beaucoup plus intense au cours du second conflit mondial. Ce sera surtout le cas pour les unités britanniques et américaines, car les cuirassés japonais, allemands et italiens vont très vite subir la loi de l'aviation alliée. Mais, très complexes et très longs à construire, et donc très coûteux, les navires de ligne s'avèrent peu rentables et sont bientôt détrônés par les porte-avions. Les super-cuirassés japonais *Musashi* et *Yamato,* plus grands navires du monde en 1942 avec leurs 72 800 tonnes et leurs neuf pièces de 457 mm, se sont révélés de monstrueuses absurdités. Tous deux ont succombé sous les coups de l'aviation américaine : le *Musashi* pendant la bataille de Leyte, le 24 octobre 1944, après avoir encaissé la bagatelle de 17 bombes et 20 torpilles ; le *Yamato* pendant les opérations d'Okinawa, le 6 avril 1945. La plupart des autres navires de ligne japonais et les *Scharnhorst, Bismarck* et *Tirpitz* allemands connurent un sort également tragique.

À la fin des hostilités, la plupart des navires de ligne survivants, considérés comme dépassés, ont été envoyés à la ferraille ou mis en réserve. En 1945 et jusqu'à une date récente, les experts estimaient que leur temps était définitivement révolu. Pourtant, les canons de 406 mm du cuirassé américain *New Jersey* ont prouvé une fois de plus leur terrible efficacité contre des cibles terrestres au Viêt-nam. Depuis, on s'est rendu compte que les navires de guerre actuels, bourrés d'électronique, étaient insuffisamment armés en missiles et en artillerie conventionnelle.

Aujourd'hui, seuls le Japon et les États-Unis ont transformé en musées des cuirassés du XXᵉ siècle. À Yokosuka, le public peut visiter le *Mikasa,* navire amiral de Togo à la bataille de Tsushima. Construit en 1900 par les chantiers Vickers-Armstrong d'Elswick, c'est le plus ancien navire de ligne encore visible, après le *Warrior.*

Aux États-Unis, on peut voir le *Texas* (1911-1912), seul « superdreadnought » survivant dans le monde,

Le cuirassé britannique *Dreadnought,* conçu selon les spécifications de l'amiral sir John Fisher, Premier lord de l'Amirauté en 1907, marquait une révolution navale radicale, avec son artillerie principale réduite à un seul calibre – 10 pièces de 305 mm, en cinq tourelles doubles – et sa vitesse de 21 nœuds. Il déplaçait 17 900 t et sa construction fut très rapidement menée à l'arsenal de Portsmouth, qui le termina en 1906, un an après sa mise sur cale. Ce navire de ligne, suivi de beaucoup d'autres du même type, allait rendre périmés tous les cuirassés construits auparavant.

mouillé à San Jacinto, (Houston Texas) ; l'*Alabama* à Mobile (Alabama) et le *Massachusetts* à Fall River (Massachusetts), tous deux de la classe « South Dakota », qui ont été mis en service en 1942-1943 ; ainsi que le *North Carolina,* amarré à Wilmington (Caroline du Nord).

Les croiseurs, dauphins des cuirassés

Plus petits, moins puissamment armés, mais plus rapides que les cuirassés, les croiseurs étaient très répandus dans les escadres où ils servaient à des tâches aussi diverses que l'éclairage d'une flotte, la défense des colonies, la guerre de course, l'escorte des navires de ligne et des porte-avions ou le bombardement d'objectifs terrestres.

Moins coûteuses que les cuirassés, et donc plus facilement risquables, les unités de ces différentes catégories en service pendant les deux guerres mondiales ont connu une vie opérationnelle intense et en ont payé le prix par des pertes assez élevées.

En 1939, il n'existait plus guère que des croiseurs légers (moins de 10 000 t ; artillerie principale limitée au 152 mm ou, plus rarement, au 155 mm) ou lourds (plus de 10 000 t ; calibre 203 mm). Quelques croiseurs-mouilleurs de mines rapides constituaient une sous-classe. Une quatrième catégorie allait s'ajouter pendant le conflit : les croiseurs antiaériens, utilisés essentiellement par la Royal Navy, les marines du Commonwealth et l'US Navy.

L'épave du cuirassé *Bismarck* retrouvée

En juin 1989, le docteur Robert D. Ballard, qui avait découvert et exploré l'épave du *Titanic* trois ans plus tôt, divulguait les premières photographies de l'épave du cuirassé allemand *Bismarck.*

Les photographies ont été prises par le robot submersible américain ARGO, à 36 m au-dessus de l'épave qui repose par 4 600 m de fond, à 970 km au large de Brest. D'après Robert D. Ballard, la coque est dans un état de conservation remarquable, bien qu'elle soit éventrée sur presque toute sa longueur et que les quatre tourelles de 381 mm soient sorties de leur logement, probablement sous l'effet de la pression de l'eau. Mais la structure est, pour l'essentiel, intacte. Les ponts ont conservé leur plancher en bois et on voit encore nettement des pièces de D.C.A. avec leurs canons de 105 mm.

Selon une hypothèse avancée par le docteur Ballard et jusqu'à présent réfutée par l'historiographie officielle britannique, le *Bismarck* aurait été sabordé par son équipage. C'est ce qu'ont toujours affirmé les quelques survivants recueillis par les Anglais après la disparition du géant. Mais, qu'il ait été ou non directement coulé par les Britanniques, il est sûr que le géant de la Kriegsmarine était condamné, encerclé qu'il était par des forces numériquement supérieures, à l'issue d'une course-poursuite dramatique, entre le 21 et le 27 mai 1941. Lors de sa mise en service début 1941, le *Bismarck,* construit par les grands chantiers Blohm-und-Voss de Hambourg, était le plus grand navire de guerre du monde. Pour

quelques mois seulement. Il allait être dépassé en dimensions et en armement par les super-cuirassés japonais *Yamato* et *Musashi,* puis, deux ans et quelques mois plus tard, par les quatre navires de lignes américains de la classe « Iowa ».

Lancé le 14 février 1939, livré le 24 août 1940, le *Bismarck* déplace 41 700 tonnes à pleine charge, mesure 245 m de long et 36 m de large, porte huit canons de 381 mm, 12 de 150 mm, 16 de D.C.A. de 105 mm, 16 de 37 mm et 12 de 20 mm antiaériens. Il atteint 29 nœuds grâce à ses turbines qui développent une puissance de 138 000 chevaux-vapeur.

On sait la suite... Parti de Gdynia avec le croiseur lourd *Prinz Eugen* le 18 mai 1941, il affronte trois jours plus tard les navires de ligne anglais *Prince of Wales* et *Hood.* Ce dernier, touché à plusieurs reprises par les deux bateaux allemands, explose et coule en trois minutes, entraînant dans la mort 1 418 marins et l'amiral Holland. Il n'y a que trois survivants. Sa protection a été remarquablement étudiée.

Suivi à la trace par plusieurs croiseurs anglais, repéré et attaqué par des appareils du porte-avions anglais *Victorious,* qui endommagent son gouvernail et une de ses citernes à mazout, le *Bismarck,* accablé par trois navires de ligne, deux porte-avions et plusieurs autres grosses unités de la Royal Navy, coule finalement le 27 mai 1941 avec 2 050 marins et l'amiral Lütjens. Il n'y aura que 115 rescapés.

Le croiseur lourd *Belfast*

Le croiseur lourd *Belfast* appartient à une série de 10 unités : la classe « Town » ou « Southampton ». Les deux premiers exemplaires, *Newcastle* et *Southampton*, ont été commandés en 1933, suivis des *Birmingham*, *Glasgow* et *Sheffield* en 1934, *Manchester*, *Liverpool* et *Gloucester* en 1935, enfin des *Belfast* et *Edimburgh* en 1936.

Tous se sont distingués brillamment pendant la Seconde Guerre mondiale et en ont payé le prix, puisque le *Southampton* et le *Gloucester* ont été coulés en 1941», et l'*Edimburgh* et le *Manchester* en 1942. Tous les autres ont subi des dommages plus ou moins graves. Mis sur cale le 10 décembre 1936 aux grands chantiers Herland & Wolff de Belfast, le *Belfast* a été lancé le 17 mars 1938 et terminé le 3 août 1939. Long de 186,99 m, large de 20,12 m, pour un tirant d'eau de 6,80 m, il déplace 13 175 tonnes à pleine charge. Son artillerie principale est groupée en quatre tourelles triples de 203 mm ; sa vitesse est de 32 nœuds avec 80 000 chevaux-vapeur. Appartenant à la Home Fleet au moment de l'éclatement des hostilités, le *Belfast* est gravement endommagé par une mine magnétique qui explose sous la chambre des chaudières A, le 21 novembre 1939. Grâce à l'acharnement de ses équipes de sécurité, il parvient péniblement à rentrer à sa base. La guerre est interrompue pour lui jusqu'à la fin de 1942, date à laquelle il rallie enfin Scapa Flow (la grande base navale des îles Orcades, au nord des îles Britanniques),

après des réparations et une modernisation considérables. En décembre 1943, il joue un rôle déterminant dans la destruction du croiseur de bataille allemand *Scharnhorst* pendant la bataille du cap Nord. Puis il participe jusqu'en avril 1944 aux convois de Mourmansk. Après une nouvelle et courte refonte, il tire sur les batteries allemandes pendant le débarquement de Normandie en juin 1944.

Il utilise encore ses canons de 203 mm pendant la guerre de Corée, puis l'heure de sa retraite sonne au début des années 60. Comme tous ses sister-ships survivants, il semble voué à la démolition. Mais l'Imperial War Museum de Londres s'intéresse à lui dès 1967 et le sauve, en 1971, en le prenant en charge dans le cadre du *Belfast Trust*. Transformé en musée flottant, amarré près du Tower Bridge sur la Tamise, il est ouvert au public le 21 octobre de la même année. Le *Belfast* est le premier navire de guerre britannique préservé pour la nation depuis le *Victory*.

Le public peut visiter sa passerelle de navigation et de commandement, les mess des officiers et de l'équipage, la salle des machines et des chaudières, les « fers » (cellules de punition à fond de cale), deux tourelles de 203 mm et les pièces de D.C.A. À l'intérieur sont présentés des documents ayant trait au débarquement de Normandie, à la guerre des mines et à l'artillerie navale.

Parmi les centaines de croiseurs construits dans le monde entre 1890 et 1945, il n'en reste que sept préservés à flot. Le plus ancien de tous est l'*Olympia*, livré à l'US Navy en 1892, et ouvert au public à Penns's Landing (Philadelphie, Pennsylvanie). Ce croiseur cuirassé a été navire amiral de la flotte américaine à la bataille de Manille en 1898 contre les Espagnols, avant de participer à l'escorte des convois dans l'Atlantique nord, en 1917 et 1918, et d'être désarmé en 1922.

L'*Aurora*, à Leningrad, a une toute autre signification historique : son rôle politique est considérable, puisque ses gros canons ont assuré le succès de la révolution bolchevique en tirant sur le palais d'Hiver, en octobre 1917, mettant ainsi fin aux espoirs du gouvernement provisoire de Kerenski de se maintenir au pouvoir. C'est l'une des rares unités de la marine

impériale russe qui ait été épargnée par la guerre russo-japonaise (février 1904-septembre 1905).

Le petit croiseur *Caroline* (3 750 t), mis en service en 1914 et maintenu en réserve, encore aujourd'hui, par la Royal Navy à Belfast, présente lui aussi un intérêt historique considérable : c'est le dernier survivant de tous les protagonistes qui s'affrontèrent pendant la bataille du Jütland.

Le *Giorgios Averoff*, amarré dans le port du Pirée, est le plus grand des croiseurs du début du siècle encore à flot. Déplaçant 10 000 tonnes, il est en parfait état et présente la particularité d'avoir participé à la fois aux guerres gréco-turques de 1912-1913 et aux deux conflits mondiaux.

Quoique inaccessible au public, le *O'Higgins*, ancré à Talcahuano (Chili), a une grande valeur historique, car c'est l'ancien croiseur léger américain *Brooklyn*, achevé en 1936 par l'arsenal de New York, et qui s'est distingué pendant les débarquements alliés en Afrique du Nord (novembre 1942), en Sicile, à Salerne et à Anzio (1943-1944), puis en Normandie.

Le *Belfast*, mouillé sur la Tamise, possède lui aussi de brillants états de service. En revanche, le *Little Rock*, à Buffalo, est plus récent (1945) : ce fut le premier croiseur lance-missiles de l'US Navy.

L'entrée en jeu des porte-avions

Apparus pendant la Première Guerre mondiale, les porte-avions ont dû attendre la Seconde Guerre mondiale pour se hisser au premier rang dans la hiérarchie navale. En 1939, ils n'étaient encore que les brillants seconds des cuirassés qu'ils devaient protéger. Moins d'un an plus tard, ce rôle était inversé. Il a fallu quelques actions d'éclat pour aboutir à ce résultat que bien peu de stratèges militaires escomptaient au début des hostilités. Dans la nuit du 11 au 12 novembre 1941, les antiques biplans de bombardement Fairey Sworfish du porte-avions *Illustrious*, réussissaient à mettre hors de combat pour de longs mois les cuirassés italiens *Cavour*, *Caio*

Le croiseur russe *Aurora*, à son appontement de Kronstadt. Épargné par la guerre russo-japonaise (1904-1905), à laquelle il n'avait pas participé, le navire provoqua la débâcle du gouvernement de Kerenski en tirant sur le palais d'Hiver, à Pétrograd, en octobre 1917, contribuant ainsi à la victoire des bolcheviques. Transformé en monument national, il reçoit chaque année des centaines de milliers de visiteurs.

Diulio et *Littorio,* qui se trouvaient dans la rade de Tarente. En mars 1941, le porte-avions *Formidable* et ses appareils prenaient une part prépondérante à la défaite italienne du cap Matapan en endommageant le cuirassé *Vittorio Veneto.* En mai 1941, les porte-avions anglais *Victorious* et *Formidable* participaient activement à la destruction du *Bismarck.*

Mais c'est dans le Pacifique que les porte-avions, et avec eux la guerre aéronavale, allaient acquérir leurs lettres de noblesse. Les Japonais frappent les premiers coups à Pearl Harbor (7 décembre 1941) et, surtout, au large de Singapour où leurs avions envoient par le fond les navires de ligne anglais *Repulse* et *Prince of Wales* (9 décembre 1941).

Puis, dès le 8 mai 1942, l'équilibre entre les deux adversaires se rétablit à l'issue de la bataille de la mer de Corail. La balance penche même bientôt du côté américain avec la cuisante défaite infligée pendant la bataille de Midway à la marine impériale japonaise, qui perd quatre porte-avions et des pilotes très expérimentés, irremplaçables avant longtemps (3-6 juin 1942).

En septembre, l'US Navy aligne plus de 100 porte-avions dont 17 lourds de la classe « Essex » (7 autres entreront en service après la guerre). Les porte-avions « Essex » déplacent plus de 30 000 tonnes à pleine charge et mesurent un peu plus de 270 m de long et 30 m de large, pour un tirant d'eau supérieur à 9 m. Ils peuvent transporter jusqu'à 100 appareils. Malgré le faible blindage de leur pont, ils résistent d'une façon étonnante aux coups les plus durs.

Très bien conçues, les unités de la classe « Essex » ont accompli encore de longues années de service après 1945 et se sont même révélées capables – après refonte – de mettre en œuvre des avions à réaction. Les dernières n'ont été mises à la retraite qu'à la fin des années 70. Deux d'entre elles, l'*Intrepid* et le *Yorktown II,* ont été transformées en musées flottants. Livrés en 1943 par les chantiers navals de Newport News (Virginie), ces deux porte-avions ont accompli une brillante carrière dans le Pacifique. L'*Intrepid* a détruit, seul ou en coopération, près de 650 avions et 289 navires japonais (parmi lesquels les cuirassés géants *Musashi* et *Yamato,* en collaboration avec le *Yorktown II* et d'autres porte-avions américains). Doté d'une piste oblique et profondément modifié entre 1956 et 1958, l'*Intrepid* a eu deux fois l'occasion de récupérer des astronautes de missions spatiales américaines : Scott Carpenter et sa capsule Mercury, Aurora 7, le 24 mai 1962, ainsi que Virgil Grissom et John Young avec leur capsule Gemini, trois ans plus tard. Après avoir servi au Viêt-nam entre 1966 et 1968, ce glorieux vétéran du Pacifique est désarmé à son retour aux États-Unis. La démolition l'attend. Mais il est sauvé, en 1980, grâce aux efforts de l'Intrepid Museum Foundation qui en fait le second porte-avions-musée dans le monde, après le *Yorktown II.* Le 13 juin 1982, l'*Intrepid* quitte le port de Bayonne (New Jersey) où il était désarmé, pour rejoindre son port d'attache définitif : New York, 919 Third Avenue, quai 86. Plusieurs avions sont parqués sur son pont d'envol.

Le porte-avions américain *Intrepid,* de la classe « Essex », photographié à New York lors de son arrivée le 13 juin 1982, à l'issue de son dernier voyage, qui précéda sa transformation en musée flottant. Héros du Pacifique, l'*Intrepid* participa notamment aux opérations de Kwajalein, Truk, Palau, à la bataille du golfe de Leyte et à divers raids aéronavals. Il fut deux fois endommagé par des avions-suicide japonais : au large de Luçon (Philippines), le 25 novembre 1944, et au cours du débarquement d'Okinawa, le 16 avril 1945.

construction commencée en tant que croiseur léger et terminée comme porte-avions léger. Il a participé à quelques-unes des plus grandes batailles du Pacifique. Acheté après la guerre par la marine espagnole qui l'a rebaptisé *Dedalo,* il a rejoint sa patrie vers 1980, après une longue carrière sous le pavillon ibérique.

Aujourd'hui, la marine américaine aligne encore 15 porte-avions qui sont les plus grands navires de guerre du monde, en particulier les cinq *Nimitz* à propulsion nucléaire qui dépassent 92 000 tonnes à pleine charge. Aucune autre marine n'en possède autant. La France garde toujours en ligne le *Foch* et le *Clemenceau,* bien qu'ils soient assez âgés, jusqu'à l'entrée en service du *Charles-de-Gaulle,* à propulsion nucléaire, à la fin de ce siècle. La Grande-Bretagne arme trois porte-aéronefs de la classe « Invincible ». Mais ce ne sont pas de véritables porte-avions car ils ne peuvent utiliser que des avions à décollage et atterrissage courts, ainsi que des hélicoptères. Quoique deux fois plus gros que les porte-aéronefs britanniques, les quatre porte-aéronefs soviétiques de la classe « Kiev » ont une capacité offensive inférieure à celle des porte-avions américains. Il a fallu attendre le début des années 1990 pour voir la marine soviétique recevoir enfin le *Tbilissi,* son premier véritable porte-avions, comparable aux unités américaines de la classe « Forrestal ».

Destroyers et escorteurs, de nombreuses flottilles

Nés sous la forme de frêles canots porte-torpilles automobiles dans les années 1860-1865, engagés en opération pour la première fois pendant la guerre de Sécession, les torpilleurs ont d'abord été considérés avec une certaine condescendance par les principales marines du monde. On les tenait pour les « armes des pauvres », tout juste susceptibles d'asséner des coups d'épingle aux cuirassés et aux croiseurs.

Dès 1914, la menace sous-marine révèle le manque critique des marines alliées en destroyers et en escorteurs. De nouvelles unités plus puissantes et plus grandes sont mises d'urgence en chantier. Fin 1918, les torpilleurs et les contre-torpilleurs ont déjà la silhouette et les caratéristiques qu'ils auront à la veille du second conflit mondial. Les V-116 et S-113 allemands de 1918 atteignent 2 300 tonnes et portent quatre canons de 150 mm. Mais, avant 1914, les destroyers britanniques de la classe « Tribal » déplaçaient déjà près de 1 000 tonnes, filaient à 33 nœuds grâce à des turbines et étaient armés de canons de 102 mm.

Les sloops *President* et *Chrysanthemum,* ancrés le long des berges de la Tamise à Londres, sont les seuls escorteurs du programme d'urgence allié subsistant encore de nos jours. Appartenant à la classe « Flower » (1 290 tonnes ; longueur : 80,06 m ; largeur : 10,67 m), ils sont malheureusement dépourvus de leur armement et de leurs équipements d'origine.

Les destroyers et escorteurs construits avant ou pendant le second conflit mondial sont plus nombreux à être préservés. Le Canada en possède deux spécimens

Un aéroport dans le port de New York ? Il s'agit, en fait, du pont d'envol du porte-avions *Intrepid,* amarré sur les bords de l'Hudson, à Manhattan, depuis 1982. Lancé en avril 1943 par les chantiers de Newport News (Virginie), l'*Intrepid* présente aujourd'hui un aspect très différent de celui qu'il avait au moment de la capitulation du Japon, en septembre 1945. Le pont d'envol oblique, l'îlot et l'étrave fermée y contribuent beaucoup.

Le *Yorktown II* a remplacé le *Yorktown I* coulé par les Japonais pendant la bataille de Midway. Intensivement utilisé dans le Pacifique, il a un des palmarès les plus brillants dont puisse se glorifier un navire de guerre américain pendant la Seconde Guerre mondiale : 2 158 avions endommagés ou détruits, 118 navires japonais coulés et 329 autres endommagés par ses seuls avions ou avec l'aide d'autres appareils ! Plusieurs fois modernisé, le *Yorktown II* a suivi le même parcours que l'*Intrepid* : guerre du Viêt-nam, puis désarmement à Bayonne en 1970. Le 8 mai 1975, il est cédé à la Patriot's Point Development Authority au cours d'une cérémonie solennelle au Capitole de Washington. Le 14 juin 1975, il rejoint son poste d'amarrage définitif à Charleston (Caroline du Sud). « Fighting Lady », surnom qui lui a été donné pendant la guerre du Pacifique, reçoit chaque année des centaines de milliers de visiteurs ; le porte-avions est entouré de plusieurs autres navires de guerre également aménagés en musées et du cargo *Savannah,* le premier navire de commerce à propulsion nucléaire construit dans le monde.

Un troisième porte-avions de la Seconde Guerre mondiale vient d'être transformé, lui aussi, en musée flottant : le *Cabot* de la classe « Indépendance » (déplacement : 15 800 t ; longueur : près de 190 m ; largeur : presque 22 m ; tirant d'eau : plus de 7 m ; 40 avions), amarré depuis 1989 à La Nouvelle-Orléans (Louisiane). Comme toutes les unités légères de cette classe livrées à l'US Navy en 1943, le *Cabot* a vu sa très intéressants : la corvette *Sackville* et le destroyer *Haïda*. La corvette *Sackville* est la seule de sa catégorie à avoir été transformée en musée. Elle faisait partie d'une classe de plus de 300 escorteurs du même type construits en Grande-Bretagne, au Canada et en Australie entre 1940 et 1944. Ces navires assez frustes, dérivés d'un chasseur-baleinier conçu avant guerre par les chantiers britanniques Smith-Dock, se sont illustrés dans l'escorte des convois un peu partout dans le monde.

Le *Haïda,* livré en 1941 par les chantiers Vickers-Armstrong de Newcastle upon Tyne, est un magnifique destroyer maintenu dans son état d'origine, armement compris, et que l'on peut voir à Toronto. Un autre destroyer de conception britannique témoigne bien de cette période : le *Cavalier,* construit en 1944, et ancré aujourd'hui dans la marina de Brighton.

Les États-Unis, pour leur part, ont transformé en mémoriaux et musées plusieurs escorteurs et destroyers qui ont servi pendant et après la Seconde Guerre mondiale. Parmi eux, deux cotres de l'US Coast Guard construits en 1934, le *Comanche,* basé à Oakland (Californie) et le *Potomac,* ancré à Patriot's Point, Mount Pleasant (Caroline du Sud).

Les plus intéressants sont les destroyers de la classe « Fletcher » et l'escorteur *Stewart.* Sur les 563 destroyers d'escorte construits aux États-Unis avant 1945, le *Stewart* que l'on peut voir à Galveston (Texas) est le seul à avoir été transformé en musée. Quant à la classe « Fletcher », produite à 176 unités avant la fin des hostilités avec le Japon, il en subsiste plusieurs témoins accessibles au public : le *Cassin Young* (1943) à Charlestown (Boston), le *Kidd* à Baton Rouge (Louisiane), le *Laffey* à Charleston (Caroline du Sud) ou le *Sullivans* à Buffalo (New York).

Au Japon, le destroyer *Wakaba* (ancien *Nashi*) est le seul navire de guerre de l'ancienne marine impé-riale à avoir survécu au dernier conflit mondial. Encore a-t-il été renfloué en 1955, après avoir été coulé le 28 juillet 1945 par des avions américains dans la mer Intérieure.

En France, on peut également voir sur la Loire, à Nantes (quai de la Fosse), l'escorteur d'escadre *Maillé-Brézé* qui faisait partie d'une série de 17 unités construites entre 1955 et 1965.

Une vingtaine de sous-marins transformés en musées

Apparus au cours du dernier quart du XIXe siècle, les sous-marins suscitent un grand intérêt auprès du public. Aux États-Unis, quelque 17 submersibles ont été préservés. Parmi eux, l'U-Boot allemand U-505 capturé par un *task group* anti-sous-marin composé du porte-avions d'escorte *Guadalcanal* et des destroyers d'escorte *Chatelain, Pillsbury, Pope, Flaherty* et *Jenks,* de l'US Navy, le 4 juin 1944, à 150 milles nautiques du Río de Oro. L'U-505 est maintenant exposé sur un terre-plein, devant le Museum of Science & Industry de Chicago.

Excepté le *Nautilus* (livré en septembre 1954) et l'*Albacore* (1953), tous les autres sous-marins transformés en musées aux USA ont été construits pendant la Seconde Guerre mondiale et ont participé aux opérations dans le Pacifique. Les sous-marins américains ont en effet très largement contribué à la défaite du Japon. Entre décembre 1941 et septembre 1945, ils ont coulé 1 113 navires de commerce japonais de plus de 500 tonnes et 65 probables, représentant 5 320 094 tonnes de jauge brute, ainsi que 201 unités de guerre et 13 probables, soit quelque 577 626 tonnes.

Le destroyer américain DD-724 *Laffey,* photographié en opération dans le Pacifique en 1944. Ce destroyer, faisant partie de la classe « Allen M. Summer » (2 200 t, 36,5 nœuds, 6 canons de 127 mm, 12 de 40 mm), fut lancé le 21 novembre 1943 par les chantiers Bath Iron Works de Bath (Maine, côte est des États-Unis). Il participa intensivement aux opérations du Pacifique (1944-1945) et survécut miraculeusement à l'impact de six avions-suicide japonais, le 16 avril 1945, lors du débarquement d'Okinawa. Remis en service après de très longues réparations, il est aujourd'hui préservé à flot à Charleston (Caroline du Sud).

Le sous-marin nucléaire américain *Nautilus* naviguant en surface. De 1952 à 1957, le premier navire du monde mû par un réacteur atomique parcourut 62 562 milles avec le cœur d'origine. Le deuxième cœur lui a fait parcourir 91 324 milles et le troisième, environ 150 000 milles.

L'*Albacore* est un sous-marin sur lequel ont été expérimentées un certain nombre de conceptions nouvelles dont allaient profiter les nouveaux sous-marins à propulsion nucléaire. Sa caractéristique la plus remarquable réside dans sa coque en forme de goutte d'eau, très hydrodynamique. Construit en 1953 à l'arsenal de Portsmouth (Maine), l'*Albacore* a été transformé en musée à flot, à l'endroit où il est né.

Le *Nautilus* marque une véritable révolution dans l'architecture navale avec ses formes de coque nouvelles et sa propulsion par réacteur nucléaire – la première à être montée sur un bateau dans le monde. Mis sur cale en 1951, livré à l'US Navy le 30 septembre 1954, le *Nautilus* a été construit par les célèbres chantiers Electric Boat de Groton dans le Connecticut, devenus depuis une filiale du groupe General Dynamics. C'est, d'ailleurs, de ces chantiers fondés par le pionnier des sous-marins John Philip Holland, en 1899, que sont sortis la majorité des submersibles assemblés et conçus aux États-Unis jusqu'à nos jours.

D'autres pays ont transformé des sous-marins en musées. C'est le cas de l'Allemagne qui en conserve deux, fabriqués pendant la Seconde Guerre mondiale. Le U-995, exposé au musée maritime de Laboe (faubourg de Kiel), est revenu en Allemagne après avoir servi dans la marine norvégienne. L'U-2540 (appelé aujourd'hui *Wilhelm Bauer*) est le seul exemplaire d'U-Boot type XXI préservé dans le monde. Cette classe de submersible, révolutionnaire pour l'époque, a conservé son avance pendant plusieurs décennies grâce à sa capacité de plongée profonde (plus de 300 m) et de longue durée (plus de 24 h au lieu de 3 à 4 h pour les sous-marins classiques). L'U-2540 est la propriété du Schiffahrtsmu-seum de Bremerhaven. Ce musée possède, en outre, un très rare spécimen de sous-marin de poche du type « Seehund » (24 t ; 2 à 3 hommes d'équipage), fabriqué en Allemagne.

La Grande-Bretagne a préservé trois sous-marins, que le public peut voir au Submarine Museum de Gosport, près de Portsmouth. Le *Holland I,* lancé le 2 octobre 1901 par les chantiers Vickers Sons & Maxim de Barrow-in-Furness (côte nord-ouest de l'Angleterre), est le plus ancien sous-marin conservé dans le monde. Il a été sauvé en 1982. Les deux autres sont un sous-marin de poche du type X en service pendant le second conflit mondial et l'*Alliance,* mais en service après 1945 et mis à la retraite seulement en 1973.

La France conserve pour l'instant trois submersibles : l'*Alose,* l'*Espadon* et l'*Argonaute.* L'*Alose* est le plus ancien. Construit par l'ingénieur Romazotti, il mesure 23 m de long, 2 m de large et pèse 60 tonnes. Livré en 1905, il appartenait à une classe d'unités appelées « Naïades », mais surnommées avec dédain, à cause de leurs médiocres qualités, les « noyades » ou les « fritures ». Découvert le 26 octobre 1975 par le docteur Joncheray, il gisait à 35 mètres de profondeur au large de la base aéronavale de Saint-Raphaël. Renfloué le 10 mai 1977 par la société de travaux maritimes Comex, cet ancêtre des submersibles repose aujourd'hui à Toulon. L'*Espadon,* propriété de l'écomusée de Saint-Nazaire, est un sous-marin à propulsion diesel-électrique de 1 900 tonnes en plongée, long de 77,80 m, large de 7,82 m et qui fut en activité entre 1958 et 1985. L'*Argonaute,* de la classe « Daphné », a été acquis par la Cité des sciences et de l'industrie de la Villette en 1989.

MUSÉES DE BATEAUX ET BATEAUX-MUSÉES

En 1988, l'International Congress of Maritime Museums (ICMM), qui dépend de l'Unesco, groupait déjà 261 musées maritimes dans trente pays. Depuis cette date, d'autres musées à vocation maritime se sont créés ou sont en voie de constitution dans le monde. Mais la grande majorité d'entre eux est située en Europe et en Amérique du Nord. L'Australie et le Japon sont des terres d'élection récentes pour ce genre d'institution. Quant aux pays en voie de développement, il leur faudrait accomplir un gros effort pour se doter de musées maritimes, s'ils ne veulent pas voir leur patrimoine maritime disparaître presque totalement.

En fait, même dans les pays développés, la protection et la mise en valeur de l'immense héritage maritime encore accessible constitue un phénomène récent. L'ICMM n'a été fondé qu'en 1972, à l'initiative de Waldo Johnston du Mystic Seaport Museum aux États-Unis, et de Basil Greenhill, historien maritime de renommée mondiale, conservateur du National Maritime Museum de Greenwich près de Londres.

Depuis, l'ICMM tient chaque année, dans un pays différent, un congrès qui réunit ses représentants et qui publie un annuaire qui fait le point sur l'actualité en ce domaine. Mais l'étiquette « musée maritime » recouvre des réalités très différentes qui vont de la

Mystic Seaport n'est pas un musée comme les autres. Les visiteurs y sont plongés dans l'ambiance maritime qui caractérisait le XIXe siècle, tout en profitant des loisirs nautiques offerts par notre époque.

présentation courante de marines, maquettes, instruments de navigation, plans et cartes jusqu'au bateau historique encore à flot, en passant par l'exposition d'épaves, d'embarcations traditionnelles ou de répliques de bateaux célèbres. Les musées sélectionnés dans le cadre de ce livre sont ceux qui permettent de voir en grandeur nature des bateaux témoins de leur époque, qu'il s'agisse d'épaves récupérées au fond de la mer, de bateaux sauvegardés ou de répliques d'embarcations anciennes, ainsi que quelques musées plus classiques, des musées de la pêche et des arsenaux.

Mystic Seaport, le musée maritime le plus vivant du monde

L'écusson du Mystic Seaport Museum.

Les États-Unis sont une pépinière de musées maritimes. En 1990, ils en possèdent déjà plus de 160, musées à terre ou bateaux-musées à flot. Mais le plus vaste, le plus animé, celui où on peut retrouver grandeur nature la vie d'un port de pêche du XIXᵉ siècle, c'est le Mystic Seaport Museum (Nouvelle-Angleterre), le musée maritime le plus vivant du monde.

C'est ce passé que les fondateurs du Mystic Seaport Museum ont voulu ressusciter ou préserver. Tout commence en 1929 avec la fondation de la Marine Historical Association par Charles K. Stillman, Edward E. Bradley et Carl C. Cutler. Les débuts sont modestes, et les collections, embryonnaires, doivent attendre septembre 1931 pour être mises en place dans l'ancien atelier des machines de la Mystic Manufacturing Co, où se trouve, aujourd'hui, la magnifique collection de figures de proue de navires.

Et, à partir de 1942, Mystic s'engage dans une voie qui fait toujours son originalité aujourd'hui, en faisant venir, par barges remorquées, des vieux bâtiments du XIXᵉ ou du début du XXᵉ siècle. Progressivement se reconstitue, au bord de quais, de pontons et d'estacades reconstruits à l'ancienne, un village de pêcheurs et d'artisans de la Nouvelle-Angleterre au XIXᵉ siècle. Ainsi voit-on arriver, au cours des années, une fabrique de cordages construite à Plymouth (Massachusetts) en 1824, la fabrique de voiles de Charles Mallory, le bâtiment du New York Yacht Club Station en provenance de Glen Cove (New York), la Maison Buckingham qui vient d'Old Saybrook (Connecticut), l'église baptiste du 7ᵉ jour...

Et les innovations s'accumulent. En 1955, apparaissent les *interpreters,* des animateurs-pédagogues aussi compétents que passionnants. La même année ont lieu les premières régates et des rassemblements d'embarcations traditionnelles. Le Mystic Seaport Schooner Race (course des goélettes de Mystic Seaport), créé en 1968, et l'Antique & Classic Boat Rendez-Vous (1976) sont devenus de véritables institutions qui attirent de plus en plus de plaisanciers, assurés de trouver un abri sûr dans le port.

Le Mystic Seaport Museum reçoit, chaque année plus de 500 000 visiteurs et il emploie plus de 700 personnes. Sa bibliothèque maritime est la première du monde, tout comme le sont la collection Rosenfeld de clichés sur verre concernant le yachting ou la collection d'embarcations traditionnelles, riche de plus de 400 bateaux.

De nos jours, Mystic couvre plus de 17 hectares (dont 7 accessibles au public) et représente une agglomération de plus de 50 édifices, parmi lesquels le Stillman Building, qui retrace en 8 salles toute l'histoire maritime de la Nouvelle-Angleterre, 12 boutiques spécialisées (Seaport Stores), et la plus vaste librairie maritime des États-Unis.

Le Mystic Seaport Museum a fait des émules en Amérique du Nord : le Mariners' Museum de Newport News (Virginie), le South Street Seaport Museum de New York, ou le San Francisco Maritime Museum, notamment, qui jouissent eux aussi d'un site favorable en bord de mer.

Les nouveaux musées maritimes français

La France a compris récemment l'intérêt d'associer des bateaux grandeur nature aux nouveaux musées maritimes dont elle se dote et dont le chef de file est le musée du Bateau de Douarnenez. L'écomusée de Groix fait naviguer le petit thonier à voiles *Kenavo.* Le très intéressant musée de la Pêche de Concarneau conserve plusieurs embarcations, dont une magnifique baleinière des Açores, et, à flot, le chalutier de 36 m *Hémérica* et le thonier *Racleur-d'Océan.* L'écomusée de Saint-Nazaire, installé dans un bâtiment ultramoderne, a été inauguré en 1988. Il montre au public dans le sas d'entrée bétonné de l'ancienne base sous-marine allemande un très jeune monument historique : le submersible *Espadon,* lancé le 15 septembre 1958 par les chantiers du Havre et retiré du service actif le 11 septembre 1985. Un autre musée, le musée des Terres-Neuvas et de la Pêche, à Fécamp, est promis lui aussi à un bel avenir, depuis son ouverture en 1988.

Mais le musée du Bateau de Douarnenez constitue sans aucun doute la réalisation la plus ambitieuse du genre. Créé au début des années 1980 à l'instigation de l'association Treizour et de la revue *Le Chasse-Marée,* avec le soutien actif de la municipalité de Douarnenez,

ce nouveau musée jouit d'un site magnifique au fond de la baie de Douarnenez. Avec son bassin à flot et le musée flottant du Port-Rhu en cours de réhabilitation, qui comportera aussi un port de plaisance, avec son chantier où sont construites sous les yeux du public des répliques d'embarcations traditionnelles, et restaurés les 130 et quelques bateaux de la collection, avec, enfin, les 4 500 m² de superficie de l'ancienne conserverie Le Bris transformés en musée, Douarnenez pourrait bien devenir le Mystic Seaport français.

En Grande-Bretagne, de très nombreux musées maritimes

Le plus fameux est le National Maritime Museum de Greenwich, près de Londres, sur la rive droite de la Tamise. Inauguré en 1937, il est installé dans le cadre magnifique du palais de la reine Anne (XVIIᵉ siècle) au milieu d'un parc dessiné par Le Nôtre que domine, sur une colline, le célèbre Observatoire de Greenwich où passe le méridien zéro de longitude universellement adopté par les cartographes et les marins depuis 1844. Outre une superbe collection de peintures de marines des maîtres anglais et hollandais des XVIIᵉ et XVIIIᵉ siècles, avec notamment de très nombreux tableaux et dessins de Willem Van de Velde le Jeune, le National Maritime Museum possède différentes salles consacrées à l'histoire navale de l'Angleterre, à celle de l'Amérique du Nord depuis les premières émigrations, à la vie de James Cook, à celle de Nelson, etc. On peut également y voir le *Reliant,* remorqueur à roues et à vapeur, fonctionnant encore aujourd'hui (à l'électricité) ainsi que diverses autres embarcations, des maquettes de navires, des instruments de navigation, cartes et uniformes. Musée traditionnel extrêmement riche, le National Maritime Museum est aussi très vivant dans sa présentation. C'est de lui que dépendent, également, le clipper *Cutty Sark* (1869) et le *Gipsy Moth IV* sur lequel sir F. Chichester fit le tour du monde en solitaire (1966-1967) et que l'on peut voir en cale sèche en bordure de la Tamise. Considéré dans le monde comme une autorité en matière d'archéologie nautique et de patrimoine mari-

time, le National Maritime Museum est intervenu dans maintes opérations de sauvetage de navires britanniques anciens. C'est lui encore qui organise le Wooden Show Boat, le salon des embarcations en bois qui attire chaque année un public plus vaste.

Parmi les plus remarquables initiatives pour la mise en valeur du patrimoine maritime britannique, il faut citer, outre la préservation des navires anciens comme le *Warrior,* le *Victory,* la *Mary Rose* à Portsmouth ou le *Great Britain* à Bristol, le Maritime Museum d'Exeter et le Merseyside Maritime Museum de Liverpool. Fondé en 1963, le musée d'Exeter se caractérise par la mise en valeur d'un pittoresque lacis de canaux et des rives de la rivière Exeter, bordés de vieux bâtiments, ainsi que par la collection d'embarcations traditionnelles la plus importante d'Europe. Elle compte en 1990 plus de 60 unités dont plusieurs naviguent encore, sous la responsabilité de l'International Sailing Craft Association créée par le major David Goodard, fondateur du musée. Le Merseyside Maritime Museum de Liverpool, inauguré en 1980, est situé à l'emplacement des anciens docks méridionaux de ce qui fut, sous le règne de Victoria, le second port du monde, après Londres.

Des musées conçus autour de bateaux, en Scandinavie

Les découvertes de bateaux vikings en Norvège et au Danemark ont entraîné la création de deux musées spécialement conçus pour les abriter : le Vikingskipshuset (musée des Bateaux vikings) de Bygdøy, près d'Oslo, le plus ancien, et le musée des Bateaux vikings de Roskilde (Danemark).

L'édifice, construit en 1968 pour abriter les cinq navires vikings trouvés à Skuldelev dans le fjord de Roskilde, est tout aussi sobre mais son architecture, œuvre de l'architecte Erik Chr. Sorensen, adopte un parti beaucoup plus moderne. Entièrement en béton, le bâtiment s'ouvre sur le fjord par une grande baie vitrée. À l'intérieur, le visiteur peut, d'un seul coup d'œil, embrasser la vision des cinq coques disposées sur deux niveaux dans leur gabarit en treillis métallique. L'espace environnant décrit l'histoire de ces bateaux vikings et la vie maritime du fjord de Roskilde à travers les âges.

La Suède, quant à elle, a inauguré en 1990 un extraordinaire musée du *Wasa,* situé dans l'ancien arsenal maritime de Galävarvet à Stockholm. L'édifice, œuvre de l'architecte suédois Gören Månson, de lignes très modernes, est conçu autour de ce vaisseau du XVIIᵉ siècle, qui repose dans une ancienne forme de radoub du siècle dernier. Le toit à une seule pente, montant jusqu'à 30 m de haut, est percé de trois mâts supportant des vergues stylisées. À l'intérieur, la vision de cette gigantesque épave baignant dans une lumière tamisée indispensable à sa conservation est grandiose. Des galeries d'exposition retracent l'histoire du navire, de sa découverte et de sa restauration, ou celle de la société suédoise de l'époque, avec une très importante animation audiovisuelle.

Le chantier de construction d'embarcations traditionnelles du musée du Bateau de Douarnenez (Finistère). Au second plan, deux artisans travaillent à la pose du bordé. Les musées capables de reconstruire à l'« ancienne » des bateaux traditionnels grandeur nature sont peu nombreux dans le monde. La voie a été ouverte en 1929 par le Mystic Seaport. En France, la restauration du canot de Douarnenez *Mimosa,* à partir de 1977, est à l'origine de la création du musée du Bateau de Douarnenez par un groupe de passionnés qui ont sauvé, depuis cette date, de nombreuses autres embarcations, tout en construisant, de toutes pièces, une petite flottille de répliques de bateaux anciens.

À Enkhuizen (Pays-Bas) : un musée d'ethnographie maritime modèle

L'immense digue qui, en 1932, vint fermer le Zuiderzee fit de cette mer intérieure un lac d'eau douce. Elle signait en même temps la fin des pêches traditionnelles. Un monde allait disparaître. Il fallait en préserver des témoignages pour les générations futures. Ce fut d'emblée le souhait de la population locale et le souci de diverses personnalités, dont le directeur du Musée national de plein air d'Haarlem. On commença par rassembler dans un ancien entrepôt de la Compagnie des Indes néerlandaises (XVIIe-XVIIIe siècle) des maquettes de bateaux, du matériel de pêche, des objets usuels, des costumes régionaux... Mais, bien que très intéressants, ces témoignages manquaient de vie. Il fallait les réinsérer dans leur contexte. C'est ainsi que, depuis 1970, tout un village typique du Zuiderzee a été reconstitué autour du bâtiment de la V.O.C. Des maisons entières ont été apportées par camion ou par bateau, et même un entrepôt de fromages de trois étages pesant 40 tonnes. Aujourd'hui, on retrouve les maisons le long des canaux et le long de la digue, le quartier des pêcheurs, le quartier de l'église et le port. L'implantation n'a pas été faite au hasard, mais en s'inspirant des plans cadastraux de 1830 pour respecter les proportions et les dispositions typiques de l'époque. Chaque édifice a ensuite été meublé et décoré fidèlement. Certaines des activités d'autrefois ont repris leurs cours : la blanchisserie, par exemple, lave comme au XIXe siècle les vêtements des employés du musée, le chantier naval reconstitué fabrique des embarcations en bois, les voiles sont teintes à l'ancienne.

Les musées

Hormis quelques musées maritimes traditionnels particulièrement riches, nous avons essentiellement sélectionné des musées de création récente correspondant aux caractéristiques de la muséographie la plus moderne et des bateaux-musées.

ALLEMAGNE

Bremerhaven : Deutsches Schiffahrtsmuseum. Van Ronzelen-Strasse D-2850 Bremerhaven. Épave d'une *cogghe* du Moyen Âge.
Hambourg : Altonaer Museum, Norddeutsches Landesmuseum. Museumstrasse 23, Postfach 500125, D-Hamburg.

AUSTRALIE

Fremantle : Western Australian Maritime Museum. Cliff Street, Fremantle 6160, Australie-Occidentale. Épave très importante de l'*East Indiaman hollandais « Batavia »* (XVIIe s.).

BELGIQUE

Anvers : Nationaal Scheepvaartmuseum, Steen, Steenplein 1,B-2000 Anvers. Embarcations traditionnelles.

CANADA

Halifax : Maritime Museum of the Atlantic. Halifax Nova Scotia B3H 3A6. *Navire océanographique « Acadia »* (1913), autres bateaux et embarcations traditionnelles. *Corvette « Sackville »*.
Toronto : *destroyer « Haïda »*. Ontario Place Corporation, 955 Lake Shore Blvd.W. Toronto, Ontario M6K 3B9.

CHYPRE

Kyrenia : musée de l'*épave grecque de Kyrenia* (IVe siècle av. J.-C.). Château de Kyrenia.

DANEMARK

Roskilde : Vikingskibshallen (musée des *5 épaves vikings* trouvées dans le fjord de Roskilde). Strandengen, DK-4000 Roskilde.

ESPAGNE

Barcelone : Museo Maritimo-Atarazanas Reales (Musée maritime-Arsenaux royaux). Puerta de la Paz 1-2, Barcelona. Remarquables répliques de la *galère de Don Juan d'Autriche* à la bataille de Lépante et de la *caraque « Santa Maria » de Christophe Colomb* (cette dernière mouillée dans le port). Embarcations traditionnelles dans les bâtiments historiques de l'ancien arsenal.
Madrid : Museo Naval. Paseo del Prado 5, 28014 Madrid.

ÉTATS-UNIS

Aberdeen : Grays Harbor Historical Seaport. P.O.Box 2019, 813 East Heron Street, Washington 98520. Répliques de bateaux américains du XVIIIe siècle : *brick « Lady Washington », « Columbia Rediviva »*.
Baltimore : Seaport & Baltimore Maritime Museum. Pratt Street, Baltimore, Maryland 21202. *Frégate « Constellation »* (1797), réplique du *clipper-goélette « Pride of Baltimore », cotre* des US Coast Guard *« Taney »* (présent à Pearl Harbor le 7 déc. 1941), *bateau-feu « Chesapeake »*.
Bath : Maritime Museum. 963 Washington Street, Bath, Maine 04530. *Goélette terre-neuvas « Sherman Zwicker »* (1941), chantier de construction d'embarcations traditionnelles.
Baton Rouge : *destroyer « Kidd »*. P.O. Box 44242, Baton Rouge, Louisiane 70804.
Boston : *frégate « Constitution », destroyer « Cassin Young »*. Boston, Massachusetts 02129.
Buffalo : Buffalo & Erie County Naval & Servicemen's Park. 1 Naval Park Cove, Buffalo, New York 14202. *Croiseur lourd « Little Rock », destroyer « Sullivans »*.
Charleston : Patriot's Point. P.O. Box 986, Mount Pleasant, Caroline du Sud 29464. *Porte-avions « Yorktown », destroyer « Laffey », cotre « Comanche »* des US Coast Guard, *cargo nucléaire « Savannah »*.
Chicago : Museum of Science & Industry. 57th Street and Lake Shore Drive, Chicago, Illinois 60637. *Croiseur*

« Chicago », U-Boot allemand U-505, cotre des US Coast Guard « McLane ».

Fall River : Battleship Cove, USS Massachusetts Memorial Commission Inc. Fall River, Massachusetts 02721. *Cuirassé « Massachusetts », sous-marin « Lionfish », destroyer « J.P. Kennedy », vedette PT-617.*

Galveston : Seawolf Park, P.O. Box 3306, Galveston, Texas 77550. *Sous-marin « Cavalla », destroyer « Stewart ».*

Groton : Nautilus Memorial *(sous-marin nucléaire « Nautilus »)*. Box 571, Naval Submarine Base, New London, Groton, Connecticut 0634-5000.

Hackensack : Submarine Memorial Association.P.O. Box 395, Hackensack, New Jersey 07602. Sous-marin « Ling » (1945).

Honolulu : *quatre-mâts barque « Falls of Clyde »*. Pier 5, Honolulu, Hawaii 96819.

Houston : *cuirassé « Texas »*. San Jacinto National Battlegrounds. 3527 Battlegrounds Road, La Porte, Houston, Texas 77571.

Keyser : *destroyer « Barr »* (1942). Keyser, Virginie de l'Ouest 267.

Long Beach : Queen Mary Tour *(paquebot « Queen Mary », le plus gros bateau transformé en musée dans le monde)*. P.O. Box 20890, Long Beach, Californie 90801.

Manitowoc : Manitowoc Maritime Museum. 809 South 8th Street, Manitowoc, Wisconsin 54220. *Sous-marin « Cobia ».*

Mobile : « Alabama » Memorial Park, USS « Alabama » Battleship Commission, P.O. Box 65, Mobile, Alabama 36601. *Cuirassé « Alabama ».*

Muskegon : Pere Marquette Park, Muskegon, Michigan. *Sous-marin « Silversides »* (1940).

Mystic : Mystic Seaport Museum, Mystic, Connecticut 06355. Flottille d'une vingtaine d'unités, dont le « Charles W. Morgan », dernier *baleinier à voiles*, la *goélette « L.A. Dunton »*, le *trois-mâts « Joseph Conrad »*. La plus grande collection du monde d'embarcations traditionnelles.

New Bedford : Whaling Museum. 18 Johnny Cake Hill, New Bedford, Massachusetts 02740. Le plus beau musée de pêche à la baleine du monde. Réplique fixe en 1/2 grandeur du *baleinier « Lagoda »*.

New Orleans : *porte-avions léger « Cabot »* (1943). USS « Cabot » CMC Inc. 2237 North Hullen Suite 202, Metairie, La Nouvelle-Orléans, Louisiane 70001.

Newport News : Mariners Museum. Newport News, Virginie 23606. La plus grande collection d'embarcations traditionnelles des États-Unis après celle du Mystic Seaport Museum.

New York City : *porte-avions « Intrepid »* (1943). Pier 86W., 46th Street and the Hudson, New York, New York 10036.

New York City : South Street Seaport Museum. 207 Front Street, New York, New York 10038. *Goélette « Lettie G. Howard », bateau-feu, quatre-mâts barque « Peking »,* quelques autres navires.

Philadelphie : *croiseur-cuirassé « Olympia »* (1892), *sous-marin « Becuna »* (1944), *quatre-mâts barque « Moshulu »*. Penn's Landing, Philadelphie, Pennsylvanie 19106.

Portsmouth : Port of Portsmouth Maritime & « Albacore » Park. P.O. Box 4367, Portsmouth, New Hampshire 0380. *Sous-marin « Albacore ».*

Salem : Peabody Museum. 161 Essex Street, Salem, Massachusetts 01970.

San Diego : Maritime Museum Association. 1306 North Harbor Drive, San Diego, Californie 92101. *Trois-mâts « Star of India »* (1863).

San Francisco : San Francisco Maritime Museum. Foot of Polk Street, Californie 94123. *Trois-mâts « Balclutha »* (1886), *liberty-ship « Jeremy O'Brien »* (1943), *sous-marin « Pampanito »* (1943), etc.

San Pedro : *victory-ship (cargo) « Lane Victory »*. Berth 52, Outer Harbor, San Pedro, Californie 90731.

Tampa : USS « Requin » Submarine *(sous-marin « Requin »)* Memorial (1945). Boulevard Bridge, Tampa, Floride.

Vicksburg : Cairo Museum 3721 Clay Street, Vicksburg National Military Park, Vicksburg, Mississippi 39180. *Canonnière cuirassée « Cairo »* qui a participé à la guerre de Sécession, 1861.

Wilmington : USS « North Carolina » Battleship Memorial P.O. Box 417, Wilmington, Caroline du Nord 28401. *Cuirassé « North Carolina »,* 1940.

FINLANDE

Mariehamn : Å lands Sjøfartsmuseum. Ålands Nautical Club, 22100 Mariehamn. *Quatre-mâts barque « Pommern »* (1903).

FRANCE

Bordeaux : musée d'Aquitaine. 20, cours Pasteur, 33000 Bordeaux.

Brest : musée de la Marine. Château, 29200 Brest.

Concarneau : musée de la Pêche. Rue Vauban, Ville-Close, B.P. 118, 29181 Concarneau. Embarcations traditionnelles (baleinière des Açores).

Douarnenez : musée du Bateau. Place de l'Enfer, 29100 Douarnenez. La plus belle collection de France d'embarcations traditionnelles. Répliques navigantes.

Dunkerque : musée des Beaux-Arts. Place du Général-de-Gaulle, 59140 Dunkerque. Une des plus belles collections de maquettes de bateaux de France.

Fécamp : musée des Terre-Neuvas et de la Pêche. 27, bd Albert-Ier, 76400 Fécamp. Embarcations traditionnelles.

Groix (île de) : écomusée de l'île de Groix. Port Tudy, 56590 Groix. Fait naviguer le *thonier « Kenavo »*.

Le Havre : Centre culturel et maritime. Quai de Norvège, hangar 22, 76600 Le Havre. Canot de sauvetage.

Marseille : musée d'Histoire de Marseille. Centre Bourse, square Belsunce, 13001 Marseille. *Épave romaine du « Lacydon »* (IIIe s.).

Nantes : musée des Salorges. Musée du château des ducs de Bretagne, 1, place Marc-Elder, 44000 Nantes.

Paris : musée de la Marine. Palais de Chaillot, place du Trocadéro et place du 11-Novembre-1918, 75116 Paris. Le plus riche musée de la Marine de France, quelques embarcations.

Port-Louis : musée de la Compagnie des Indes. Musée naval du Ponant. Citadelle, 56290 Port-Louis. Embarcations traditionnelles.

Rochefort : Centre international de la mer. *Corderie royale* (xviie s.). B.P. 108, 17103 Rochefort.
Rochefort : musée naval. Hôtel de Cheusses, place de La Galissonnière, 17300 Rochefort.
Saint-Malo : musée international du Long Cours cap-hornier. Tour Solidor, Saint-Servan, 35400 Saint-Malo.
Saint-Nazaire : écomusée. Rue du Bac-de-Mindin, 44600 Saint-Nazaire. *Sous-marin « Espadon »*.

GRANDE-BRETAGNE

Anstruther : Scottish Fisherie Museum. Anstruther Harbour, Fife (Scotland). Embarcations traditionnelles.
Bristol : *transatlantique à voiles et à vapeur « Great Britain »* (1843). Great Western Road, Gas Ferry Road, Bristol BS1 6TY.
Chatham : Historic Dockyard. Old Pay Office, Church Lane, Chatham ME4 4TQ. *Arsenal*, xviie-xxe s. et *aviso à voiles et à vapeur « Gannet »* (1878).
Dundee : Industrial Heritage. Maritime House, 26 East Dock Street, Dundee DD1 9HY. *Navire polaire à voiles « Discovery »* (1901).
Dundee : *frégate « Unicorn »* (1824). Victoria Dock, Dundee.
Exeter : Maritime Museum. The Quay, Exeter, Devon EX2 4 AN. La plus importante collection d'embarcations traditionnelles d'Europe.
Glasgow : Museum of Transport. Kelvin Hall 1, Bunhouse Road, Glasgow G3 8D. Très belle collection de maquettes de bateaux.
Gosport : Royal Navy Submarine Museum. Gosport, Hampshire P012 2AB. *Sous-marins « Holland I »* (1901) et *« Alliance »* (1945). *Frégate « Foudroyant »* (1817).
Hebburn : *destroyer « Cavalier »* (1944). On River Tyne at Former Hawthorn and Lesley Yard, Hebburn, South Tyneside.
Kingston-upon-Hull : Town Docks Museum. Queen Victoria Square, Hull, North Humberside HU1 3DX. Très riche musée de la Pêche, quelques embarcations.
Liverpool : Merseyside Maritime Museum. D Block, Albert Dock, Liverpool L3 4AA. Très riche musée maritime, embarcations, bateaux.
Londres : *croiseur lourd « Belfast »* (1938). Symon's Wharf, Vine Lane, Tooley Street, London SE1 2JH.
Londres : Maritime Trust Vessels. *Goélette « Kathleen & May »* (1900), St. Mary Overy Dock, Southwark. *Chalutier « Lydia Eva »* (1930), *caboteur à vapeur « Robin »* (1890). West India Dock.
Londres : National Maritime Museum. Romney Road, Greenwich SE1Q 9NF. Le plus riche musée maritime du monde. Embarcations, *clipper « Cutty Sark »*, ketch *« Gipsy Moth »* (1966) du navigateur solitaire sir Francis Chichester.
Londres : Science Museum. Exhibition Road, London SW7 2DD.
Newcastle upon Tyne : Museum of Science & Engineering. Blandford House, Newcastle upon Tyne NE1 4JA. Maquettes de navires.
Portsmouth : HM Naval Base. Épaves de *la caraque « Mary Rose »* (1510), *vaisseau de Nelson « Victory »* (1765), *cuirassé « Warrior »* (1860). Royal Naval Museum (barque royale du xviiie s.).
Southampton : Maritime Museum. Ocean Village, Princess Alexandra Dock, Southampton, Hampshire. Histoire des transatlantiques anglais.

GRÈCE

Le Pirée : musée maritime hellénique. Akti Freatty, Le Pirée.

ITALIE

Albenga : Museo Navale Romano. Palazzo Peloso Cepolla, Albenga. Épaves de bateaux romains et objets.
Fiumicino : musée des Barques romaines.
Gênes : museo Civico Navale. Piazza Cristoforo Bonavino, Villa Doria, 16156 Genova.
Marsala : museo delle Navi Punici. Baghio Ansel, Cap Boco, Marsala, Sicile. Deux *épaves de navires de guerre carthaginois* du 1er s.
Venise : Museo Storico Navale. Campo S. Biagio 21148, Riva degli Schiavoni, 30122 Venezia. *Sous-marins de poche*, embarcations.

JAPON

Yokosuka : Kinenkan « Mikasa ». Inaokacho 238, Yokosuka (Kanagawa). *Cuirassé « Mikasa »*, (1900).

NORVÈGE

Oslo : Fram Museet (*navire polaire d'Amundsen*,, 1892).
Oslo : Kon Tiki Museet (Musée du *radeau « Kon Tiki »* et du *bateau en papyrus « Râ II »* de Thor Heyerdahl). Bygdøy 2, Oslo.
Oslo : Vikingskishuset (musée des *Bateaux vikings d'Oseberg, Gokstad et Tunø*). Bygdøy, Huk Avenue 35.

PAYS-BAS

Amsterdam : Nederlands Scheepvaart Museum. Kattenburgerplein 1, 1018 KK Amsterdam.
Enkhuizen : Rijksmuseum Zuiderzeemuseum. Wierdijk 18, 1601 LA Enkhuizen. Embarcations traditionnelles (plusieurs naviguent), remarquable ensemble monumental.
Rotterdam : Maritiem Museum « Prins Hendrik ». Scheepmakershaven 48,3011 Rotterdam. *Garde-côte cuirassé « Buffel »* (1868), *épaves de bateaux romains* trouvées dans le Rhin.

PORTUGAL

Lisbonne : Museu de Marinha. Praça do Imperio, 1400 Lisboa. *Barques royales* (xviiie s.).

SUÈDE

Kalmar : Iäns Museum-Kalmar Slott. Box 87, 32121 Kalmar. Vestiges d'embarcations médiévales, épave et objets du *vaisseau « Kronan »* (xviie s.).
Stockholm : Wasamuseet (musée du *vaisseau du xviie s. « Wasa »*). Galävarvet, Djurgärden, S-11527 Stockholm.

U.R.S.S.

Leningrad : Muzej Krajsera « Aurora » (*croiseur « Aurora »*, 1900).

TABLE
DES CHAPITRES

Remerciements

Nous remercions tout particulièrement, pour l'aide qu'ils nous ont apportée : Mmes M.H. Andersen (Vikingeskibshallen, Roskilde), E. Jay (épave du *Griffin*), B. Johnsson (conservateur au Kalmar Läns Museum), R. Jowitt (Dept. Marketing, Warrior Preservation Trust), M. Rule (directeur), Linda Evans (Presse et Publicité) au Mary Rose Trust, K. Villner (Direction de l'information, Wasamuseet), R. Visschedijk (relations publiques, Rijksmuseum, Zuiderzee Museum, Enkhuizen) ; MM. J.F. Coates (Trireme Trust), B.H. Hope (Project Liberty Ship, Baltimore), M. Guérout (fouilleur de l'épave de Villefranche), Linart (rédacteur de la revue *le Chasse-Marée*), J. Gawronski (V.O.C., Amsterdam), K. Peterson (Branch Curator, Western Australian Maritime Museum, Fremantle), P. Pomey (D.R.A.S.M.), R. Stewart (Unicorn Preservation Society), Ph. Villié (fouilleur de l'épave de Calvi).

Bibliographie

Périodiques

Cahiers des Salorges, revue éditée par les Amis du musée de la Marine des Salorges, à Nantes.
Le Chasse-Marée, la plus prestigieuse revue mensuelle d'histoire et d'ethnologie maritime française.
Marines (yachting-guerre-commerce), revue mensuelle.
Neptunia, revue mensuelle de l'Association des amis des musées de la Marine.
La Nouvelle Revue maritime, revue mensuelle de l'Institut français de la mer.
Thalassa, revue mensuelle.

Ouvrages de librairie

R. Ballard, *l'Exploration du Titanic,* éditions Glénat, Grenoble, 1988.
G.F. Bass, *Ships and shipwrecks of the Americas (a history based on Underwater Archaeology),* Thames & Hudson, Londres, 1988.
G.F. Bass, *Archéologie sous-marine, 4 000 ans d'histoire maritime,* Paris, 1972.
B.W. Bathe, G.B. Rubin de Cervin, E. Taillemite, *les Grands Voiliers du xvᵉ au xxᵉ siècle,* Edita, Lausanne, 1967.
J. Boudriot, *le Vaisseau de 74 canons, essai de synthèse de la marine royale du xviiiᵉ siècle à partir d'un bâtiment caractéristique,* 4 vol., collection Archéologie navale, Paris, 1973-1977.
W. Brownlee, *Warrior : the first modern battleship,* Cambridge University Press, Cambridge, 1985.
N.J. Brouwer, *International Register of historic ships,* Antony Nelson, Londres, 1985.
G.G. Carr, *The Cutty Sark,* Pitkin Pictorials Ltd., Andover, 1976.
J.-P. Cartier, *l'Aventure de la marine,* Larousse-Paris-Match, Paris, 1973.
Y. Cohat, *les Vikings, rois des mers,* coll. Découvertes Gallimard, Paris, 1987.
E. Corlett, *The Iron Ship (The History and Significance of Brunel's Great Britain),* Moonraker Press, Londres, 1975.
F. Goddio, E. Jay, *18th. Century Relics of the Griffin Shipwreck,* a Catalogue for the Special Exhibit, National Museum, Manille, 22 juin-31 juillet 1988, World Wide First, Lausanne, 1988.
R. Goold-Adams, *The Return of the Great Britain,* Weidenfeld & Nicolson, Londres, 1976.
V. Heal, *Britain's Maritime Heritage (a Guide to Historic Vessels, Museums and Maritime collections),* Conway Maritime Press, Londres, 1988.
J. de Jong, W. Eenkhorn, A.J.M. Wevers, *The Conservation of Shipwrecks at the Museum of Maritime Archaeology at Ketelhaven,* Flevobericht n° 199, Rijksdienst voor de Ijsselmeerpolders, Lelystad, 1982.
K.P. Kiedel, U. Schnall, *The Hanse Cog of 1380 (History, Discovery, Salvage, Reconstruction, Preservation),* Förderein Deutsches Schiffahrtsmuseum, Bremerhaven, 1985.
L. Lacroix, *les Derniers Cap-Horniers français,* Éditions maritimes et d'outre-mer, Paris, 1968.
M. L'Hour, L. Long, *l'Archéologie sous-marine,* éditions Ouest-France, Rennes, 1985.
Ph. Masson, *la Mer,* Larousse, Paris, 1982.
L'Histoire de la marine, t. I, *l'Ère de la voile,* 1981, t. II, *De la vapeur à l'atome,* 1982, éditions Lavauzelle, Paris.
K. Muckelroy, *Maritime Archaeology (New Studies in Archaeology),* Cambridge University Press, Cambridge, 1978.
La Navigation dans l'Antiquité, dossiers de l'Archéologie, n° 29, juillet-août 1978, Paris.
J. Randier, *Grands Voiliers français, 1880-1930,* éditions des Quatre-Seigneurs, Paris, 1974.
R. Reinders, *Cog Finds from the Ijsselmeerpolders* (Flevobericht n° 248, Rijksdienst voor de Ijsselmeerpolders I, Lelystad, 1985.
M. Rule, *The Mary Rose, the Excavation and Raising of Henry VIII flagship,* Conway Maritime Press, Londres, 1982.
L.A. Sawyer, W.H. Mitchell, *The Liberty Ships,* 2ᵉ édition, Lloyd's of London Press Ltd., Londres, 1985.
R. Steffy, *The Kyrenia Ship, an interim report on its Hull Construction,* American Journal of Archaeology n° 89, New York, 1985.
S. Sternlicht, E.M. Jameson, *USS Constellation (Yankee Racehorse),* Liberty Publishing Company, New York, 1981.
W.R. Stewart, *Welcome aboard the Frigate Unicorn,* Unicorn Preservation Society, Dundee, 1982.
A. Tchernia, P. Pomey, A. Hesnard et coll., *l'Épave romaine de la madrague de Giens (Var),* XXXIVᵉ suppl. à *Gallia,* Paris, 1978.
H.H. Van Rooij, J. Gawronski, *East Indiaman Amsterdam,* H.J.W. Becht, Haarlem, 1989.
R. Wall, *l'Âge d'or des grands paquebots qui nous font rêver depuis quatre générations,* Elsevier Sequoia, Paris, 1978.
Wasa, Statens Sjöhistoriska Museum Wasavarvet, éditions Birgitta Kleingardt, Stockholm.
A.B.C. Whipple, *The Clipper Ships,* Time-Life Books, New York, 1980.
J. Winton, *Warrior : the first and the last,* Maritime Books, Londres.
A. Zysberg, René Burlet, *Gloire et misère des galères,* coll. Découvertes Gallimard Histoire, Paris, 1988.

Expositions

Archéologie sous-marine, musées du château des ducs de Bretagne, Nantes, 28 juin-1ᵉʳ décembre 1985 (catalogue).
Armada 1588-1988 (an International Exhibition to Commemorate the Spanish Armada), National Maritime Museum, Greenwich, 20 avril-4 septembre 1988 (catalogue).

Crédits photographiques

Photogravure PHIP-Fleury-les-Aubrais

PHOTOCOMPOSITION MAURY-S.A. – Malesherbes.

Imprimeur-relieur MAME – Tours – Dépôt légal : septembre 1990. – N° série Éditeur : 15805.
IMPRIMÉ EN FRANCE *(Printed in France).* 506 219 septembre 1990.